民事审判迅速化问题研究

庞小菊　著

Wuhan University Press
武汉大学出版社

图书在版编目（CIP）数据

民事审判迅速化问题研究/庞小菊著. －武汉:武汉大学出版社，2019.4
（2023.8重印）

ISBN 978−7−307−20830−8

Ⅰ.民… Ⅱ.庞… Ⅲ.民事诉讼－审判－研究－中国 Ⅳ.D925.118.24

中国版本图书馆CIP数据核字（2019）第059172号

责任编辑：黄朝昉　孟令玲　责任校对：牟丹　版式设计：文豪设计

出版发行：**武汉大学出版社**　（430072　武昌　珞珈山）

（电子邮箱：cbs22@whu.edu.cn 网址：www.wdp.com.cn）

印刷：廊坊市海涛印刷有限公司

开本：710×1000　1/16　印张：16　字数：220千字

版次：2019年4月第1版　2023年8月第2次印刷

ISBN 978−7−307−20830−8　定价：48.00元

序

　　2018年正值中国改革开放四十周年。在过去的四十年里，中国在各个方面发生了翻天覆地的变化。这一变化的主因在于中国领导人敏锐地捕捉住了世界发展的主流和其中的规律，从而在战略决策和实践中都顺应了这一主流和规律。同样，中国的法律制度以及司法制度、诉讼制度也因应中国的巨大变化而同步发展，其重要的标志是举国上下对法治的重视。不可忽视的是，尽管在中国的国家制度框架中，司法机关的定位仍非十分理想（至少在依法独立审判方面表现差强人意），然而其在民众中获得的关注度处于较高的位置。这是因为，司法机关不仅对于民众的权利意识提高和权利保护方面发挥了重要的作用，而且对国家的重要决策提供了法律上的依据。也正因为如此，法学理论界和实务界对司法制度、司法机关、司法政策和司法行为的关注及研究在逐渐加强，民事诉讼法学者尤甚。

　　庞小菊自2011年开始在北京师范大学法学院攻读民事诉讼法学博士课程。彼时中国立法机关正对《民事诉讼法》进行修改工作。在该次法律修改中，立法机关和司法机关比较注意弘扬的一个重要审判理念是进一步提高审判效率，而其典型表现就是审判的迅速化。围绕审判的迅速化，后来修改的法律中对简易程序进行修改，导入了小额诉讼制度、强化举证时限、审理期限等，主要是应对因社会经济发展形成的大量纠纷案件进入司法程序，导致审判机关现有的审判力量难堪其负的局面，这对于努力消除审判负重固然有积极的意义。然而，如果一味地强调迅速化而忽视审判规律，则可能会牺牲司法及诉讼制度赖以立本的公正和正义的价值。

　　庞小菊博士正是基于对审判迅速化存在问题的反思，选择这一问题作为其博士论文研究的方向，并且克服工作、育儿、病痛等难以想象的困难，写出了具有很高学术价值的博士论文。据她自己说，在论文杀青的时候，肩周炎已经严重侵袭手臂，以至于不能动手敲打键盘。每每想到这，都让我心痛不已。

毫无疑问，司法及民事诉讼制度最大的目标是追求公正和正义，而在这一理念下的制度设计如果违反了理念本身，其结果可能会导致理念的挫伤或者泯灭。2012年修改、2013年实施的《民事诉讼法》在经过五年实践检验之后，其立法效果如何，司法效果又如何，其实并没有确切的实证研究。而法律实施效果，在一定程度上与制度的设计是否合理、科学有关。那么，何为制度设计的合理、科学呢？这就是制度是否吻合法律内置的基本理念、是否符合调整对象的基本规律以及影响调整对象的社会规律要求的问题。就2012年修改的《民事诉讼法》而言，为了应对诉讼案件数量的增加所设置的审判迅速化制度，如果其合理且科学，理应能够在受理和审结案件上取得理想的效果。这一点，从最高人民法院周强院长的2018年《最高人民法院工作报告》中得到体现。在该报告中，周强院长披露："2013年至2017年，最高人民法院受理案件82383件，审结79692件，分别比前五年上升60.6%和58.8%……地方各级人民法院受理案件8896.7万件，审结、执结8598.4万件，结案标的额20.2万亿元，同比分别上升58.6%、55.6%和144.6%。"最高司法当局似乎要透露这样的信息：尽管案件数量甚大，但是各级法院仍然基本上如期审结案件，就此也反映了审判迅速化的效果突出。不过，在上述的两组数字中，最高人民法院作为全国最高审判机关，其能够受理的案件或者是二审案件，或者是再审案件。最高人民法院受理和审结案件数量的大幅上扬只能说明，地方法院案件的审理质量不尽如人意，才会导致上诉和再审至最高司法机关的案件数量增加。值得警惕的是，在上述两组案件中，受理案件和审结案件数量相当接近（即使考虑前一年度的因素），也说明了法律所设置审判迅速化制度在发挥作用。这里的问题是，这样的迅速化是否符合上述的制度理念及诉讼、社会规律。

庞小菊博士在本书中用审判周期的概念，对诉讼案件从受理到审结的周期作了科学的论述。在正常情况下，由于审判周期的影响，如果没有特定的主观因素主导，受理案件数量与审结案件数量往往难以吻合。由于审判周期的影响，在审判力量没有增长（在员额制背景下近几年法官辞职数量惊人）而案件数量增加（全国法院受案数量近几年每年约递增100万件）的情况下，受理案件数量与审结案件数量几乎成正比，自然令人生疑其是否符合审判规律和诉讼规律。对此，庞小菊博士的研究所涉及的问题恐怕不是审判机关能够简单回复的。

同样根据周强院长的上述报告，可以看出，在过去的五年，中国法院审理案件数量是不断增长的。在以往的研究中，多数人均认为由于社会发展、经济的规模化所带来的必然结果。然而，合理且科学的司法及诉讼制度，并非仅仅是应对诉讼案件的制度，在更高的程度上说它更应该是具有纠纷管控功能的制度。虽然庞小菊博士的研究不是以此作为重点，然而本书中关于审判迅速化问题的科学设计、控制方法的研究，已经或多或少进入了审判并非仅仅停留在审判规律的适应上，并进一步强调审判对社会规律的适应，促使审判机关通过纠纷的管控对国家的社会治理发挥更为重要的作用。

学者的责任在于将看似不醒目的"材料"提炼、演绎出值得人们深思的问题。从这一意义上说，庞小菊博士的努力证明她在践行这一责任。在立法规定、司法运营都注重审判迅速化的当下，能够敏锐察觉其中的问题，的确难能可贵。我相信，本书所研究的问题，在合适的条件下一定会引起理论和实务界的广泛兴趣，并促进相关研究的发展。

是为序。

刘荣军

2018年12月12日

内 容 简 介

　　审判迅速化描述的是一种变动的过程，有"使审判变得迅速"之意；民事审判迅速化就是指民事司法改革通过各种制度设置和政策实施来促进审判的迅速性、缩短审判周期的过程。

　　迅速审判具有促进正义和提高效率的价值。迅速审判使当事人更容易接近法院寻求司法救济，实现诉权行使的平等；迅速审判保障审判在证据鲜活的时候进行，裁判在心证鲜活的时候作出，有助于实现裁判正义。迅速审判可降低诉讼的公共成本和私人成本，并且提高判决对当事人的效用以及尽快恢复社会的正常秩序，提高诉讼收益。但并非所有的审判迅速化均能实现迅速审判的价值，合理的审判迅速化应当兼顾正义与效率。

　　19世纪以来两大法系主要国家为克服诉讼迟延，通过统一和简化诉讼程序、强化法官对诉讼进程的控制权等措施推行了长期的审判迅速化进程，目前已基本上摆脱了诉讼迟延的困扰。我国虽未曾受大面积诉讼迟延困扰，但自进入21世纪以来也在提高诉讼效率的口号下大步迈入审判迅速化的世界潮流之中。通过强化以审限内结案率为中心指标的行政化考核，扩大简易程序的适用范围等措施极大地保障了民事案件的审理速度，使我国在民事案件数量持续增长的情况下依然能够成功地避免诉讼迟延或积案局面的出现。

　　但是，应该指出，上述审判迅速化效果的取得在一定程度上是以牺牲当事人利益和司法公正为代价的。这与既有的审判迅速化存在理念错位、价值迷失和路径偏差等深层问题密切关联。首先，审判迅速化的最终目的本应是为了满足民众的司法救济需求，但以法院为主导的审判迅速化过于注重减轻法院案件压力和负担，因而出现了强烈的权力本位倾向。其次，在"速度=效率"之错误价值观下过分追求审判速度，不仅在有意无意中漠视了司法正义，也妨碍了对真正效率的追求。再次，审判周期由诉讼行为时间和等待时间组成，但既有的审判迅速化却形成了减少诉讼行为时间的路径依赖而忽略了减少等待时间，违背了诉讼规律。合理的审判迅速化既应保障必要的诉讼行为时间，又要注重减少等待时间。

与世界上主要法治国家通过强化法官对于诉讼程序的控制权来实现审判迅速化的方式不同，我国长期的职权主义传统以及既有审判迅速化过程中的法院本位倾向要求审判迅速化必须强调当事人程序主体性原则，尊重当事人的自由与意志，完善当事人的程序主体权，让当事人和法院共同分享和合理分配对诉讼程序的控制。效率原则要求审判迅速化中应注重树立正确的效率价值观，纠正"速度=效率"的错误观念，遵循效率的增长机制，以效率最优而不是速度最快作为审判迅速化的目标。

针对既有审判迅速化的路径偏差问题，本书主张，合理的审判迅速化应注重审判规律和周期，注意调整程序分化、诉讼分流以及案件管理机制。毋庸置疑，程序分化的目的是优化司法资源的配置，使程序设置与案件价值、重要性及复杂性相适配，使法官的时间得以在不同的程序中合理分配。诉讼分流的目的是减轻法官的案件负担，一方面保障法官对个案的必要诉讼行为时间，另一方面由于法官同时处理的案件数量减少可以缩短个案中的等待时间。我国应重视和完善非讼程序，使其能有效发挥纠纷预防、纠纷过滤和纠纷解决的分流功能。案件管理通过期间制度可保障当事人的必要准备时间，通过流程管理可控制各节点时间从而减少审判周期中的等待时间。

总之，合理的审判迅速化应当以当事人程序主体性原则和真正意义上的效率原则为指导，以程序分化、诉讼分流和案件管理为主要路径，使盲目的审判迅速化回归其应有轨道上，使民事审判在合理且效率的审判周期范围内实现迅速化。

关键词：迅速化；诉讼迟延；审判周期；程序分化；诉讼分流；案件管理

内 容 简 介

审判迅速化描述的是一种变动的过程，有"使审判变得迅速"之意；民事审判迅速化就是指民事司法改革通过各种制度设置和政策实施来促进审判的迅速性、缩短审判周期的过程。

迅速审判具有促进正义和提高效率的价值。迅速审判使当事人更容易接近法院寻求司法救济，实现诉权行使的平等；迅速审判保障审判在证据鲜活的时候进行，裁判在心证鲜活的时候作出，有助于实现裁判正义。迅速审判可降低诉讼的公共成本和私人成本，并且提高判决对当事人的效用以及尽快恢复社会的正常秩序，提高诉讼收益。但并非所有的审判迅速化均能实现迅速审判的价值，合理的审判迅速化应当兼顾正义与效率。

19世纪以来两大法系主要国家为克服诉讼迟延，通过统一和简化诉讼程序、强化法官对诉讼进程的控制权等措施推行了长期的审判迅速化进程，目前已基本上摆脱了诉讼迟延的困扰。我国虽未曾受大面积诉讼迟延困扰，但自进入21世纪以来也在提高诉讼效率的口号下大步迈入审判迅速化的世界潮流之中。通过强化以审限内结案率为中心指标的行政化考核，扩大简易程序的适用范围等措施极大地保障了民事案件的审理速度，使我国在民事案件数量持续增长的情况下依然能够成功地避免诉讼迟延或积案局面的出现。

但是，应该指出，上述审判迅速化效果的取得在一定程度上是以牺牲当事人利益和司法公正为代价的。这与既有的审判迅速化存在理念错位、价值迷失和路径偏差等深层问题密切关联。首先，审判迅速化的最终目的本应是为了满足民众的司法救济需求，但以法院为主导的审判迅速化过于注重减轻法院案件压力和负担，因而出现了强烈的权力本位倾向。其次，在"速度=效率"之错误价值观下过分追求审判速度，不仅在有意无意中漠视了司法正义，也妨碍了对真正效率的追求。再次，审判周期由诉讼行为时间和等待时间组成，但既有的审判迅速化却形成了减少诉讼行为时间的路径依赖而忽略了减少等待时间，违背了诉讼规律。合理的审判迅速化既应保障必要的诉讼行为时间，又要注重减少等待时间。

与世界上主要法治国家通过强化法官对于诉讼程序的控制权来实现审判迅速化的方式不同，我国长期的职权主义传统以及既有审判迅速化过程中的法院本位倾向要求审判迅速化必须强调当事人程序主体性原则，尊重当事人的自由与意志，完善当事人的程序主体权，让当事人和法院共同分享和合理分配对诉讼程序的控制。效率原则要求审判迅速化中应注重树立正确的效率价值观，纠正"速度=效率"的错误观念，遵循效率的增长机制，以效率最优而不是速度最快作为审判迅速化的目标。

针对既有审判迅速化的路径偏差问题，本书主张，合理的审判迅速化应注重审判规律和周期，注意调整程序分化、诉讼分流以及案件管理机制。毋庸置疑，程序分化的目的是优化司法资源的配置，使程序设置与案件价值、重要性及复杂性相适配，使法官的时间得以在不同的程序中合理分配。诉讼分流的目的是减轻法官的案件负担，一方面保障法官对个案的必要诉讼行为时间，另一方面由于法官同时处理的案件数量减少可以缩短个案中的等待时间。我国应重视和完善非讼程序，使其能有效发挥纠纷预防、纠纷过滤和纠纷解决的分流功能。案件管理通过期间制度可保障当事人的必要准备时间，通过流程管理可控制各节点时间从而减少审判周期中的等待时间。

总之，合理的审判迅速化应当以当事人程序主体性原则和真正意义上的效率原则为指导，以程序分化、诉讼分流和案件管理为主要路径，使盲目的审判迅速化回归其应有轨道上，使民事审判在合理且效率的审判周期范围内实现迅速化。

关键词：迅速化；诉讼迟延；审判周期；程序分化；诉讼分流；案件管理

前　言

　　"迟延诉讼或积案实际上等于拒绝审判。因此，迅速地审判一直被当作诉讼制度的理想"[1]。1215年就在英国《大宪章》中得以确立的迅速审判理念[2]，随着大英帝国的扩张被传播到了欧洲大陆和北美殖民地。在当今世界各主要法治国家，迅速审判已经成为重要的司法理念。尤其是在20世纪70年代以后，面对由于社会经济的发展、诉讼案件数量的增长而带来的"司法危机"，西方各国纷纷开展了长期的司法改革以解决诉讼迟延问题，由此形成了审判迅速化的世界浪潮。

　　近十余年来，我国通过民事司法改革也加入了审判迅速化的行列中。尽管从20世纪80年代末开始的民事审判方式改革以强化当事人的举证责任为中心，但主要还是出于减轻法官工作负担的考虑，对于审判之迅速性尚不太重视。真正开始追求审判速度是在世纪之交时，1999年最高人民法院在《人民法院改革五年纲要》中提出将建立"高效"的审判工作机制作为人民法院改革的总目标，随即时任最高人民法院院长肖扬将"公正与效率"确定为21世纪法院工作的主题[3]，此后的民事司法改革高举"效率"大旗一路高歌猛进，并且有意无意地将审判速度作为衡量诉讼效率的主要标准甚至是唯一的标准。主要标志之一就是审限制

---

[1]　[日]谷口安平.程序的正义与诉讼[M].王亚新，刘荣军译.北京：中国政法大学出版社，1996：55.

[2]　《大宪章》第40条规定："To no one will we sell, to no one will we deny or delay right or justice." 参见[英]詹姆斯·C.霍尔特.大宪章[M].毕竞悦，李红海，苗文龙译.北京：北京大学出版社，2010：407.

[3]　肖扬.公正与效率：新世纪人民法院的主题[J].人民司法，2001，01：1.

度的强化，2000年最高人民法院开展了声势浩大的清理超审限案件运动，并以此为契机在全国法院建立审限警示、催办和通报制度，对超审限案件实行责任到人，限期结案[1]。在其后法院系统逐渐建立起来的案件质量评估体系中，审限内结案率也是一个核心指标，与结案率、结案数、简易程序适用率、平均审理时间指数等与审判速度直接相关的指数一起构成效率指标的下级指标[2]。2001年《最高人民法院关于民事诉讼证据的若干规定》（以下称《证据规定》）改变了当时民事诉讼法的证据随时提出主义，确立了以严苛证据失权为后果的举证时限制度；2003年《最高人民法院关于适用简易程序审理民事案件的若干规定》（以下称《简易程序规定》）突破了当时民事诉讼法对适用简易程序"事实清楚、权利义务关系明确、争议不大的简单的民事案件"之要求，扩大了简易程序的适用范围。此外，为了分流诉讼案件，有"东方经验"之誉但一度遭冷落的人民调解制度开始复兴，最高人民法院先后发布司法解释加强调解协议的效力[3]以及推动诉调对接机制的建立[4]，2010年《人民调解法》和2012年《民事诉讼法修正案》正式确立了调解协议司法确认制度。2012年《民事诉讼法》的修改还增设了小额诉讼、实现担保物权程序，并且对督促程序进行改革，试图激活这一沉睡已久的非讼机制以发挥其纠纷过滤功能。2016年，最高人民法院发布《关于人民法院进一步深化多元化纠纷解决机制改革的意见》，其主要目标是建设形式多样

---

[1]　肖扬.最高人民法院工作报告[N].新华每日电讯，2001-03-22（002）.

[2]　2014年12月，最高人民法院决定取消对全国各高级人民法院的考核排名，并要求各高级人民法院取消本地区不合理的考核指标，但却强调审限内结案率是必要的约束性指标，应予保留。参见胡伟新.最高人民法院决定取消对全国各高级人民法院考核排名[N].人民法院报，2014-12-27（001）.

[3]　2002年9月最高人民法院发布《关于审理涉及人民调解协议的民事案件的若干规定》，明确规定了由双方当事人签字或者盖章的调解协议具有民事合同性质，人民法院可受理关于调解协议效力问题争议的案件。

[4]　2009年7月最高人民法院发布《关于建立健全诉讼与非诉讼相衔接的矛盾纠纷解决机制的若干意见》，该意见指出，经民间调解达成的协议，可通过公证、申请支付令和申请法院司法确认三种方式获得强制执行力。

的诉调对接平台，完善和解、调解、仲裁、公证、行政裁决、行政复议与诉讼有机衔接、相互协调的多元化纠纷解决机制。

迅速化改革取得了一定的成果，多年来审限内结案率均高达98%以上[1]，结案/收案比也非常均衡[2]，但在改革中出现了种种问题[3]，尤其是通过以审限内结案率、结案率等指标进行行政化考核促进审判迅速化的措施导致了司法实践中一系列审判权失范的现象出现，如审限内结案率的考核促使法官将3个月内无法结案的简易程序转为普通程序，或者通过动员当事人撤诉后重新起诉甚至直接造假等方式来满足审限考核要求；年终结案率的考核则催生了"年底不收案""年底突击结案"的普遍性现象；结案数的考核则导致了法院对当事人反诉权的限制以及对普通共同诉讼或代表人诉讼的打压。此外，由于缺乏相应的配套制度，证据失权的正当性遭到拷问，司法实践中的举证时限制度逐渐被虚化；简易程序的扩大化适用以及普通程序的简化导致简易程序与普通程序呈现同质化现象；衡量一审案件质量的重要指标上诉率一度呈上升趋势。在个案的审理中，法官为加速程序的进行，往往限制当事人的庭前准备时间和庭审发言时间，审前准备程序很少适用、一些应当调查收集的证据未收集，当事人不能获得应有的程序保障。

2010年12月，李浩教授发表的论文《宁可慢些，但要好些：中国民事司法改革的宏观思考》对我国的民事审判迅速化进程重重地敲响了警钟。他认为我国民事司法目前并不存在严重的迟延问题，但却存在司法不公以及由此带来的司法公信力低下的问题；因此我国不应像西方国家那样把提速作为改革的主要方向和目标，反而应当朝相反的方向进行，即适当地放慢速度，为当事人行使权利和法院审理案件预留充足的时

---

[1] 数据来源于历年的《最高人民法院公报》上的《全国法院司法统计公报》，各年度的审限内结案率的具体数据参见本书第4章第2节的分析及表4-4、图4-4的描述。

[2] 各年度的收案数、结案数、未结案数的数据来源于历年的《最高人民法院公报》上的《全国法院司法统计公报》，各年度结案/收案比和未结/收案比的具体数据参见本书第4章第2节的分析及表4-5、图4-5的描述。

[3] 以下列举的种种问题在论文第4章第2节中有详细论述及注明资料、数据来源。

间[1]。李浩教授的主张引发了笔者对我国审判迅速化问题的反思。毫无疑问，求"快"不能以牺牲"好"为代价，司法实践中出现的种种问题已经说明了我国的审判迅速化存在一定的盲目性，但是否因此就不应将迅速化作为司法改革的方向和目标呢？从理论层面分析，迅速审判作为一种司法理念有何价值根基？从实践角度看，在民事案件数量不断增长的司法形势下朝着放慢速度的方向改革有没有现实可能性？如果迅速审判的理念值得或者需要我们去坚持，那么当下更应当做的是探寻司法实践中出现种种问题背后的深层原因，既有的审判迅速化所秉持的理念和价值观是否出现了偏差？其所采取的路径是否符合审判规律？为纠正既有审判迅速化的盲目性，应该构建怎样的迅速化原则？应该怎样调整其路径？本书的研究，就是试图回答以上这些问题。

---

[1] 李浩. 宁可慢些，但要好些：中国民事司法改革的宏观思考[J]. 中外法学，2010，06：928-943.

目　　录

第1章 导 论

1.1 概念界定及研究范围

在我国民事诉讼法学界，虽然极少有人使用"迅速化"或"审判迅速化"之词，但是关于"民事诉讼快速机制""快速裁判机制"等与审判速度有关的研究却有不少[1]，在众多的关于民事诉讼效率研究成果中，也有不少涉及加快民事诉讼进程的内容[2]。因此，为了避免由于概念不清而产生误解，同时也为了框定本书研究的范围，在正式展开论述之前，笔者将对审判迅速化的概念进行界定，并对相关概念进行辨析。

1.1.1 审判迅速化的界定：一种过程

迅速是个常用的形容词，一般用以形容速度，《汉语大词典》对迅速的解释是：速度高，非常快[3]。对迅速化的理解关键在"化"字。"化"古字为"匕"，根据《说文解字》的解释，匕，变也[4]，有变

---

[1] 较有代表性的观点，参见陈桂明.民事诉讼快速机制论纲[A].陈光中，汪建成，张卫平.诉讼法理念与实践：司法理念与三大诉讼法修改[C]（2006年卷），北京：北京大学出版社，2006.629-634；赵泽君，邓伟强.民事诉讼快速解决机制的立法思考[J].西华大学学报（哲学社会科学版），2010，04：112-118.

[2] 较有代表性的观点，参见章武生.实现司法高效的障碍及其对策路径研究[J].东方法学，2008，01：50-55；王亚新.司法效率与繁简分流[J].中国审判，2010，12：12-13；江涛.民事诉讼效率研究[D].复旦大学博士论文，2011.

[3] 罗竹风.汉语大词典[K]：第十卷.上海：上海世纪出版股份有限公司，上海辞书出版社，2011：719.

[4] [汉]许慎，[宋]徐铉，王宏源.说文解字（现代版）[K].北京：社会科学文献出版社，2005：443.

化、改变之意。现代使用的"化"为多义字，其中一种用法是作为后缀，有"使变成，使成为"（-ize）之意，一般用在名词或者形容词后面，以构成动词，如绿化、现代化等[1]。在民事诉讼领域，学者用"正当化"来界说运用何种方法和程序来使民事诉讼获得"正当性"——能被当事人和社会上一般人所承认、信任、接受和遵从的属性或性质[2]，用"契约化"来形容民事诉讼中提升对当事人契约性行为的尊重和认可的程度[3]。可见，"化"字主要着眼于改变的进程或者过程，正当化强调增加正当性的过程，而契约化则强调提升民事诉讼的契约性。与之相似，迅速化有"变得迅速""使……迅速"之意，即注重应运用何种方法和措施来达到迅速或提升速度的过程。因此，审判迅速化之概念的要义，也就在于如何促使进入审判程序的纠纷得到迅速解决的方法和路径的问题。

1.1.2 概念界定对本书研究范围的意义

审判迅速化概念的界定，对本书的研究范围有重大的影响。首先，从研究目标来看，由于"迅速化"强调的是过程，也由于是否"迅速"的判断不但取决于具体的案情，该判断本身亦内含了太多的主观价值评价因素，因此，本书并不致力于给出关于民事审判程序是否足够"迅速"的判断标准，也不致力于设定迅速化的目标，而是从问题意识出发，关注既有的审判迅速化过程中存在的问题以及造成这些问题的深层原因，并试图通过迅速化的原则构建和路径调整来克服这些问题，以图达到合理地进行审判迅速化之目标。其次，从研究方法来看，对审判迅速化的研究主要是方法论的问题，即通往迅速审判的方法问题，因此，关于审判迅速化的原则以及实现路径的研究，将是本书的主体问题。

此外，需要说明的是，使用"审判"迅速化一词，并不意味着本书

[1]　王同亿.中华字典 [K].海口：三环出版社，1990：384.

[2]　邵明.现代民事诉讼基础理论：以现代正当程序和现代诉讼观为研究视角 [M].北京：法律出版社，2011：6.

[3]　张卫平.论民事诉讼的契约化：完善我国民事诉讼法的基本作业 [J].中国法学，2004，03：75-87.

的研究对象仅限于审判权的运作过程，而是针对进入审判程序的纠纷如何能获得迅速性解决的问题，因此，凡是会影响到诉讼案件审理时间的因素都可能会成为本书的研究对象，这也是下文需要具体探讨的问题。可以肯定的是，审判迅速化问题的研究不仅涉及审判权的行使问题，也涉及诉权的行使，不仅关注审判程序内的制度设置与运作，还关注与审判程序相关的或者影响审判活动的制度。

1.1.3 审判迅速化与相关概念辨析

1.1.3.1 迅速审判、迅速审判理念与审判迅速化

迅速审判、迅速审判理念的表述与审判迅速化很相近，几个概念之间也有密切的联系，且这些概念都会在本书中出现，因此有必要在此加以界定。

1. 迅速审判：一种客观状态

迅速审判可以理解为"迅速的审判"，也可以理解为"审判的迅速性"，尽管强调的角度不同，但都是描述审判程序运行的一种客观状态。在这种状态下，审判过程迅速地、毫不拖延地进行及完成。迅速审判所描述的对象所涉及的时间过程，是指从案件起诉开始，到案件被审理终结为止。即迅速审判是指从整体上看，绝大部分已经起诉的案件都能迅速地通过整个审判流程。如果把案件通过这个流程所需要的时间称为"审判周期"的话，那么迅速审判就是指审判周期相对较短，时间构成合理。这种迅速审判，是诉讼活动所追求的一种理想状态。对这种客观的理想状态的追求反映到人们的主观意识中，就形成了理念。

2. 迅速审判理念：一种主观意识

理念（idea）是西方哲学中的重要概念，源于古希腊哲学，原意是指"我们所看见的东西"，大多数经验主义者倾向于把idea解释为心灵对外物的一种表象[1]。理念一词被引入法律领域后，对于法的理念的内涵，学者们有不同的见解。德国著名哲学家黑格尔认为法的理念"即法

---

[1] 王伯恭.中国大百科辞典 [K].北京：北京大百科全书出版社，1999：3232.

的概念及其现实化"[1]，而德国的新康德主义法学家施塔姆勒则认为法律理念是正义的实现，且所有法律努力都应当指向正义这个目标[2]。我国台湾学者史尚宽教授认为，"法律制定及运用之最高原理，谓之法律之理念""只有正义为法之真理念"[3]。我国学者李双元教授认为法律理念是人们对法律的本质及其发展规律的理性认知和宏观把握[4]，张卫平教授则认为法的理念是人们对某一法律制度的基本认识，审判理念和诉讼理念是人们对审判制度的运作或诉讼制度运作的价值判断或目的的意识[5]；陈桂明教授认为，"有形的程序规则是受无形的程序理念制约甚至是由无形的程序理念所决定的。程序理念包含了人们对程序的价值判断以及设计程序的价值取向。"[6]笔者认为，上述表述从不同的角度揭示了法的理念的内涵。从本质上而言，法的理念是人类主观对法律制度的一种理性认知、一种意识；从内容上看，这种意识包含了某种价值取向和价值判断；从功能的角度看，法的理念用以指导法律的制定及运用。

立法者在制定法律时必然会融入其法的理念。法的理念反映在立法上，可能是抽象的原则，也可能是具体的程序规则或者权利义务规定。迅速审判理念最早可在英国1215年的《大宪章》中得以窥见。作为贵族集团反抗英国王权的重要成果，这部被认为是英国宪法起源的标志[7]

---

[1] [德]黑格尔. 法哲学原理[M].范扬，张企泰译.北京：商务印书馆，1961：1-2.

[2] [美]博登海默. 法理学：法哲学及其方法[M].邓正来，姬敬武译.北京：华夏出版社，1987：163.

[3] 史尚宽. 法律之理念与经验主义法学之综合[A].刁荣华.中西法律思想论集[C].台北：台湾汉林出版社，1984：259-266.

[4] 李双元，蒋新苗，沈红宇. 法律理念的内涵与功能初探[J].湖南师范大学社会科学学报，1997，04：51-56.

[5] 张卫平. 事实探知：绝对化倾向及其消解——对一种民事审判理念的自省[J].法学研究，2001，04：70-79.

[6] 陈桂明. 程序理念与程序规则[M].北京：中国法制出版社，1999.

[7] 程汉大.《大宪章》与英国宪法的起源[J].南京大学法律评论，2002，02：14-29.

的《大宪章》第40条规定："我们不得向任何人出售、拒绝或延搁其应享之权利与公正裁判。"[1]美国联邦最高法院1938年制定的《美国联邦地区法院民事诉讼规则》（简称《联邦民事诉讼规则》）第1条也开宗明义地表明了对迅速审判的追求："对本规则的解释和执行，应当以确保公正、迅速并经济地处理诉讼为目的。"[2]另外一些法律干脆就在名称上体现了迅速审判理念，如德国1976年的《简化和加快诉讼程序的法律》，日本2003年的《关于裁判迅速化的法律》。

3. 迅速审判、迅速审判理念与审判迅速化的关系

如前所述，审判迅速化为"使审判变得迅速"之意，强调的是通过何种手段和方法达到迅速审判的过程。如果用一句话表述审判迅速化与迅速审判、迅速审判理念的关系，那就是：审判迅速化是在迅速审判理念指导下追求迅速审判状态的一种过程。这种关系分解开来可从三个层面理解：

首先是主观的理念层面。理念存在于人的意识之中，决定了人的价值观并指导人的自觉行动。在迅速审判理念下，人们主观上存在一种对迅速审判状态的向往和对诉讼迟延的排斥，人们认为迅速审判是可欲的，是值得追求的；而诉讼迟延是不可欲的，是应该避免的。在迅速审判理念下，人们认为迅速的、毫不拖延的诉讼是一种理想的状态，能够承载人们对于诉讼制度的价值诉求。

其次是静态的制度层面。秉持迅速审判理念的立法者会致力于通过司法制度的设置践行其理念，于是就出现了各种可能有利于实现迅速审判状态的制度。这些制度在不同的历史时期不同的国家可能有不同的设

---

[1] 《大宪章》曾经过多次的发布，根据大英图书馆收藏的权威版本，1215 年的《大宪章》第40条的原初文本是"Nulli vendemus，nulli negabimus aut differemus rectum aut justiciam"，英译文是"To no one will we sell，to no one will we deny or delay right or justice."参见 [英] 詹姆斯·C.霍尔特.大宪章 [M]. 毕竞悦、李红海、苗文龙译.北京：北京大学出版社，2010.441–514；G. R. C. Davis. Magna Carta[M].London：British Museum Pub. Ltd.，1977.

[2] 白绿铉，卞建林译.美国联邦民事诉讼规则证据规则[M].北京：中国法制出版社，2000：12.

计，这些制度本身是一种静态的存在。

最后是动态的过程层面。审判迅速化是一种动态的过程，是改革的主导者在迅速审判理念指导下意图使"拖延的审判"或"不迅速的审判"向"迅速的审判"或"更迅速的审判"转化的一种过程。在这种过程中，不同国家的改革可能由于受到不同理念的指导、不同价值观的左右以及所采用的路径不同而呈现差异化的局面。可能有合理的审判迅速化，可能有失当的审判迅速化，更多的也许是得失并存的审判迅速化。本书的研究任务，就是寻找和发现审判迅速化这个过程中的问题，并试图提出合理化的构想。

1.1.3.2 民事诉讼快速（解决）机制、速裁程序与审判迅速化

1. 民事诉讼快速（解决）机制：复合的制度体系

2006年陈桂明教授在《民事诉讼快速机制论纲》一文中提出民事诉讼快速机制的概念，并将之解释为"由多种诉讼程序构成和支撑的复合的制度体系"，陈教授在该文中提出，建立健全的民事诉讼快速机制涉及多种诉讼程序的改革和完善，并就改革简易程序、设立小额诉讼程序、鼓励对民事纠纷的多途径解决、减少适用合议制、废除陪审制、建立强制答辩制度、完善举证时效制度、建立审前准备程序、鼓励调解结案、慎用再审程序等方面提出了纲要性的改革建议[1]。此外，赵泽君博士在《民事诉讼快速解决机制的立法思考》一文中指出，民事诉讼快速解决机制"是指为提高民事诉讼效率、促进民事纠纷顺利解决以及防止诉讼拖延而设置的一系列相互联系、相互促进的制度的整体"，并提出了建立有针对性的快速审理程序体系、合理的繁简分流程序、多元化的审前争点整理程序、灵活简便的审判方式、诉讼与非诉讼纠纷解决方式之间的协调、减少法院对同一案件重复审理的次数、预防和治理诉讼拖

---

[1] 陈桂明.民事诉讼快速机制论纲[A].陈光中，汪建成，张卫平.诉讼法理念与实践：司法理念与三大诉讼法修改（2006年卷）[C].北京：北京大学出版社，2006.629-634.

延的措施等立法建议[1]。尽管上述作者所提的改革建议或立法建议有所不同，但二者对"民事诉讼快速机制"或"民事诉讼快速解决机制"的理解是基本一致的，即都是从整体上对进入民事诉讼程序的纠纷如何快速解决进行研究，其视角不仅包括程序分化问题，还包括当事人的权利义务问题、审判组织的配置问题，甚至涉及非诉讼纠纷解决方式问题。

2. 速裁程序：程序分化中的一种程序

对于民事速裁程序的含义，我国学者在不同的层面上加以使用。廖中洪教授在广义上使用"民事速裁"一词，他在《"民事速裁"：类型、特征与设置原理研究》一文中将民事速裁分为4种基本类型：普通程序速裁审、简易程序速裁审、特别程序速裁审和小额诉讼速裁审[2]。可见，廖中洪教授是在相对的意义上使用民事速裁一词，即相对于正常的普通程序而言要更为"快速"的一种裁判机制，这种裁判机制不仅包含我们通常所理解的小额程序和简易程序，还包括特别程序和普通程序中的特别裁判程序。而王亚新教授则在狭义上使用"速裁程序"这个词，他在《民事诉讼法修改中的程序分化》一文中主张现有的简易程序应进一步分化为小额程序、速裁程序和（狭义上）简易程序三种，按其设想，速裁程序应重点考虑"当事人选择"因素，即除了小额案件和适用普通程序的案件，原则上允许双方当事人在选择的前提下准用有关小额程序规定的简易程序[3]。可见在王亚新教授的分类中，速裁程序是从简易程序中分化出来的、与小额程序并列的一种快速裁判程序。此外，最高人民法院2011年发布的《关于部分基层人民法院开展小额速裁试点工作的指导意见》将小额、速裁程序合一，并将其定位为"小额速裁并非独立的诉讼程序，而是……积极探索改革民事诉讼简易程序的一种新形

[1] 赵泽君，邓伟强. 民事诉讼快速解决机制的立法思考[J]. 西华大学学报（哲学社会科学版），2010，04：112-118.

[2] 廖中洪. "民事速裁"：类型、特征与设置原理研究[J]. 现代法学，2011，01：134-142.

[3] 王亚新. 民事诉讼法修改中的程序分化[J]. 中国法学，2011，04：181-190.

式"[1]。尽管廖中洪教授、王亚新教授和最高人民法院对速裁程序的用法存在差异，但透过差异化的表面，我们可以看到三者都是在程序分化的意义上使用速裁程序一词，即诉讼程序应该根据案件类型分化成不同的具体程序，速裁程序就是程序分化中的一种相对快捷的程序。

3. 民事诉讼快速机制、速裁程序与审判迅速化研究的关系

由上述介绍可见，民事诉讼快速机制和审判迅速化的研究目标是很相似的，都是为了从整体上推进民事诉讼案件的审判速度；二者的研究范围也是很相似的，都是研究能加速民事审判速度的方法和路径。但二者的侧重点又有所不同，民事诉讼快速机制侧重于快速程序或制度本身，关注的重点是静态的制度构建或者制度本身的合理性与完善性的问题。而审判迅速化则侧重于动态的迅速化过程，更关注已有的迅速化进程存在什么问题，关注这些问题背后的深层原因，关注对这个过程有统领作用的指导思想和价值观，关注迅速化进程中所采取的方法或措施的妥当性，关注如何才能让这个过程更合理的问题。

速裁程序与审判迅速化的区别则更为明显。速裁程序是基于程序设置应与纠纷类型相适应的适配性原理[2]和当事人的程序选择权理论而对民事诉讼程序进行类型化分化而设置的一种程序，是民事审判迅速化的方法之一。除了速裁程序之外，审判迅速化还可以通过多种多样的方法进行，正如后文所介绍的那样，域外的审判迅速化所采用的方法包括统一和简化诉讼程序、案件管理、通过ADR分流案件、简化审判组织、控制言词原则的绝对适用、程序自动化和电子化、集中审理、规定诉讼主体的诉讼促进义务，等等，而我国除了确立失权制度、强化调解等与国外相似的方法之外，还采取了具有鲜明中国特色的以审限内结案率为中心指标的行政化考核制度来促进审判迅速化。

---

[1] 2012年修订的民事诉讼法仅仅以一个条文规定了小额诉讼的一审终审制，并没有具体规定小额诉讼的程序问题，也没有设立速裁程序。最高人民法院的这一探索并未在本次修法中获得充分的肯定。

[2] 关于适配性理论的相关论述，可参见张旭东. 民事诉讼程序类型化研究 [M]. 厦门：厦门大学出版社，2012.70-72.

1.2 本课题的研究现状

1.2.1 国内的研究现状

目前国内尚无专门针对民事审判迅速化问题的研究。笔者以"审判迅速化"或"裁判迅速化"为标题条件在中国知网、万方数据服务平台以及维普资讯网进行检索，除了笔者自己发表的论文外，未能检索到任何文献。但是就我国在审判迅速化过程中所采取的具体措施或制度的问题以及民事诉讼快速解决机制的制度构建而言，却各自存在较为丰富的文献。

我国既有的审判迅速化所采取的主要措施有：审限制度的强化、案件质量评估指标的考评、举证时限制度的确立、简易程序的扩大化适用以及2012年《中华人民共和国民事诉讼法》（下文简称《民事诉讼法》）修改新增的小额诉讼、实现担保物权程序以及督促程序的改革等。针对这些制度的问题进行研究的成果主要有：

首先，关于审限制度存在的问题。对此主要有几种意见：一是认为审限制度本身有缺陷，延长审限的法定事由不具体以及延长审限的程序不严格导致法院延长审限具有随意性、延长审限的最多次数和最长期限没有规定可能导致诉讼无限期地拖延、扣除审限事由过多导致审限制度有缺口，等等，这种观点总体上认为审限制度对于促进诉讼效率的力度不够，因而主张应完善审限制度并严格执行之[1]。第二种意见认为审限制度导致了民事审判程序操作中产生一些不值得提倡或不够规范的常见做法，并且强调法官对程序的进行或展开直接负责的审限规定与我国当事人主义结构的转型所要求的当事人自我负责之间存在内在矛盾或紧张，但考虑到审限制度在司法实践中所起到的防止诉讼迟延之作用，主

---

[1] 蔡虹，刘加良．论民事审限制度 [J]．法商研究，2004，04：106-112；刘德兴．民事诉讼的效率价值与我国民事审限制度的完善 [J]．西南政法大学学报，2004，05：17-21；韩波．审限制度："二十周岁"后的挑战 [J]．当代法学，2011，01：22-27.

张保留审限制度，但应予以适当的延长并灵活执行[1]。第三种意见认为应当取消现行的审限制度，取而代之以法院和当事人的诉讼促进义务等制度来缩短诉讼周期，[2][3]。

其次，关于案件质量评估体系及考评制度的问题。最高人民法院研究室所编著的《人民法院案件质量评估体系理解与适用》详尽地介绍了案件质量评估体系内31个三级指标的计算公式、指标含义、指标方向、指标作用、指标权重、数据来源和拟定参考标准，等等，对于这些指标的理解具有非常重要的资料性意义[4]。对于这个评估体系，蔡彦敏教授认为将简易程序适用率作为衡量效率的正向指标加剧了简易程序适用的扩大化，而审限内结案率高未必代表审判效率高，并且由于审限计算的漏洞，一些久拖不决的案件可经过法院内部的技术处理而规避了超审限，此外未给予当事人问责的程序保障也危害了司法公正[5]。对于以这些指标体系构建的"数目字管理"，谢进杰博士认为这些绩效考评给审判带来正面激励的同时，也滋生了一些"潜规则"，如法院为提高结案率，年底不立案和劝解撤诉结案等；而一旦"潜规则"替代法定规则而真正发挥作用时，恐怕司法将无规律可循[6]。此外，艾佳慧博士认为通过量化的考评指标的"数目字管理"不仅无法有效测度法官工作业绩，

[1]　王亚新．我国民事诉讼法上的审限问题及修改之必要 [J]．人民司法，2005，01：51-54．

[2]　王福华，融天明．民事诉讼审限制度的存与废 [J]．法律科学（西北政法学院学报），2007，04：95-103．

[3]　唐力．民事审限制度的异化及其矫正 [J]．法制与社会发展，2017，23（02）：179-192．

[4]　张军，最高人民法院研究室．人民法院案件质量评估体系理解与适用 [M]．北京：人民法院出版社，2011．

[5]　蔡彦敏．中国民事司法案件管理机制透析 [J]．中国法学，2013，01：131-143．

[6]　谢进杰．绩效考评、司法规律与潜规则 [N]．中国社会科学报，2010-04-06（010）．

而且在很大程度上损害审判独立、程序正义等法治原则[1]。

第三，关于举证时限制度的问题。这方面的文献相当丰富[2]，其中对于2001年《证据规定》确立的举证时限制度的批评主要集中在失权效果过于严苛、相关配套制度不够健全、与诉讼体制不匹配等方面[3]；而对于2012年《民事诉讼法》修正通过的"新举证时限制度"的批评则指向立法的职权主义思维，对法院关于逾期举证后果的选择完全预留给法院依职权选择而不设置任何适用条件[4]，对当事人则重于规制而疏于保障，并认为立法应当从对方当事人陈述权、明晰证据申请的撤回与放弃以及举证与其他攻击防御方法提出之间的关系等方面加以完善[5]。

第四，关于简易程序的扩大化适用问题。尽管学界对于简易程序的研究文献非常丰富，但针对简易程序扩大化适用的文献则不多，不过蔡彦敏教授非常关注这个问题，多次撰文指出简易程序扩大化所存在的问题，她认为司法实践中简易程序的扩大化适用主要是基于审判力量不足而导致的，但独任制的扩大化适用容易发生司法独裁与专断的危险，因而必须注意对法官的权力制约与风险防范的制度安排[6]。

最后，关于2012年《民事诉讼法》修订所采取的审判迅速化措施。

---

[1] 艾佳慧. 中国法院绩效考评制度研究："同构性"和"双轨制"的逻辑及其问题 [J]. 法制与社会发展，2008，05：70-84.

[2] 笔者以篇名包含"举证时限"或"举证期限"或"举证期间"或"证据失权"为检索条件在中国知网上查询，返回362条结果，查询日期2014-03-05。

[3] 李浩. 举证时限制度的困境与出路：追问证据失权的正义性 [J]. 中国法学，2005，03：152-164；田平安，马登科. 举证时限制度的冷思考 [J]. 法学论坛，2006，01：91-100.

[4] 傅郁林. 新民事诉讼法中的程序性合意机制 [J]. 比较法研究，2012，05：55-66.

[5] 段文波. 民事诉讼举证时限制度的理论解析 [J]. 法商研究，2013，05：93-101.

[6] 蔡彦敏. 中美民事陪审制度比较研究：兼对中国民事诉讼简易程序扩大化趋向分析 [J]. 学术研究，2003，04：59-65；蔡彦敏. 从莫兆军案件透析简易程序的扩大化适用 [J]. 民事程序法研究，2007，00：39-49；蔡彦敏. 中国民事司法案件管理机制透析 [J]. 中国法学，2013，01：131-143.

引起广泛关注的小额诉讼在司法实践中整体适用率较低[1]，其制度安排亦遭到学界的批评。有学者认为立法规定的小额诉讼并不是出于程序分化或简化的目的，而是通过一审终审否定小额诉讼发展为二审案件的可能性从而直接减少案件数量，但这种方式对于减轻案件负担最重的基层法院的工作量没有任何意义[2]。还有学者认为小额诉讼的立案标准和受理规则不完善，立法应当明确规定不适用小额诉讼案件的性质与类型，对自然人、公司、企业小额诉讼的立案标的额作有区别的规定，对小额诉讼采用强制适用与协商适用相结合的原则[3]。此外，不少学者认为小额诉讼一审终审欠缺任何救济途径的规定不能充分地保障当事人的权利，使程序的正当性基础不牢[4]。

至于从整体上对进入民事诉讼程序的纠纷如何快速解决进行研究的文献主要就是上文介绍民事诉讼快速（解决）机制概念时提到的陈桂明教授及赵泽君博士的论文，此外还有赵泽君博士主编的《民事诉讼快速解决机制的立法研究：以诉讼拖延的成因与治理为视角》一书，该书主要针对诉讼主体在民事诉讼中出于一定的目的，利用法律规定的漏洞滥用权力（利）不按期完成诉讼行为或者拖延诉讼的行为之现象提出防治的方法，包括提高法官职业伦理标准、规定当事人促进诉讼义务并建立预防和规制滥用诉讼权利的规范体系、合理设计和制定诉讼程序和相关制度、引入案件管理制度、有计划地建构速裁机制并制定配套措

[1] 王琦.小额诉讼程序立法效果评价及前景分析[J].法学杂志，2017，38（12）：119-125；陆俊芳，牛佳雯，熊要先.我国小额诉讼制度运行的困境与出路：以北京市基层法院的审判实践为蓝本[J].法律适用，2016（03）：115-120.

[2] 许尚豪.小额诉讼：制度与程序——以新修改的我国《民事诉讼法》为对象[J].政治与法律，2013，10：103-109.

[3] 廖中洪.小额诉讼立案标准与受理规则比较研究：兼论我国小额诉讼程序的立法完善[J].法治研究，2012，09：18-25.

[4] 廖中洪.小额诉讼救济机制比较研究：兼评新修改的《民事诉讼法》有关小额诉讼一审终审制的规定[J].现代法学，2012，05：155-161；刘学在.小额案件一审终审制之质疑[J].中国审判，2012，06：31-33.

施等[1]。

以上关于审限制度、评估体系、举证时限、简易程序以及2012年《民事诉讼法》修改问题的研究从不同的角度分析了各项具体制度所存在的问题，为笔者观察和剖析我国既有审判迅速化进程的得失成败提供了微观视角上的丰富素材，极具参考意义。陈桂明教授和赵泽君博士关于民事诉讼快速机制的研究也就制度构建问题提出了一些建议。然而可能是基于研究视域的不同，目前尚未见有研究文献从更宏观的角度，以"迅速化"为主线，综合分析既有审判迅速化所存在的种种问题背后的深层原因，以及从这些原因出发考虑审判迅速化应遵循的原则及其限度，从而将目前盲目的迅速化引导到符合程序法治原则以及审判规律的合理迅速化路径上来。这方面文献的空白给笔者的研究带来了一定的困难，但同时亦给笔者预留了广阔的自由研究空间。

1.2.2 国外的研究现状

国外的民事审判迅速化主要是为了克服诉讼迟延而进行的，因此早期的研究主要集中在诉讼迟延的原因分析。美国早在20世纪50年代就开始对诉讼迟延的原因进行实证研究，但在20世纪70年代之前，几乎所有针对诉讼迟延的实证研究都仅以单个法院为研究对象[2]，其结论主要是认为法院迟延与法院的结构、司法资源以及诉讼程序规则有关，例如法院所在地人口规模大、法官和律师数量不足、诉讼程序过时、陪审团审判耗时，等等[3]。由于这些以单个法院为研究对象的研究缺乏可比较的对象，因此其结论不可避免地带有一定的理论假设。20世纪70年代中后期的两项研究以多个法院为观察对象，通过比较不同法院之间的审判

---

[1] 赵泽君. 民事诉讼快速解决机制的立法研究：以诉讼拖延的成因与治理为视角[M]. 北京：中国检察出版社，2011，09.

[2] David C. Steelman. What Have We Learned About Court Delay, "Local Legal Culture," and Caseflow Management Since the Late 1970s[J]. Justice System Journal, 1997：145-166.

[3] T. Church, A. Carlson, J. Lee, T. Tan. Justice Delayed：The Pace of Litigation in Urban Trial Courts[J]. State Court Journal, fall, 1978：13-18.

速度以及其他因素来分析为什么有的法院审理速度快而其他法院的审理速度慢。这两项研究的结论与70年代之前的观点有很大的不同。由佛朗德斯（Flanders）主持的美国联邦地区法院研究项目于1974—1975年间进行，该研究采取访谈法官与律师、实地观察、详细分析已结案件样本等方法，得出的结论是：在控制当事人诉答程序、证据开示程序方面做得较好，能够从程序上节约法官时间，法官较少介入当事人和解过程，相对较少发布书面意见的法院的审判速度明显比其他法院要快[1]。在此之后，彻奇主持了一项对21个州初审法院的实证调研，这是美国首次对州法院审判速度展开的全面而严谨的实证研究，这项研究的目的同样是试图确定为什么有些法院的案件审理速度比其他法院要快并以此为基础衡量最有效的诉讼加速措施。研究结果表明，审判速度快的法院与审判速度慢的法院在法官的案件负担、经过庭审的案件比例、法官对和解的介入程度、案件类型等方面都没有明显的区别。实际上，那些案件负担更重、有着更高的庭审比例、更少介入和解的法院反而比那些案件负担轻、庭审比例低以及有着其他过去认为能够快速审判因素的法院的审判速度还要快。彻奇研究团队认为，试图通过增加法官或者减少案件数量来减轻法官案件负担的措施未必能提高审判速度，实际上决定诉讼步伐的是法官和律师，因此当地法律文化（local legal culture）在很大程度上影响了审判的速度，为此彻奇团队得出结论：法院迟延并不是不可避免的，但要想提高审判速度必须改变当地法律文化，需要法官和律师们改变其对待诉讼的态度和做法[2]。佛朗德斯和彻奇的研究使人们从一个新的角度去看待诉讼迟延的原因，并且由于这些研究结论都强调法官和律师在诉讼中作用的调整，而不强调增加司法资源，因此在一定程度上也迎合了当政者的心理，因为要求法官和律师改变其态度和行为方式肯

---

[1] S. Flanders. Case Management and Court Management in United States District Courts. Washington, DC. Federal Judicial Center, 1977.

[2] T. Church, A. Carlson, J. Lee, T. Tan. Justice Delayed：The Pace of Litigation in Urban Trial Courts[J]. State Court Journal, fall, 1978：13–18.；T. Church. Who Sets the Pace of Litigation in Urban Trial Courts, Judicature, August, 1981：76–85.

定比增加司法投入要更节约费用。这两项研究也为20世纪80年代以后美国的减少迟延计划奠定了基调，其后的案件管理运动强调法院的早期干预和对案件流程的全程监控，就是作为改变传统对抗制法律文化的一种主要措施。

无独有偶，英国的研究结果也强调了这种"法律文化"对审判速度的影响。1994年3月28日，沃尔夫勋爵受当时的英国司法大臣委任对英格兰和威尔士民事法院的现行规则和程序进行全面评审，其于1995年6月提交的《接近正义》（中期报告）中指出，英国民事司法所面临的三大问题诉讼成本高企、诉讼迟延和程序复杂三大问题是紧密联系在一起的，而造成这些问题的深层次原因之一就是缺乏有效控制的对抗制环境。在这种对抗式法律文化下，诉讼的进行和步骤几乎完全由当事人主导，当事人基于其诉讼策略的考虑常常不恰当地利用程序工具，导致证据开示的范围完全失控、无法在案件初期合理地确立案件争议焦点、不合理地过度寻求专家证人等情形，而法院缺乏足够的权力对这些导致诉讼迟延的行为作出有效的干预。除了这种传统对抗制环境的因素之外，《接近正义》（中期报告）还指出，诉讼程序过于复杂也是造成迟延的主要原因。高等法院和郡法院、王座法院和衡平法院的管辖适用不同的规则，诉讼程序存在区别，程序启动的要件不同，法院签发的诉讼指引具有多重性等造成程序复杂化，法律援助的难以获取进一步阻碍了无法负担律师费用的当事人接近法院[1]。

相对于英美而言，德国的法官向来在民事诉讼中发挥更加积极的作用，因此德国对于诉讼迟延的实证研究结果并不涉及上述"法律文化"的影响问题。德国对诉讼迟延原因的两项主要研究是在1976年《简速修订法》颁布之前进行的。第一项研究是1970年由弗莱堡大学的社会学研究所"法社会学实证研究"小组对弗莱堡、奥芬堡、巴登-巴登、康斯坦茨和瓦尔启特五个地方的法院卷宗进行调查，研究了期日数量与案件审

---

[1] Access to Justice: Interim Report, chapter 3, The Problems and Their Causes, para 3–11; para 44–47. See http://webarchive. nationalarchives.gov.uk/+/http://www.dca. gov.uk/civil/interim/chap3.htm.

理周期的关系[1]。当时的德国民事诉讼没有专门的准备程序，当事人言词辩论终结前可以不断提出新的争点和证据，导致法院不得不随时改变审理焦点，一个案件经常要经过三番五次的开庭才能审理终结[2]。弗莱堡大学的研究发现，50%以上的案件都是在5个以上的期日完成的，并且期日数量越多，诉讼的周期就会变长。第二项研究是由德国联邦司法部组织进行的，这次研究涵盖了整个联邦德国，审阅了初级法院、州法院和州高等法院的5500份卷宗，这一研究结果认为，诉讼迟延不是由《民事诉讼法》的规范不完善引起，而是主要因为：第一，实体法律日益复杂，发现案件事实真相愈发困难，从而使程序进行更加缓慢，法院的负担日益繁重；第二，司法管理领域管理困难，法官工作条件欠缺；第三，法官、律师和鉴定人的专业知识不够丰富[3]。这些实证研究也为德国日后的审判迅速化改革指明了方向。

以这些实证研究为基础，美国的案件管理运动和英国的沃尔夫改革都强调了法官的职权干预对对抗制诉讼法律文化缺陷的克服，德国也通过"斯图加特模式"来避免案件的多次开庭，实现集中审理。这些国家的审判迅速化取得了不俗的成效[4]，但同时也面临一些质疑和批评。在美国，案件管理的成效似乎没得到证明，1996年兰德机构研究结论认为案件管理"对案件处理时间、诉讼成本、代理律师的满意度，以及对公平的感受都是影响甚微的"[5]，社会各界"关于案件管理的反应是毁誉

---

[1] 李大雪."二战"后德国民事诉讼法之改革研究 [D].西南政法大学，2007：136.

[2] 刘萍.民事诉讼集中审理原则研究 [D].中国政法大学博士论文，2009：38.

[3] 李大雪."二战"后德国民事诉讼法之改革研究 [D].西南政法大学，2007：136-137.

[4] 关于英美德日四国通过审判迅速化克服诉讼迟延的成效，可参见本书第3章第2节的内容。

[5] James S. Kakalik, Terence Dunworth, Laural A. Hill, etc., Just, Speedy, and Inexpensive?——An Evaluation of Judicial Case Management Under the Civil Justice Reform Act, Published by Rand, 1996：22.

参半的"[1]。批评者认为案件管理存在一个天然的缺陷，那就是要求法官在缺乏足够数据支持的情况下作出合理的决定，同时案件管理决定的不透明和不可审查性增加了法官滥用权力的风险；他们认为案件管理已走到十字路口，应该对之进行深刻的反思以确定改革的去向[2]。此外，对于美国联邦最高法院1986年的即决判决三部曲（Matsushita[3]，Liberty Lobby[4]，and Celotex[5]）对即决判决采取了更为宽松和灵活的标准，扩大了即决判决的适用范围，批评者认为即决判决从一个确保具有事实争点的纠纷进入庭审的程序保障转变为一个预估和评价原告在庭审中胜诉概率的机制[6]，甚至逐渐变成了一个对于案件争点的"微型审判"[7]。有学者认为下级联邦法院对三部曲的不当延伸以及对法律和事实区分能力的缺乏致使法院更多地利用即决判决来进行审前处置，在一定程度上侵害了当事人接受陪审团审判的权利[8]。英国的沃尔夫改革不仅强化了法官对诉讼进程的控制权，还通过案件管理和诉讼费用制度大力推动ADR，尽管沃尔夫本人并不同意强制和解程序，但高等法院的一些经典判决实际上认同了审前强制和解程序，批评者认为民事司法作为公共产

[1] [美]理查德·L.马库斯.诉讼超级大国的恐慌[A].[英]阿德里安·A.S.朱克曼.危机中的民事司法：民事诉讼程序的比较视角[C].傅郁林等译.北京：中国政法大学出版社，2005：100-104.

[2] Steven S. Gensler, Judicial Case Management： Caught in the Crossfire[J]. Duke Law Journal , December, 2010： 669-744.

[3] Matsushita Elec. Indus. Co. v. Zenith Radio Corp. 475 U.S. 574 （1986）.

[4] Anderson v. Liberty Lobby, Inc., 477 U.S. 242 （1986）.

[5] Celotex Corp. v. Catrett, 477 U.S. 317 （1986）.

[6] Issacharoff, George Loewenstein, Second Thoughts About Summary Judgment, YALE L.J., Vol.100, 1990.73, 89.

[7] Ann C. McGinley, Credulous Courts and the Tortured Trilogy： The Improper Use of Summary Judgment in Title VII and ADEA Cases, 34 B.C. L. REV. , Vol.34, 1993.203, 229.

[8] Arthur R. Miller, The Pretrial Rush to Judgment： Are the "Litigation Explosion," "Liability Crisis," and Efficiency Clechés Eroding Our Day in Court and Jury Trial Commitments? New York University Law Review, June, 2003.

品，应当为社会提供公共价值和规范指引，为了节约经济成本而远离公开审判转向于私下解决争议，不仅使民众失去了接近法院的权利，还让民事司法失去了能对市民生活产生重大影响的正义话语[1]。德国的民事司法尽管以高效著称，但其司法改革也同样存在问题，绝大多数改革的必要性都缺乏令人信服的论证。首先是很少使用统计数据作支撑[2]，有时即使采用了翔实的资料，但立法机关采取的措施却与实证调查结果相矛盾；其次是改革目标往往不准确或者不清晰，对法律修订的影响范围没有严格的界定，对修订法适用的对象没有进行严格区分，各种目标之间的关系也不明确；再次是改革效果缺乏经常性的检查，缺乏量化的标准，对改革是否实现了立法机关的预期只能进行模糊的判断[3]。

除此之外，由英国牛津大学阿德里安·A.S.朱克曼主编的《危机中的民事司法：民事诉讼程序的比较视角》一书已由傅郁林教授等人翻译成中文出版，该书收录了英国、美国、德国、日本、法国、奥地利、巴西、希腊、荷兰、意大利、葡萄牙、西班牙、瑞士等13个国家的民事诉讼法学者对于本国的司法改革加以介绍的论文，其中不少涉及这些国家诉讼成本和诉讼迟延问题。尽管这些文章不同于改革具体问题的讨论，"其主旨只是为民事诉讼程序的比较研究提供粗略的资料"[4]，但也能在一定程度上展现这些国家民事司法制度的整幅画面。

国外的这些研究尽管不能作为分析和解释我国民事审判迅速化中存在的问题及改革方向的依据，但这些研究成果能"给我们一种'观

[1] Hazel Genn. What is Civil Justice for? Reform, ADR, and Access to Justice. Yale Journal of Law & the Humanities. winter 2012（Yale J.L. & Human. 397）.

[2] K·ster, Die Beschleunigung der Zivilprozesse und die Entlastung der Zivilgerichte in der Gesetzgebung von 1879 bis 1993, S.840. 转引自李大雪．"二战"后德国民事诉讼法之改革研究 [D]. 西南政法大学博士论文，2007：136.

[3] 李大雪．"二战"后德国民事诉讼法之改革研究 [D]. 西南政法大学，2007：136.

[4] [英]阿德里安·A.S. 危机中的民事司法：民事诉讼程序的比较视角 [C]. 朱克曼．傅郁林等译．北京：中国政法大学出版社，2005.

念'，一种刺激，一种智慧的火花"[1]，对本课题的研究也具有重要的参考和借鉴意义。

1.3 研究方法

1.3.1 数据分析方法

对审判迅速化问题的分析离不开迅速化措施在司法实践中的实现问题。笔者通过查阅1985年以来的最高人民法院工作报告、最高人民法院公报、中国统计年鉴、中国法律年鉴等文献资料以及通过实地调研、访谈，通过访问英国、美国的政府网站、法院网站获取了大量的资料和数据，并根据数据制作成各种表格和图示以描述各国审判迅速化的实施、效果和问题。

1.3.2 比较研究方法

一切知识均可溯源于比较。本书考察了两大法系主要国家审判迅速化的立法改革，并通过数据分析了其改革对于克服诉讼迟延的效果，总结了其审判迅速化的主要路径以及审判迅速化所带来的种种问题。这些比较可以开阔视野，对我国审判迅速化的问题研究及路径调整有一定的参考和借鉴意义。

1.3.3 价值分析方法

价值分析是对作为主体的人与作为客体的现象或事物的价值关系，即对特定客体应有的、内含的价值因素的认知和评价。法学研究中的价值分析方法是一种从价值取向入手对法律现象进行分析、评价的研究方法，这种分析方法用哲人的眼光和终极关怀的理念，以超越现行制定法的姿态，分析法律为何存在以及应当如何存在的问题[2]。尽管审判迅速化不一定是由立法来推进，但审判迅速化的实施同样也涉及价值取向的

---

[1]　[德]伯恩哈德·格罗斯菲尔德. 比较法的力量与弱点[M]. 孙世彦，姚建宗译. 北京：中国政法大学出版社，2012：66.

[2]　孙季萍，郭晓燕. 价值分析方法评析：与实证分析方法对比的视角[J]. 襄樊职业技术学院学报，2006，06：98-100.

基本问题，本书紧紧围绕正义与效率的价值理念来分析审判迅速化应当如何合理化的问题。

1.3.4 演绎归纳分析方法

演绎与归纳分析方法是科学研究中最重要的两种逻辑方法。演绎法是从一般原理一步一步往下推导出特殊的或者个别结论，而归纳法则是从个别事实中推导出一般原理。本书综合运用了演绎归纳法对审判迅速化的现状、问题及其成因等进行分析，如提出了审理时间的计算公式以及审判周期构成理论等。

1.4 本书的结构和主要内容

1.4.1 本书的结构图

本书除了前言和结语外，共有7章，具体的结构安排图如下：

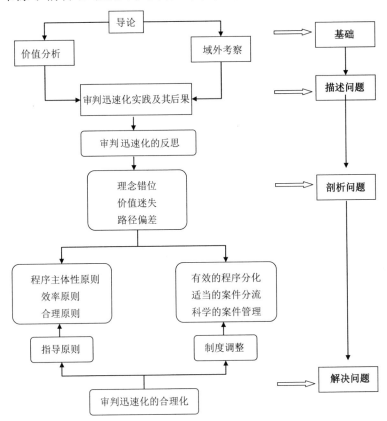

1.4.2 本书的主要内容

本书的主要内容如下：

第1章导论。导论界定了审判迅速化概念及其与相关概念的辨析，国内外关于本课题的研究现状，本书的研究方法，本书的结构、主要内容和创新之处。

第2章审判迅速化的价值分析。本章旨在分析审判迅速化与诉讼最根本的价值追求（正义与效率）之间的关系。迅速审判具有促进正义和提高效率的价值，但并非所有的审判迅速化均能实现迅速审判的价值，合理的审判迅速化应当兼顾正义与效率。

本章第1节分析了正义与审判迅速化的关系。尽管正义有一张普洛透斯之脸，其核心精神意向却始终是"应得"与"平等"，体现在现代法意义上，就是权利义务的分配平等和通过责任承担实现的矫正平等。法律分配给民事主体的诉权需要通过法院来实现，如果法院因诉讼迟延及积案使部分民众无法有效接近，那诉权就会成为部分人享有的特权，因而迅速审判有助于实现当事人诉权行使的平等。司法通过裁判来恢复当事人之间的平等之前提是事实认定的准确性，而时间是一个影响判决正确性的因素，诉讼程序应当保障审判在证据鲜活的时候进行，裁判在心证鲜活的时候作出，因此迅速审判有助于案件事实的查明和正确裁判的达成，实现裁判正义。但必须注意的是，如果违背诉讼规律和审判周期过于仓促地审判，则反而有碍于正义的实现。

本章第2节分析了效率与审判迅速化的关系。效率在本质上是一种成本与收益的比值关系，迅速审判在降低诉讼成本和提高诉讼收益两方面增进诉讼效率。诉讼的直接成本包括公共成本和私人成本，迅速审判通过合理配置司法资源的使用来降低公共成本，并且迅速审判可节省当事人的经济成本、时间成本和精力成本。诉讼收益是诉讼制度的功能在司法实践中得到实现的部分，迅速审判可以提高判决对当事人的效用从而恢复当事人之间因纠纷发生而被破坏的平等，进而尽快恢复社会的正常秩序，因此迅速审判有助于实现诉讼制度的恢复性功能，提高诉讼收益。应当指出的是，速度并不等于效率，以审判速度作为衡量效率的主要标准甚至唯一标准忽视了效率概念中关于收益的内涵，"速度=效率"的司法观念应当被摒弃。

第3章审判迅速化的域外考察。一切知识均可溯源于比较。本章考察了19世纪以来两大法系主要国家审判迅速化的立法改革及其成效，分析了这些国家审判迅速化的路径及存在的问题。

本章第1节考察了英国、美国、德国、日本四个国家审判迅速化的立法改革。在这些国家，迅速审判已经成了重要的司法理念，并通过立法改革推动民事诉讼程序的加速，由此形成了审判迅速化的世界浪潮。

本章第2节分析了两大法系主要国家审判迅速化的动因及其成效。这些国家推动审判迅速化的原因都是为了遏制司法实践中的诉讼迟延。经过长期的审判迅速化进程，目前数据显示这些国家的大多数民事一审案件都在1年之内审结，基本上摆脱了诉讼迟延的困扰。

本章第3节通过分析各国审判迅速化的各种改革措施，归纳出两条主要路径：一是统一和简化诉讼程序；二是通过案件管理或集中审理等措施强化法官对诉讼进程的控制权，而后者在近几十年来尤为重要。

本章第4节分析了域外审判迅速化所面临的问题，这些问题主要有：审判迅速化的部分措施本身反而成为造成诉讼迟延的因素；过于注重审判迅速化致使部分措施有侵蚀当事人权利的危险；大量案件远离公开审判而转向私下解决从而影响了法院导向性功能的发挥；部分改革措施的必要性未经证实。这些问题值得我们引以为鉴。

第4章我国审判迅速化的实践及其得失。本章通过翔实的资料和统计数据描述了我国审判迅速化进程中所采取的各项措施，并分析了当前已取得的成效及其严重的副作用。

本章第1节描述了我国审判迅速化的各种措施。我国审判迅速化的首要举措是强化以审限内结案率为核心指标的行政化考核。全国法院系统开展建立审限警示、催办和通报制度，对超审限案件实行责任到人、与奖惩挂钩；最高人民法院制定案件质量评估指标体系，其中10项效率指标中有9项是通过审判速度来评估审判效率，一些地方法院根据这些指标体系开展"争当法院工作排头兵"的比拼。其次是最高人民法院通过司法解释确立举证时限制度，并配之以严苛的证据失权后果，以促使当事人尽快举证加速审判进程。再次是扩大简易程序的适用范围，立法关于"事实清楚、权利义务关系明确、争议不大"的适用条件被虚化，司法实践中适用简易程序审理案件占全部一审民事案件数量的60%~70%，占基层法院审理案件数量的80%以上。此外，人民调解制度的复兴和调解协议的司法确认制度实施，2012年《民事诉讼法》修改增设的小额诉讼、实现担保物权程序以及试图激活督促程序的改革都体现了改革者推动审判迅速化的努力。

本章第2节考察了审判迅速化的成效。上述措施尤其是法院内部对审限制度的考核极大地保障了民事案件的审理速度。我国民事一审案件自2005年以来审限内结案率都在98%以上，并且近十多年来的结案/收案比都接近1（100%），这意味着法院每年消化案件的能力大体相当于每年新收案件的数量。换而言之，我国目前并不存在诉讼迟延或积案的困扰。

本章第3节考察了审判迅速化带来的一些负面后果。法院系统内部以结案率、结案数、审限内结案率等指标作为考评标准导致法官在趋利避害的理性规制下出现了一些审判权失范的行为；证据失权缺乏正当性导致举证时限制度失灵；简易程序的扩大化适用和普通程序的简化适用导致二者趋同，诉讼程序单一化；上诉率一度走高，民事一审裁判的公正性越来越受到质疑，同时上诉案件的增加会消解迅速化本身所取得的成果。

第5章我国审判迅速化问题反思。本章对既有的审判迅速化进行反思，发现其存在理念错位、价值迷失和路径偏差等深层问题。

本章第1节分析了审判迅速化的理念错位问题。既有审判迅速化的理念从应然的"以人为本"变为实然的"权力本位"。尽管审判迅速化最初动因可能是出于减轻法院案件压力和负担，但其最终目的却只能是为了满足民众的司法救济需求。中共中央和最高人民法院都旗帜鲜明地把"司法为民""以人为本"作为司法改革的理念，但由于最高人民法院作为司法改革的主导者在迅速化中揉进了自己的利益诉求，因而既有的审判迅速化出现了强烈的权力本位（尤其是法院本位）倾向。

本章第2节分析了审判迅速化的价值迷失问题。既有的审判迅速化一方面淡忘了正义之价值取向，另一方面又秉持错误的效率观，追逐效率却未能体察效率之真意。正义被淡忘体现在程序单一化的迅速化模式忽略了诉权保障之比例平等；速度至上以及客观真实观念的淡化又说明了实体正义的退让。效率理解的偏差在于不致力于降低诉讼成本或提高诉讼收益，而是简单化地持"速度=效率"观念，这种理解不仅会导致对迅速审判的过度偏爱，更会妨碍司法改革对真正效率的追求。

本章第3节分析了审判迅速化的路径偏差问题。既有的审判迅速化形成了简化程序、减少法官审理时间以及当事人准备时间的路径依赖，这种做法违反了诉讼规律。审判迅速化的目标应该是缩短审判周期。从审判周期的构成要素来看，审判周期由诉讼行为时间和等待时间组成，合理的审判迅速化既应保障必要的诉讼行为时间，又要注重减少等待时间。

第6章合理的审判迅速化的原则构建。针对第5章指出的既有审判迅速化的理念错位、价值迷失等问题，本章指出，合理的审判迅速化应当以当事人程序主体性原则、效率原则和合理原则作为指导原则。

本章第1节分析了当事人程序主体性原则。该原则要求视当事人为迅速化的主体，尊重当事人的自由与意志，让当事人和法院共同分享和合理分配诉讼程序的控制权。与英美等国通过强化法官对于诉讼程序的控制权来实现审判迅速化不同，我国长期的职权主义传统以及既有审判迅速化过程中的法院本位倾向要求审判迅速化必须强调当事人程序主体性原则。该原则的实现要求迅速化的改革决策中注重对民意的吸收，通过扩大当事人的程序选择权和确立适时审判请求权来完善当事人的程序主体权，同时应完善当事人的诉讼促进义务。

本章第2节分析了效率原则。该原则要求审判迅速化应注重树立正确的效率价值观，纠正"速度=效率"的错误观念，遵循效率的增长机制，以效率最优而不是速度最快为审判迅速化的目标。近年来我国面临的较为严峻的司法供需形势的变化以及法官案件负担的加重已经对审判迅速化中司法资源的有效配置提出了新的要求，使得审判迅速化中遵循效率原则成为必要。审判迅速化中所涉及的改革措施以及利益冲突问题都可以用帕累托效率和卡尔多-希克斯效率标准来加以衡量。

本章第3节分析了合理原则。该原则要求审判迅速化应当符合体现了社会发展客观规律的、被普遍认可的原则和标准；应当符合广泛的社会成员的目的和价值需要，能够得到民众的内心认同。简而言之，审判迅速化应当是合规律性和合目的性的统一。根据审判迅速化的要素，合理原则可具体化为迅速化目的的合理、迅速化手段的合理和迅速化结果的合理等三个方面。

第7章合理的审判迅速化的路径调整。针对第5章指出的既有审判迅速化的路径偏差问题，本章指出，审判迅速化路径调整主要归结为三个方面的内容：一是有效的程序分化，二是恰当的诉讼分流，三是科学的案件管理。

本章第1节探讨了诉讼程序分化的若干问题。程序分化的目的是优化司法资源的配置。首先应构建真正繁简有异的普通程序、简易程序和小额程序，除简易程序的设置基本保留外，普通程序应朝规范化和专业化发展，而小额程序应从简易程序中独立出来，并作进一步的简化。从审级制度方面看，程序分化后小额案件可限制当事人的上诉权，但应当设置一定的救济措施。而涉及全国范围内有关法律统一适用的特殊案件则应通过许可上诉的方式允许当事人就法律适用问题向最高人民法院提出"特别上诉"。从审判组织方面看，应当解除普通程序与合议制的捆绑关系，普通程序可以根据需要选择适用合议制或者独任制；而经济较为发达地区和案件负担较重的法院可以引入临时法官制度处理小额诉讼案件。从案件分配标准看，各类程序的分配应采用具有持续适应性的金额确定方式，并充分考虑法官工作负担的均衡性；从当事人程序选择权的角度看，程序的设计不仅要考虑当事人对诉讼程序类型的选择，也要注重程序性事项的选择；不仅应关注自治模式的选择权实现方式，还要注意对请求-裁定模式程序选择权实现方式的保护。

本章第2节从完善非讼程序的角度探讨了诉讼分流问题。诉讼分流的目的是减轻法官的案件负担，一方面保障法官对个案的必要诉讼行为时间，另一方面由于法官同时处理的案件数量减少可以缩短个案中的等待时间。非讼程序是一个集合性概念，指法院处理非讼事件所适用的各类程序的总和。根据非讼事件的不同，非讼程序能分别发挥纠纷预防、纠

纷过滤和纠纷解决的分流功能。

本章第3节探讨了案件管理机制的调整问题。案件管理发挥两个方面的作用：一是通过期间制度保障当事人的必要准备时间；二是有效地控制审判流程节点时间，从而减少审判周期中的等待时间。本书从广义的含义理解案件管理，既包括期间制度管理，法官通过诉讼指挥权对案件实施的管理，也包括法院内部的考评管理。

结语。主要包括本书的基本观点以及有待进一步研究的问题。

本书的基本观点有三个：一是审判迅速化的目的观。审判迅速化的最终目的是为了满足民众的司法需求，因此合理的审判迅速化应当秉持以人为本的理念，遵循当事人程序主体性原则。二是审判迅速化的效率观。速度不是衡量效率的唯一标准，强调诉讼成本与诉讼收益的效率观内含了正义的伦理性要求，合理的审判迅速化应纠正错误的效率观，注重司法资源的优化配置，恰当运用效率的增长机制。三是审判迅速化的方法论。审判周期由诉讼行为时间和等待时间组成。合理的审判迅速化应当通过对程序分化、诉讼分流和案件管理机制进行调整来合理配置法官的审理时间，以保障审判周期中的必要诉讼行为时间和尽可能减少等待时间。

1.5 创新之处

1.5.1 选题角度新

国内尚未发现关于民事审判迅速化问题的研究文献在一定程度上印证了本书选题的新颖性。尽管对于我国审判迅速化中所采取的审限制度、评估体系、举证时限、简易程序等问题都有相关文献，但伴随我国民事审判迅速化而产生的诸多问题需要从更宏观的角度，以"迅速化"为主线，综合分析这些问题背后的深层原因，以及从这些原因出发考虑审判迅速化应遵循的原则及其限度，从而将目前盲目的迅速化引导到符合程序法治原则以及审判规律的合理的迅速化路径上来。本书的研究在一定程度上填补了这一空白。

1.5.2 选用资料新

对于国外的诉讼迟延问题，学界似乎有一种普遍的误解，认为西方国家尤其是英美法系国家至今无法摆脱诉讼迟延的困扰；对于这些国家审判迅速化的成效，亦少见有相关数据支持的考察与论证。本书通过英国政府网站和美国联邦法院网站公布的司法统计数据以及相关年度报告，确证了英美两国近年来的大多数民事一审案件都在1年内审结，对于德日两国则通过二手的司法统计数据，也得知其大多数民事一审案件在1年内审结。尽管我们无法对何为诉讼迟延确定一个时间标准，但这与学界流传的西方国家"动辄几年"的诉讼迟延叙事显然相距甚远。在笔者看来，这些国家已基本克服了诉讼迟延问题。

此外，对于英国民事诉讼规则的更新、诉答机制的纠纷过滤功能，美国迟延案件的报告公开机制，我国的审限内结案率、简易程序适用率、结案/收案比、上诉率等问题的考察，笔者也坚持使用最新最全的官方数据，力图对各国的民事审判迅速化现状及问题作出最客观的描述。

1.5.3 研究内容的创新

1.5.3.1 厘清了审判速度与效率之间的关系

既有的审判迅速化在效率的口号下推进，但司法实践中却简单地以速度作为评价效率的主要标准甚至是唯一标准。这种观念甚至在学界也颇为流行，并据此认为我国的诉讼效率较高。实际上，速度不等于效率。诉讼效率是诉讼成本与诉讼收益的比值关系，而诉讼收益在很大程度上取决于案件裁判的正确性，过分追求结案数量和审判速度而不顾诉讼收益（诉讼收益取决于案件的正确裁判），不仅未能增进效率，反而降低了诉讼效率。因此合理的审判迅速化应当以真正的效率原则为指导，纠正"速度=效率"的错误观念，注重资源的优化配置、效率增长机制和效率标准的正确运用。

1.5.3.2 阐明了审判迅速化的路径偏差及其与审判周期的关系

笔者首次提出审判周期构成理论，根据时间耗费与程序推进之间的关系，笔者将审判周期的构成要素归结为诉讼行为时间和等待时间。其中诉讼行为时间是法院和当事人为实施诉讼行为所需要的时间（包括必要的准备时间），这是公正审理案件所必需的。等待时间是程序静止的时间，对于案件的正确审理不仅没有价值，反而容易产生负面作用。但既有的审判迅速化主要采取了压缩诉讼行为时间而忽略减少等待时间的路径，违背了诉讼规律，也造成了审判周期构成比例的不合理性。合理的迅速化应当通过调整程序分化、诉讼分流和案件管理机制来合理配置司法资源，保障审判周期中的诉讼行为时间而尽量缩减等待时间。

1.5.3.3　构建了合理的审判迅速化的指导原则体系

我国既有的审判迅速化实际上是在缺乏合适的原则指导的情况下盲目进行的。本书通过对既有审判迅速化所秉持的理念和价值观的反思，构建了合理的审判迅速化应遵循的三个原则：当事人程序主体性原则、效率原则和合理原则。尽管两大法系主要国家都是通过加强法官对诉讼进程的控制权来实现审判迅速化，但基于我国长期的职权主义传统以及既有审判迅速化过程中的法院本位倾向，我国更应强调的是尊重当事人的自由与意志，完善当事人的程序主体权，让当事人和法院共同分享和合理分配诉讼程序的控制。强调效率原则一方面是为了纠正错误的"速度=效率"观念，另一方面是我国民事案件数量的持续增长也对审判迅速化中司法资源的有效配置提出了新的要求，使得审判迅速化中遵循效率原则成为必要。此外，强调效率原则并不意味着贬低正义的重要性，强调资源配置的效率本身就具有正义的伦理价值取向。实际上，如果无视正义的重要性，诉讼收益将无法取得，效率也无从产生。而合理原则是针对既有的审判迅速化过程中的违背诉讼规律和审判周期问题提出的，主张审判迅速化应当是合规律性和目的性的统一，无论是迅速化的目的、手段还是结果都应当具有合理性。

第2章 审判迅速化的价值分析

价值问题是法律科学所不能回避的问题。从表征关系的角度看，价值反映的是人与外界的关系，揭示的是人对外界的客观世界进行改造活动的动机和目的。人的一切实践活动都是为了把客观对象改造成能够满足人自身需要的事物，而人和事物之间的这种需要和满足的对应关系就是价值关系。从表征意义的角度看，价值表示事物对人所具有的意义，可以满足人的需要的功能和属性[1]。法学中的价值分析就是要阐明作为价值主体的人与法之间的需要和满足的对应关系，揭示特定的法律现象对于人们的积极意义或者消极意义。

法的价值是多元的，而正义与效率无疑是人们所追寻的重要价值。本章的价值分析就是要厘清审判迅速化与正义、效率之间的关系，审判迅速化对于正义的实现与效率的增长有什么积极意义或者消极意义。也许有人认为审判迅速化的价值目标是为了提高效率，但由此却可能带来与正义的抵牾。而笔者认为，审判迅速化与正义或效率的关系都需要辩证地看待，审判迅速化并不一定都能增进效率，反过来也不一定会妨碍对正义的实现。实质上，合理的审判迅速化具有促进正义和提升效率的双重价值，但失当的审判迅速化不仅可能以牺牲正义为代价，更有可能降低诉讼效率。正是在这个意义上，审判迅速化是否合理突显了其重要性，研究审判迅速化的"问题"也就极为必要了。

2.1 正义与迅速化的关系

正义最基本的内涵是"应得"与"平等"，权利分配的平等和矫正

---

[1] 张文显，姚建宗. 略论法学研究中的价值分析方法 [J]. 法学评论，1991，05：7-11.

的平等是正义在现代法意义上最重要的要求。合理的审判迅速化可保障当事人平等行使诉权（实现分配的平等）和有助于实现裁判正义（实现矫正的平等）。但不合理的、过于仓促的审判却反而会妨碍正义的实现。

2.1.1 正义的"应得"与"平等"内涵

正义或者说公正（justice）作为最高的伦理学规范，是一种元价值观，是独断的、不容争辩的最高规范[1]，但要说清楚正义的含义却并不容易，因为正义是一个"极其抽象、极其艰深、含义广泛、内容极难确定的概念"[2]。古往今来的西方贤哲们对正义作出了五花八门的解释，为此博登海默感慨地说"正义有着一张普洛透斯似的脸，变幻无常，随时可呈不同形状，并具有极不相同的面貌。当我们仔细查看这张脸并试图解开隐藏其表面背后的秘密时，我们往往会深感迷惑"[3]。然而不管正义的面貌如何变幻，自古希腊的梭伦最先在正义概念中引入"给一个人以其所应得"的含义以来，"应得"的思想始终是正义概念的基本内涵[4]。如古罗马的西塞罗和乌尔比安分别提出正义是"使每个人获得其应得的东西的人类精神意向""正义就是给每个人获得其应得的东西的永恒不变的意志"[5]的观点，中世纪的阿奎那把正义描述为"一种习惯，依据这种习惯，一个人以一种永恒不变的意志使每个人获得其应有的东西"[6]。有着"自然法之父"之称的格劳秀斯提出的两个自然法根

---

[1] 段厚省.诉审商谈主义 [M].北京：北京大学出版社，2013：97.

[2] 张恒山.论正义和法律正义 [J].法制与社会发展，2002，01：23-53.

[3] [美] 博登海默.法理学：法律哲学与法律方法 [M].邓正来译.北京：中国政法大学出版社，2004：261.

[4] 廖申白.西方正义概念：嬗变中的综合 [J].哲学研究，2002，11：60-67+80.

[5] [美] 博登海默.法理学：法律哲学与法律方法 [M].邓正来译.北京：中国政法大学出版社，2004：277.

[6] [美] 博登海默.法理学：法律哲学与法律方法 [M].邓正来译.北京：中国政法大学出版社，2004：278.

本原则"各有其所有，各偿其所负"[1]也是以"应得"思想为根据的。

除了"应得"的精神意向外，"平等"也是一个始终与正义相随的概念，甚至成为彼此的价值支撑基础。不少思想家在论证平等观时诉诸正义，但在论述正义时往往又借助于平等，通过论述平等来说明正义，甚至不少学者断言，正义即平等，将正义寓于某种平等之中，通过平等彰显正义[2]。早在梭伦改革时即在其公正原则中表述了平等的理念，其在政治诗篇中称要制定"同等对待恶人与善人的法规，让正义径直进入每一个人的世界里""手执坚盾我挺身遮护两者，不让任何一方不公正地取胜"[3]。亚里士多德也认为"正义是某些事物的平等（均等）观念""相等的人就该配给到相等的事务""所谓公正，它的真实意义，主要在于平等"[4]，康德在论证惩罚正义的尺度时，也诉诸平等，"公共的正义可以作为它的原则和标准的惩罚方式与尺度是什么？这只能是平等的原则。根据这个原则，在公正的天平上，指针就不会偏向任何一边。"[5]勒鲁在《论平等》一书中则声称"什么都不能战胜你们对正义的感情，这种感情并非其他，而是对人类平等的信仰"[6]。

博登海默认为，人希望得到尊重的欲望以及不愿受他人统治的欲望是人的平等感的心理根源[7]。由于人人都不愿意认为自己天生地低于他人、屈从于他人；同时任何人也找不出恰当的理由证明自己天生地高于

[1] ［荷］格劳秀斯.战争与和平法 [M].转引自西方法律思想史资料选编 [M].北京：北京大学出版社，1983.138.

[2] 洋龙.平等与公平、正义、公正之比较 [J].文史哲，2004，04：145-151.

[3] ［古希腊］亚里士多德.雅典政制 [A].颜一译.苗力田.亚里士多德全集（第十卷）[C]，北京：中国人民大学出版社，1997：12-13.

[4] ［古希腊］亚里士多德.政治学 [M].吴寿彭译.北京：商务印书馆，1965：148.153.

[5] ［德］康德.法的形而上学原理：权利的科学 [M].沈叔平译.北京：商务印书馆，2009：172.

[6] ［法］勒鲁.论平等 [M].王允道译.北京：商务印书馆，1988：05.

[7] ［美］博登海默.法理学：法律哲学与法律方法 [M].邓正来译.北京：中国政法大学出版社，2004：310-311.

别人、应当统治别人，故人与人平等就是在这种情形之下所产生的关于自己与别人之间关系的基本看法和要求[1]。

应得与平等的思想体现在现代意义法的正义上，至少可以引申出以下两个原则：

第一，分配的平等，即法律关于权利义务分配的平等。这是一种最基本的应得，也是一种最基本的平等。尽管自梭伦改革时期即有平等之正义的思想萌芽，但在一个存在等级特权阶层的社会，对公民基本权利和基本义务作不平等的分配，不可能实现真正的平等。平等价值的普及是社会进步的重要标志之一，文艺复兴以来的大多数平等主义政治运动消除了等级制度和阶级特权，取缔了各种不平等的社会规范。"人人生而平等"的观念逐渐成为主流价值观念，反映在法的正义上，就是公民的基本权利和基本义务的平等分配原则。公民只有享有同等的基本权利，负有同样的基本义务，才能实现相互之间法律身份和法律地位的平等，才有平等的机会追求个人幸福。因此现代各国宪法通常都规定，一国公民不分民族、种族、性别、职业、出身、宗教信仰、教育程度、财产状况等，其享有的基本权利和承担的基本义务都是平等的。

第二，矫正的平等，即通过责任承担而实现的平等。社会成员享有平等的权利义务、平等的法律地位只是他们得以平等地相互交往的一个基点，但交往的过程中可能发生一方无视法律的规定侵害另一方权利的情形，这样就形成了纠纷。当这些纠纷提交到中立的裁判者面前时，裁判者如何裁判才是正义的呢？早在古希腊时期，亚里士多德就提供了一个矫正正义的方案：当人们在交往过程中发生不正义的行为从而造成利益侵害时，侵害人所得比其应得要多，而受害人所得比其应得要少，于是不平等就发生了，法官要做的是恢复平等。矫正的方式应该是剥夺不正当"多得者"的利益，弥补受损害的"少得者"的损失，从而恢复二者在利益上原本应得的平等。亚里士多德形象地比喻"这就好像如果一条线被分成两个不等的部分，法官就要把较长线段超过一半的部分拿掉，把它加到较短的线段上去，当整条线段被分成了两个相等的部

---

[1]　张恒山.论正义和法律正义 [J].法制与社会发展，2002，01：23-53.

分……人们就说他们得到了自己的那一份"[1]。尽管亚里士多德的矫正平等并不能适用社会生活中所有侵害场合（尤其是侵害人并没有获得实际利益的场合），但其以平等的考虑去解决责任承担问题的思维对于当今的司法裁判仍然具有巨大的实践意义。我国学者张恒山进一步把这种矫正平等发展为"付出与付出的平等"原则，即一个人因他人的过错受到人身或财产损害时，不管加害人是否因此获得利益，受害人非自愿的利益付出都应该得到加害人的相等的补偿。换而言之，受害人非自愿的付出，应该和加害人承担责任的付出相等，这就是"付出与付出的平等"[2]。

2.1.2　审判迅速化的正义价值

与权利分配平等和矫正平等相对应，合理的民事审判迅速化有助于实现民事主体诉权的真正平等以及实现裁判正义。

2.1.2.1　保障当事人平等行使诉权

民事主体权利的平等，从权利的对象来看，不仅仅是指实体权利的平等，还包括程序权利的平等；从平等的内容上看，不仅仅是法律规定上的平等，还包括权利行使上的平等。如果说法律上明文规定了当事人的基本权利，但国家却没有给当事人的这种权利平等地提供可实现的空间，致使部分人有机会实现但另一部分人却没有机会实现的话，也不能称之为真正的平等。

与民事主体的实体权利可以通过民事交往而自主实现不同，当事人的裁判请求权只能通过法院来实现。近现代以来，多数国家非常重视对当事人裁判请求权的保障，而裁判请求权的基本内容之一是诉诸法院的权利，即任何人在其民事权利受到侵害或与他人发生争执时，有请求司法救济的权利[3]。按照福利国家和接近正义的观点，"司法既然是一种

---

[1]　[古希腊] 亚里士多德. 尼各马可伦理学 [M]. 廖申白译注. 北京：商务印书馆，2003：136-140.

[2]　张恒山. 论正义和法律正义 [J]. 法制与社会发展，2002，01：23-53.

[3]　刘敏. 论裁判请求权：民事诉讼的宪法理念 [J]. 中国法学，2002，06：132-144.

福利，那它就应当为全体社会成员所享用，是为所有人可接近的。一种真正现代的司法裁判制度的基本特征（也可能是唯一的基本特征）之一必须是，司法能有效地为所有人接近，而不仅仅是在理论上对所有人可以接近。"[1]要求司法能对所有人可接近，保障当事人能平等地行使诉权，就要求诉讼制度不能仅仅为个别当事人服务，也不能仅仅为已经进入诉讼程序的当事人服务，司法制度必须考虑到还未进入诉讼程序的潜在诉讼当事人的诉权。

然而，诉讼迟延可能会使当事人无法有效地接近司法。如果说在司法资源相对充裕而诉讼数量相对较少的时代，诉讼迟延可能会迫使当事人在权衡诉讼成本高企与诉讼效用低下之后"主动"地放弃诉讼而采取其他救济方式的话，在一个司法资源以难以无限度扩张且"民事司法制度不能满足社会的需求已成为一个普遍现象"[2]的时代，诉讼迟延可能会很大程度上客观地阻断当事人寻求诉讼救济的途径。在司法资源相对固定的情况下，诉讼案件持续时间越长，滞留在法院的积案就越多，诉讼通道越容易堵塞，诉讼外的纠纷想要进入诉讼程序获得救济就越难。正是在此意义上，日本学者谷口安平认为"迟延诉讼或积案实际上等于拒绝审判。因此，迅速地审判一直被当作诉讼制度的理想"[3]。

审判迅速化，通过合理地提高审判速度，维持司法机制的良性运转，实现司法在实践中真正地能为所有人有效接近，使诉权不至于成为仅部分当事人享有的"特权"，从而有助于实现当事人诉权的平等。

2.1.2.2 有助于实现裁判正义

通过裁判来恢复当事人之间的平等从而实现正义的一个前提必须是，这个裁判是正确的。一个不正确的裁判非但不能恢复当事人之间的

———

[1] [意] 莫诺·卡佩莱蒂等. 当事人基本程序保障权与未来的民事诉讼 [M]. 徐昕译. 北京：法律出版社，2000.40.

[2] [英] 阿德里安·A.S. 朱克曼. 危机中的民事司法：民事诉讼程序的比较视角 [M]. 傅郁林等译. 北京：中国政法大学出版社，2005.1.

[3] [日] 谷口安平. 程序的正义与诉讼 [M]. 王亚新，刘荣军译. 北京：中国政法大学出版社，1996：55.

平等，还可能会加剧他们之间的不平等。而正确裁判之达成又必须依赖于对案件事实的准确认定。而案件的审理时间，恰恰是一个可以影响案件事实认定准确性的因素。

一种通常的看法是，由于人的认识可以无限接近对客观世界的正确反映，因此诉讼持续时间越长，当事人收集证据和提出主张的时间就越充分，法官思考和斟酌案件的时间越充足，判决所认定的事实就越可能接近真相，法官适用法律就越准确，因此就越有可能获得一个正确的判决。因此，诉讼迟延不会降低判决的正确性。这种观点有一定的道理，但当我们讨论诉讼迟延可能对判决正确性造成的影响时，应该考虑以下几个方面的问题：

第一，根据案件的具体情况给予当事人合理的取证举证和准备辩论的时间以及给法院必要的审理准备时间和判决时间，都是"适时审判"的应有之义，这个时间也应该有一个合理的限度。只有诉讼期间超过合理限度了，我们才称之为"诉讼迟延"。因此，尽管过于急速作出判决可能会降低判决的正确性，但这并不意味着诉讼迟延会增加判决的正确性。

第二，从人的认识能力的角度来看，也并非是时间越长就越能揭示案件真相。诉讼证明的过程，是要通过证据来尽可能复原已经发生的案件真实情况的过程，是人对过去发生的事情的一种认知过程。这个"过去"离现在越远，就越可能发生证明困难。正如我们要认识远古的历史事实比认识近代的历史事实更难一样，随着时间的流逝，证据可能会褪色甚至灭失，证人的记忆力会减退；当事人可能会由于多次的举证与辩论而提出重复交错的主张和证据，这些主张和证据搅合在一起可能会导致判断迷失。

第三，发生在法庭辩论终结后阶段的诉讼拖延尤其会对判决的正确性产生负面影响。民事诉讼法强调直接言词原则，是为了让法官直接接触证据，为了让法官根据庭审举证质证和辩论的情况形成的心证作出判决。如果法官在法庭辩论终结后不及时作出判决，而是等到心证不再鲜活的时候再来考虑判决事宜，那么就只能依靠庭审笔录来回忆庭审的状况，如果庭审笔录记录的准确度和完整性有欠缺，就会不当地影响法官的心证，从而进一步影响判决的正确性。这种做法也在实质上违背了直接言词原则。

因此，尽量避免诉讼迟延，在"适时审判"的意义上进行审判迅速化，有助于案件事实的查明和正确裁判的达成，从而恢复当事人之间的平等。实际上，即使是能获得一个正确的判决并且这个判决能得到有效的履行或执行，当事人之间也往往不能恢复真正的平等。例如一位因人身侵权而致残的当事人，即使能获得全额的赔偿也无法弥补其损失，只能说是尽可能接近平等而已。

2.1.3 正义能否迅速地实现

迟来的正义非正义（justice delayed is justice denied），这句古老的西方法谚一语道出了正义对于速度的要求。由于审判速度会影响判决的效用，因此无论案件事实认定多么清楚，适用法律多么准确，裁判在实体上多么正确，如果正义来得过于迟延，都可能会破坏裁判本来应有的效用。裁判来得越迟，对当事人的效用越低，就越难恢复真正的平等。完全置审判速度于不顾的正义不是真正的正义，正义的实现应当是有效的和及时的。但是，"迟来的正义非正义"在逻辑上并不意味着"速来的正义即正义"。一个过于仓促的裁判如果没有为收集证据和准备辩论预留充分的时间，没有给法官听审以及思考裁量提供充分的时间，也可能会发生认定事实或者适用法律错误的情形，从而无法达成正确之裁判，正义也就无从实现。

因此，正义能否迅速地实现需要辩证地看待。一方面，正义的实现不能过于迟延，另一方面，迅速也不意味着正义一定能实现。正义能否迅速地实现受到多种因素的影响，与案件的性质、争议的复杂程度有关，与证据收集的难易程度有关，与当事人的诉讼能力有关，与国家能够提供的司法资源的充足性有关，与法官的案件负担有关，与实体法律规定是否明确有关，与诉讼程序设计的是否合理有关。这些因素中任何一个发生变化，都可能致使案件合理的审判周期发生变化。因此，并不是所有的正义都能迅速地实现，也并非正义一定不能迅速地实现。正义并非追求最快的速度，而是追求最合理的速度。案件的审理周期应当与案件类型及具体情况相适配，在合理的审判周期内作出正确的裁判就是正义的。一个复杂、重要的案件在稍长的审判周期内作出裁判是符合正义的，一个简单、小额的案件在较短的审判周期内审结也是符合正义的，反之则不然。总之，正义能否迅速地实现要视乎审判是否符合诉讼规律以及审判周期规律而言，不能一概而论。

2.2 效率与迅速化的关系

效率最基本的内涵是成本与收益的关系，诉讼效率就体现为诉讼成本与诉讼收益的关系。在诉讼收益不变的情况下，诉讼成本越低，诉讼效率就越高；在诉讼成本不变的情况下，诉讼收益越高，诉讼效率就越高。合理的审判迅速化有助于降低诉讼成本和增加诉讼收益，因而可以增进诉讼效率。但速度不等于效率，只偏重于提高速度而不关注诉讼收益的审判迅速化非但不能提高诉讼效率，反而会妨碍效率的实现。

2.2.1 效率的"成本"与"收益"内涵

"效率"（efficiency）在《辞海》中有两种解释，一是指物理学意义上的机械在工作时有效输出能量与输入能量的比值；二是指社会学意义上的"日常工作中所消耗的劳动量与所获得的劳动效果的比率"[1]。而《汉语大词典》对效率的解释为"单位时间内完成的工作量"[2]。尽管两种解释的角度不同，但都强调了效率的本质是一种比值关系的体现，即投入与产出（或成本与收益）之间的比率关系，这也是效率的基本含义。

既然效率在本质上是一种成本与收益之间的比值关系，那么理解诉讼效率的关键就是诉讼成本与诉讼收益的确定问题。

2.2.1.1 诉讼成本

诉讼成本虽然不太容易准确量化，但却是一个内涵比较确定的概

[1] 夏征农，陈至立．辞海（第六版彩图本）[K]．上海：上海辞书出版社，2009：2525.

[2] 罗竹风．汉语大词典（第五卷）[K]．上海：上海世纪出版股份有限公司，上海辞书出版社，2011：441.

念。诉讼成本包括直接成本和错误成本[1]。

直接成本是指诉讼制度运行的成本，又可分为私人成本和公共成本。私人成本指当事人为了参加诉讼所要付出的成本，主要包括法院收取的诉讼费用、聘请律师的费用、时间精力的耗费、心理精神的压力以及机会成本[2]等。公共成本主要是指国家为了解决私人之间的民事纠纷而设置司法系统所投入的资金、公共设施、司法人员等司法资源。

错误成本是指错误的判决会导致资源利用的无效率，因而是一种不恰当的浪费。例如某公司因过失造成事故，但法院错误地判决该公司不需要承担责任，那么这个错误成本包括：其一，该公司不会在预防事故方面增加资源，其他潜在的被告也不再在安全设施方面投资，这样事故就会增多；其二，某些潜在的原告即使有理由也不会选择诉讼[3]。

2.2.1.2 诉讼收益

诉讼收益与诉讼制度的功能是一个密切相关的概念。一般而言，诉讼制度的功能是指在设计该制度时，该制度在理论上能够或者应当发挥的作用；而诉讼收益则是针对诉讼制度的运行结果而言，即该制度能实际发生的作用。因此，可以说诉讼收益是诉讼制度的功能在司法实践中得到实现的部分。民事诉讼制度的主要功能可分为两类：

一类是恢复性功能，包括对当事人平等的恢复以及社会秩序的恢复，这是民事诉讼制度最基本的功能。所谓对当事人平等的恢复，是因

---

[1] 波斯纳从经济成本的角度将诉讼成本分为错误成本（error costs）和直接成本（direct costs，即制度运行的成本），德沃金则在此基础上提出道德成本（moral costs）的概念，认为错误成本除了经济损害成本之外，还包括道德成本。见 [美] 理查德·A. 波斯纳 . 法律的经济分析（下）[M]. 蒋兆康译 . 北京：中国大百科全书出版社，1997：717-730. [美] 迈克尔·D. 贝勒斯 . 法律的原则：一个规范的分析 [M]. 张文显等译 . 北京：中国大百科全书出版社，1996：20-32. 无论错误成本是否包括道德成本，这些学者关于诉讼成本包括错误成本和直接成本的观点是一致的。

[2] 机会成本是指在资源有限的条件下，当把一定资源用于某种产品生产时所放弃的用于其他可能得到的最大收益。

[3] [美] 迈克尔·D. 贝勒斯 . 法律的原则：一个规范的分析 [M]. 张文显等译 . 北京：中国大百科全书出版社，1996：24.

为纠纷在一定程度上破坏了当事人之间原本应有的平等，法院通过查明事实，并根据使"各有其所有，各偿其所负"的精神适用法律作出正确的判决，保护当事人的权利，恢复当事人之间的平等。同时由于纠纷的存在破坏了正常的社会秩序，诉讼制度通过消除纠纷对社会秩序造成的不良影响，从而发生维护社会秩序的功能。学界关于民事诉讼目的的学说，不论是权利保护说、维持法律秩序说还是纠纷解决说，都是立足于诉讼制度的这一恢复性功能而展开的。

民事诉讼制度的第二类功能是导向性功能，即通过判决的威慑力发挥对民事主体的引导作用，既包括引导民事主体在社会交往时遵守法律和一般社会规范从而预防纠纷的发生，也包括在当事人纠纷发生之后根据公开的判决样本进行协商从而自主地解决纠纷。日本学者棚濑孝雄高度评价了诉讼制度的导向功能，他在《纠纷的解决与审判制度》一书中写到："如果不考虑司法制度的作用在于通过解决具体的纠纷来维护一般规范秩序，并以此促进大量的纠纷得到自发的解决，想要恰当地评价它的功能是不可能的。"[1]

诉讼制度的这些功能要得到实现，成为实际的诉讼收益，必须依赖于一个重要的前提——判决的正确性。如果判决不正确，就无法恢复当事人的平等，也难以真正恢复正常的社会秩序，更无法实现正确引导民事主体交往和解决纠纷的行为，相反，还会因错误判决而导致社会资源的无效率配置（即产生错误成本）。而判决的正确性正是诉讼公正之所在。这样，我们就能清晰地看到诉讼公正（正义）与诉讼效率之间相互依存的关系：如果只追求诉讼成本的最小化而忽视诉讼公正，那就无法取得诉讼收益从而不能获得诉讼效率；如果过于追求诉讼公正而不考虑诉讼成本的增加，甚至使诉讼成本的增加大于因此而获得的诉讼收益的话，那就是不效率的，也是一种资源的浪费，是不正义的。

2.2.1.3　诉讼效率的增长机制

民事诉讼中，当能够以较小的诉讼成本而获得同样的诉讼收益或者

---

[1]　[日]棚濑孝雄.纠纷的解决与审判制度[M].王亚新译.北京：中国政法大学出版社，1994：26.

更多的诉讼收益时，我们就认为这是符合效率的要求的。一般来讲，诉讼效率的增长机制有以下几种：第一，诉讼成本与诉讼收益都增加，诉讼收益的增加要大于诉讼成本的增加。第二，在保障能达到同等水平的诉讼收益的情况下，缩减诉讼成本以提高诉讼效率。第三，在维持等量的诉讼成本投入的情况下，通过优化成本投入的方式获得更多的诉讼收益。在诉讼成本与诉讼收益都偏低的情况下，第一种方式可以较快地提高诉讼效率，但由于边际效用递减规律的存在，当诉讼投入达到一定程度时，就难以再继续提高诉讼效率。在司法资源稀缺、成本有限的情况下，多数国家都采取后两种方法来作为提高诉讼效率的途径。

2.2.2 审判迅速化的效率价值

与效率的增长机制相对应，合理的审判迅速化一方面能降低诉讼成本，另一方面可以增加诉讼收益（包括提高判决对当事人的效用以及尽快恢复社会的正常秩序），因此可以有效地增进效率。

2.2.2.1 降低诉讼成本

诉讼成本包括错误成本和直接成本。上文已经分析过，由于诉讼迟延可能会影响裁判的正确性，因此也就会增加诉讼的错误成本，因此合理的审判迅速化有助于实现裁判正义，降低诉讼的错误成本。这里强调审判迅速化的"合理性"是因为一旦没有把握好迅速化的"度"，导致案件的审理过程过于急速或草率，反而可能会大大增加诉讼的错误成本。

本部分主要分析审判迅速化对直接成本的影响。直接成本包括公共成本和私人成本。审判迅速化对公共成本的影响是不确定的。个案的迟延未必一定会增加诉讼的公共成本，因为诉讼案件的审理周期并不等于公共的司法资源实际用于处理该案件的时间。造成案件的审理周期过长可能是因为当事人多次的、反复的证据开示引起，这一阶段如果是由当事人主导，而法院尚未介入，则不存在司法资源的耗费；迟延也可能是因为案件的"等待时间"过长：等待中间裁决、等待开庭、等待合议、等待判决……而在这些等待时间里，司法资源完全可以用于处理其他案件。但这也并不意味着诉讼迟延一定不会增加公共成本，例如因反复多次开庭、反复调解引起的诉讼迟延显然会增加司法资源的投入，如果法院对同一案件采取诉讼行为的时间间隔过长，也会因为法官的记忆消退而要额外增加耗费来重新了解案情，这些都增加了公共成本。审判迅速化通过合理配置司法资源的使用从而达到降低公共成本的目的。

审判迅速化对直接成本的影响，更多地体现在降低私人成本方面。如上所述，私人成本主要包括法院收取的诉讼费用、聘请律师的费用、时间精力的耗费、心理精神的压力以及机会成本等。对于一个特定的案件而言，法院收取的诉讼费用是相对固定的。律师费用与案件审理周期的关系则可能取决于律师的收费方式，如果律师是按时收费的，则诉讼迟延很可能会增加律师费用；即使是在按比例收取胜诉酬金的情况下，律师的收费比例也会考虑工作时长，代理时间越长，收费就可能越高。诉讼迟延直接增加了当事人的时间成本，同时诉讼持续时间越长，当事人所要承受的心理压力、精神压力就越大。诉讼还会耗费当事人的机会成本，一旦当事人决定将金钱和时间用于诉讼，也就意味着放弃了将这些资源用于其他方面可能获得的收益，诉讼时间越长，当事人的机会成本就越大。当然，并不排除有部分当事人出于特别的目的刻意拖延诉讼以获得其他不正当利益，但对于一般当事人而言，"诉讼缠身"的状态本身可能比需要为诉讼支付一定的经济成本更加令人厌恶。从这个意义上而言，审判迅速化确实可以有效降低当事人的成本。

降低私人成本很重要。尽管从诉讼制度的整体来看，私人成本也许并不是诉讼成本最重要的组成部分，私人成本的变化也许不会对整体诉讼效率造成显著的影响，但从当事人的角度观察的话，降低私人成本可以有效提高当事人的诉讼效率，而当事人效率是当事人决定是否采用民事诉讼方式解决纠纷的最重要的决定因素。在一国的多元性纠纷解决机制比较完善的情况下，稍高的私人成本可以将部分纠纷分流到其他解纷机制去从而减轻法院的案件负担，尚有一定的合理性。但如果国家的多元性纠纷解决机制尚不完善，过高的私人成本又迫使当事人在权衡之下不得不放弃诉讼这个救济途径的话，一方面会降低国家的司法公信力，另一方面会使得部分纠纷无法化解，并进一步影响社会秩序。

2.2.2.2 增加诉讼收益

如上所述，诉讼收益指诉讼制度的功能在实践中的实现。审判迅速化对诉讼制度的两类功能实现的影响有很大的区别：诉讼制度的导向性功能是一种着眼于未来的效力机制，作用对象是未来潜在的当事人和未来的社会秩序，其作用大小取决于公开判决的威慑力，而威慑力又主要与判决结果的正确性、执行力度以及判决的社会知晓度等因素有关，与判决作出的过程状态关系不大。因此一个案件是迅速结案还是迟延结案，对诉讼制度导向性功能的影响只是其发生效力的时点不同而已，对于其实质效力的影响不大。但恢复性功能的作用机制与此不同。恢复性功能着眼于对过去已经发生、并且持续至今的当事人之间的不平等状态以及已经被破坏的社会秩序加以修复，只要一日未修复，这种不平等状态以及不正常的社会秩序就一直存续下去，存续时间过长不仅可能会导致无法修复的结果，更可能因为社会关系的复杂性而波及周边社会关系的稳定性。因此，诉讼制度的这种恢复性功能不仅仅与案件的判决结果有关，也与审判速度有着极其密切的关系，合理的审判迅速化有利于提高诉讼制度基于恢复性功能的效力机制带来的诉讼收益。

1. 提高判决对当事人的效用

诉讼制度恢复性功能的其中一个方面是对当事人之间平等的恢复，这种诉讼收益就表现为判决对当事人的效用。所谓效用（utility），从经济学的角度来看，是指商品或服务具有的满足人们的欲望或需要的功效，也指人们消费商品或服务时获得满足的程度[1]。这个概念实际上从客观和主观两个方面揭示了效用的内涵，客观效用侧重于商品或服务本身所具有的有用性，主观效用侧重于人们主观上对该商品或服务在满足人类欲望方面的感觉。一个正确的判决对当事人的效用，从客观方面来讲，是指判决本身对当事人的权益保护所发生的作用，从主观方面来讲，则是指判决在满足当事人欲望方面的感觉。

判决对当事人的效用，首先取决于判决的正确性。前文已经揭示，

---

[1] 中国社会科学院经济研究所，刘树成. 现代经济词典 [K]. 南京：凤凰出版社，江苏人民出版社，2005：1088.

过于迟延的审判程序可能会影响判决的正确性从而使判决无法恢复平等、实现正义，但即使诉讼迟延没有影响判决的正确性，也会降低一个正确的判决对当事人的效用。

一个过于迟延的判决可能会同时降低对当事人的客观效用和主观效用。按照经济分析法学的假设，作为理性的经济人，人们的行为是为了实现利益的最大化。因此当事人在向法院寻求救济时，即"消费"诉讼程序这一服务时，其目的无非就是为了"止损"或者"获利"，具体来讲，可能是基于以下几种欲望和需要：其一，预防损失的发生或扩大。如相邻权纠纷中，要阻止他人紧贴自己门前盖高楼以免影响通风采光是为了预防损失的发生；在专利侵权纠纷中，要阻止他人继续生产销售专利产品是为了预防损失的扩大。其二，弥补已经发生的损失。如交通事故人身侵权损害赔偿案件中，要求被告支付已经发生的医疗费误工费等损失；如在名誉权纠纷中，要求对方赔礼道歉消除影响也是为了弥补已经发生的损失。其三，获得收益。如商标使用权争议中，要求确定有权使用商标从而获得收益；亲子关系案件中，要求确认亲子关系从而获得抚养费。不难想象，在上述这些各种类型的案件中，如果由于诉讼过于拖延而导致判决（即使是正确的判决）姗姗来迟，判决的客观效用会大打折扣甚至完全失效。如果相邻权纠纷中判决在门前高楼盖好后才下达，则这个判决已经完全失去效用；如果专利侵权纠纷在当事人已痛失市场先机时才作出判决，当事人的损失已不可避免地发生，判决的效用也大大减少；如果交通事故的受害人因迟迟不能得到赔偿甚至无法承担继续治疗费用导致伤痛加重，如果名誉受损的当事人因迟迟不能获得一个清白的"说法"而不得不长期容忍周围人的指点与歧视，那么迟来的判决效用有多大？如果商标权纠纷中双方当事人在诉讼过程中不得不都停止使用该商标直至商业机会已经流失，如果亲子关系中的子女在等待判决的过程中已经成年，判决的效用也会被这拖延的时间大大侵蚀。一般来讲，客观效用和主观效用是对应的，判决的客观效用降低甚至丧失，那么当事人主观上对这些判决所能带来的满足感也会降低甚至丧失。此外，拖延的诉讼程序本身给当事人带来的负效用[1]也会抵消一个正确的判决给当事人带来的满足感。例如，在一个拖延的诉讼中，当事人可能因为权利义务关系长期处于不稳定的状态中而产生焦躁感；也可能在等待法院有所行动的漫长过程中，认为司法机关没有把他们"当回事"，因而产生一种被忽视甚至被抛弃感。这些都是拖延的程序本身给当事人带来的负效用，这些负效用会抵消判决的效用。

裁判的效用会因迟延而被破坏，审判迅速化是对诉讼迟延的克服，以合理的审判速度作出判决可以避免迟延带来的判决效用之丧失。因此可以说，审判迅速化可以提高判决对当事人的效用。

2. 尽快恢复社会的正常秩序

秩序（order）是指"一定范围内社会主体之间恒常的关系或习以为常、反复从事的行为及交往方式的整体"[2]。正常的社会秩序是人们正常进行社会经济交往、促进生产的环境要求，社会冲突或者纠纷的存在是对既有秩序的妨碍与破坏。我国传统文化将纠纷与"恶"等同起来，形成一种"罪恶纠纷观"[3]。不过当代社会学的研究已经表明，冲突具有社会整合和促进社会变迁的积极机能，包括可以提高社会单位的更新力和创造力，可以使仇恨在社会单位分裂之前得到宣泄和释放等[4]。我国法学界也有学者指出了纠纷对于否定非合理和不正当秩序从而促成新秩序诞生的积极机能[5]。但不论是从社会学还是从法学的视角来看待纠纷所具有的正面效用，这些作用得以发挥的一个前提应该是：纠纷得以及时解决。从社会学的角度看，如果纠纷无法得到及时解决，通过纠纷释放出来的社会怨气非但无法起到"安全阀"的作用，反而可能因为不满情绪长期无法化解引发更大的冲突。从法学的角度看，如果纠纷无法得到及时解决，旧有的秩序被破坏，新的秩序难以形成，争议的社会关

---

[1] 所谓负效用是指某种商品或服务引起人们不舒适或痛苦的程度。

[2] 王亚新. 社会变革中的民事诉讼 [M]. 北京：中国法制出版社，2001：212.

[3] 刘荣军. 程序保障的理论视角 [M]. 北京：法律出版社，1999：17-18.

[4] 顾培东. 社会冲突与诉讼机制 [M]. 北京：法律出版社，2004：13-15.

[5] 刘荣军. 程序保障的理论视角 [M]. 北京：法律出版社，1999：20-22.

系处于一种悬而未决的状态，纠纷所涉及的财产无法参与社会流转，形成一种资源的浪费。而且随着现代社会的发展，民事主体之间的经济交往日益密切，经济生产主体之间的依赖性越来越强，当事人之间的法律关系往往是相互交错、环环相扣的，一旦其中一环出现冲突，就很有可能影响其他环节的稳定性。因此，当事人之间的冲突所造成的影响就可能会超越纠纷主体双方，进而影响到与之相关的法律关系和经济关系的稳定性，形成局部的社会震荡。"在某种意义上说，冲突的社会后果更主要的不是某种正当的经济利益不能得到实现，而是这种震荡在社会中长时间地存续，从而破坏再生产运行机制的平衡。"[1]因此，当纠纷以诉讼的方式提交法院解决时，诉讼持续时间越长，社会冲突的延续时间就越长，冲突造成的震荡周期就越长，对社会秩序和经济秩序的负面影响就越大。因此法院的及时审判对于缩短冲突的震荡周期，减少冲突的延续时间，恢复社会的正常秩序具有重要的社会意义。

2.2.3　速度不等于效率

尽管效率在本质上是一种成本与收益的比值关系，但我国法学界或者实务界对于诉讼效率的理解却往往有意无意地忽略了诉讼收益的考察，而将界定效率的标准集中在诉讼成本甚至审理速度上。如谭世贵教授认为，"诉讼效率所要描述的应当是诉讼进行的快慢程度，解决纠纷数量的多少，以及在诉讼过程中人们对各种资源的利用程度和节省程度"[2]；李浩教授认为，"效率一词，应仅仅指处理纠纷的速度与成本"[3]；司法实践中有不少人自觉或不自觉地认为所谓效率就是案件的审理速度快，于是对诉讼效率简单地以"单位时间内的结案数量"或者"案件的审理速度"来衡量。

然而上文的分析已经表明，与审判速度联结的时间仅仅是诉讼成本的其中一个要素，而不是全部的诉讼成本；与审判速度联结的纠纷解决的数量也仅仅是诉讼收益的一个考虑因素，而不是全部的诉讼收益。因

---

[1]　顾培东．诉讼经济简论[J].现代法学，1987，03：39-41+29.

[2]　谭世贵，黄永锋．诉讼效率研究[J].新东方，2002，Z1：32-37.

[3]　李浩．论举证时限与诉讼效率[J].法学家，2005，03：119-126.

此，审判速度绝对不应该成为衡量效率的唯一标准。我们不能仅仅因为相对于其他诉讼成本和诉讼收益而言审判速度是一个比较明显比较容易量化的因素就将之作为唯一的判断标准。

将效率的含义简单化地等同于单位时间内审结的案件数量（即结案速度）的观念很有可能是来自经济学上的"技术效率"（technical efficiency）[1]的概念。所谓技术效率，是指在考察个别企业时，该企业是否利用一定的生产资源得到产出的最大化，或者在生产一定量产出时实现成本的最小化。把这个概念套用到诉讼效率时，由于司法资源的投入相对固定，那么法院利用一定的司法资源得到产出——结案数量的最大化，就被视为效率最高。在这种思维中，诉讼的错误成本以及诉讼收益这些抽象的要素都被忽略了，司法资源的运用能否获得最大的收益也被忽视了。但是，脱离了错误成本以及诉讼收益的考察是无法正确衡量诉讼效率的，结案数量大不等于诉讼收益高，快速地产出大量质量低劣的判决可能会大幅度增加诉讼的错误成本，并使诉讼收益为负收益。因此，那种"速度=效率"的观念是错误的。

实际上，经济学对效率概念的运用更常见的是在宏观层面，即资源的"配置效率"（allocative efficiency）[2]。所谓配置效率是以全社会的经济效率为考察对象，研究社会的全部生产资源与所有人的总经济福利之间的对比关系，即在给定各生产单位的技术效率的前提下，研究资源在各种不同的目的之间合理地配置，使其最大限度地满足人们的各种需要，以达到资源利用效果的最大化。这个层面上的效率概念是西方经济学最核心的基本概念之一[3]。当效率作为一种经济分析手段被导入法律领域时，经济分析法学也同样注重资源的配置效率。例如科斯定理通

---

[1] 樊纲. 市场机制与经济效率 [M]. 上海：上海三联书店；上海人民出版社，1995：67-69.

[2] 樊纲. 市场机制与经济效率 [M]. 上海：上海三联书店；上海人民出版社，1995：67-69.

[3] 美国经济学家考特（Cooter R.）、尤伦（Ulen T.）认为，微观经济学的三大概念就是：最大化、均衡和效率。见 [美] 罗伯特·考特，托马斯·尤伦. 法和经济学 [M]. 史晋川等译. 上海：格致出版社，上海人民出版社，2010：14-16.

过引入交易成本的概念将法律制度的安排与资源配置的效率有机地结合起来，强调应当有效率地进行法律制度的安排，通过恰当的权利分配，促进社会资源的最优配置，进而实现社会财富的最大化[1]。波斯纳也认为，所有的法律制度（包括公法、私法、审判制度）和全部法律活动（包括立法、执法、司法等）的最终目的都是为了最有效地利用资源和最大限度地增加社会财富[2]。

总而言之，效率含义的核心除了成本/收益之外，还有一个关键词——资源配置，通过资源配置最大限度地增加社会财富，满足人类的欲望和需要。因此，对诉讼效率的理解，不仅不能忽略诉讼的错误成本以及诉讼收益这些抽象的要素，更要注意通过司法资源的有效配置，最大限度地解决民众的司法需求。那种"速度=效率"的错误观念，对效率作了过于片面的理解，是应当摒弃的司法观念。

---

[1] R. H. Coase The Institutional Structure of Production，The American Economic Review，Sep，1992：713-719.

[2] ［美］理查德·A.波斯纳.法律的经济分析[M].蒋兆康译.北京：中国大百科全书出版社，1997.

第3章　审判迅速化的域外考察

　　"外国法能给我们一种'观念'，一种刺激，一种智慧的火花。"[1]
本章考察了19世纪以来两大法系主要国家审判迅速化的制度改革，这些
国家推动审判迅速化的原因都是为了遏制司法实践中的诉讼迟延。经过
长期的审判迅速化进程，目前数据显示这些国家的大多数民事一审案件
都在1年之内审结，基本上摆脱了诉讼迟延的困扰。分析这些国家审判
迅速化的各种改革措施，可归纳出两条主要路径：一是统一和简化诉讼
程序；二是通过案件管理或集中审理等措施强化法官对诉讼进程的控制
权，而后者在近几十年来尤为重要。此外，世界上主要法治国家的审判
迅速化也带来了一些负面的后果，这是值得我们引以为戒的。

3.1 域外审判迅速化的立法改革

　　审判迅速化并不是某一特定国家某一特定历史时期的偶然现象，19
世纪以来，无论是大陆法系国家还是英美法系国家的民事司法改革都以
提高审判速度为目标，审判迅速化似乎成了普遍性现象，甚至称之为世
界潮流似乎也不为过。以下分别以两大法系典型国家的审判迅速化改革
概况来勾勒这一趋势的大致图景。

3.1.1 英国

　　19世纪前英国普通法一直是在以令状（writ）制度为基础的形式主义
框架内发展，但机械的令状制度及其诉讼形式导致诉讼程序烦琐僵化，
日益不适应社会的发展，为此催生另一套独立的法院体系——衡平法

---

　　[1]　[德]伯恩哈德·格罗斯菲尔德.比较法的力量与弱点[M].孙世彦，姚建宗译.
北京：中国政法大学出版社，2012：66.

院，以其灵活的救济方式弥补普通法"无令状即无救济"的缺陷。但随着衡平法的发展，其也"出现了程序烦琐和僵化的缺陷"[1]，17世纪以来，衡平法院的"实施条件与所依照的诉讼程序在形式主义与细节方面丝毫不逊于普通法的诉讼程序与实施条件"[2]。烦琐的诉讼程序，僵化的形式，加上二元结构的司法组织造成的混乱，19世纪初英国民事诉讼存在"诉讼迟延、费用高昂、程序复杂、诉讼结果不确定"[3]等弊病，与此同时，工业革命极大地促进了英国经济的发展，复杂僵化的诉讼程序越来越不适应资产阶级的要求。在边沁的功利主义法学的影响下，英国自1832—1875年间颁布了一系列法案对民事司法进行了以简化诉讼程序为突破口的持续性改革，改革的结果不仅废除了令状制度，还结束了普通法院和衡平法院两个法院系统相互独立的局面，实现了法院组织的统一[4]。

进入20世纪后直至20世纪90年代初，英国的民事司法改革似乎乏善可陈，引起关注不多[5]，但1994以来英国推行并持续至今的民事司法大变革却是举世瞩目的。这场可称为激进的司法改革以沃尔夫勋爵两份著

---

[1]　程汉大.英国法制史[M].济南：齐鲁书社，2001：380.

[2]　[法]勒内·达维德.当代主要法律体系[M].漆竹生译.上海：上海译文出版社，1984：325.

[3]　徐昕.英国民事诉讼与民事司法改革[M].北京：中国政法大学出版社，2002：423.

[4]　其中1832年的《统一程序法》（*Uniformity of Process Act*）、1860年的《普通法程序法》（*Common Law Procedure Act*）、1860年的《衡平诉讼修正法》（*Chancery Practice Amendment Act*）、1873—1875年的《司法法》（*Judicature Act*）是英国19世纪民事司法最重要的改革成果。关于英国19世纪的诉讼改革，可参见Edson R. Sunderland. The English Struggle for Procedural Reform[J]. Harvard Law Review. April，1926：725-748；毛玲.论英国民事诉讼的演进与发展[D].中国政法大学博士论文，2004；徐昕.英国民事诉讼与民事司法改革[M].北京：中国政法大学出版社，2002：423-425.

[5]　在毛玲的博士论文《论英国民事诉讼的演进与发展》中，对于20世纪的英国司法改革并没有介绍90年代之前的状况；徐昕教授的专著《英国民事诉讼与民事司法改革》中，对20世纪90年代之前的民事司法改革也是寥寥几句带过。

名的《接近正义》（*Access to Justice*）报告[1]和《民事诉讼规则草案》为基础，因此这场改革也称为沃尔夫改革。沃尔夫报告指出，民事诉讼存在的主要弊端是成本高昂、诉讼迟延和程序复杂[2]，针对这些问题沃尔夫报告中提出了300多条建议，并且大部分被1999年生效的《民事诉讼规则》（*Civil Procedure Rules*）[3]所采纳。按英国学者米凯利克的评价，"沃尔夫改革要求的是速度"[4]。《民事诉讼规则》第1条也明确把"迅速而公平地处理案件"作为该规则的基本目标之一[5]。为此，《民事诉讼规则》主要采用了三种机制来确保审判的迅速性，一是按照比例原则对诉讼程序进行标准化分类，分为小额程序（small claims track）、快捷程序（fast track）和多轨程序（multi-track）；二是要求法官进行案件管理，并规定当事人行为的时间表，以抑制当事人过分控制诉讼进程

---

[1] 1994 年 3 月 28 日，沃尔夫勋爵受当时的司法大臣委任对英格兰和威尔士民事法院的现行规则和程序进行全面评审。沃尔夫勋爵分别于 1995 年 6 月和 1996 年 7 月提交中期报告《*Access to Justice：Interim Report to the Lord Chancellor on the Civil Justice System in England and Wales*》和最终报告《*Access to Justice：Final Report to the Lord Chancellor on the Civil Justice in England and Wales*》。沃尔夫勋爵在报告中提出的很多建议被以后的《民事诉讼规则》所采纳。这两份报告的全文，可在英国国家档案局网站上获取：http：//webarchive.nationalarchives.gov.uk/+/http：//www.dca.gov.uk /civil/reportfr. htm. 2018-4-22。

[2] Access to Justice：Interim Report，chapter 2，The Background .para 1. See http：//webarchive.nationalarchives.gov.uk/ +/http：//www.dca.gov.uk/civil/interim/chap2.htm.

[3] 英国的《民事诉讼规则》由司法大臣于 1998 年 12 月 10 日签署，1999 年 4 月 26 日起生效。《民事诉讼规则》是英国民事诉讼制度的法典化，但与大陆法系强调法的安定性不同，这部法典具有开放性的立法体系，通过司法实践不间断地修订和完善。据英国司法部网站介绍，《民事诉讼规则》的第 97 次修订在 2018 年 5 月 7 日生效。相关修订情况可参见 http：//www.justice.gov.uk/courts/procedure-rules/civil，2018-4-22。

[4] [英]保罗·米凯利克.英格兰和威尔士的司法危机 [A].[英]阿德里安·A.S.朱克曼.危机中的民事司法：民事诉讼程序的比较视角 [C].傅郁林等译.北京：中国政法大学出版社，2005：151.

[5] CPR1.1（2）（d）"ensuring that it is dealt with expeditiously and fairly"；见 http：//www.justice.gov.uk/courts/procedure- rules/civil/rules/part01.

造成诉讼迟延；三是鼓励当事人通过替代性纠纷解决机制（Alternative Dispute Resolution，简称ADR）进行和解，以免诉讼拥堵。

3.1.2 美国

美国独立战争取得胜利后，在民事诉讼程序方面主要借鉴了英国的法律制度，实施以"令状制度"、"单一争点诉辩"和"陪审团审判"为主要特征的普通法制度，某些州则发展起来普通法院和衡平法院双重法院体制[1]。然而，普通法形式主义的呆板僵化和不变通的程序步骤越来越不能满足日益工业化的社会的需要，同时普通法和衡平法双轨制的管辖又导致了诉讼的复杂化以及效率的低下，因而美国开始了对诉讼程序的法典化改造。1848年纽约州通过的《菲尔德法典》（原名《简化和缩短州法院的惯例文状和程序法案》[2]）废除了令状和单一争点诉辩程序，消除了普通法诉讼与衡平法诉讼的区别而将诉讼程序统一起来[3]，并规定了一定范围内的当事人和诉讼请求的合并。不过，尽管该法典以"简化"和"缩短"为名，也确实在一定程度上简化了诉讼程序，但尚未明确地提出迅速审判的目标。随着《菲尔德法典》被以后的立法者不断地增补，《菲尔德法典》变得繁复和冗长，其条文数量从最初的392条增加到1897年的3441条，"简洁"和"灵活"又成为改革的主流方向[4]。

1938年，美国联邦最高法院根据国会的授权制定的《联邦民事诉讼

---

[1] ［美］史蒂文·苏本，玛格瑞特（绮剑）·伍. 美国民事诉讼的真谛：从历史、文化、实务的视角 [M]. 蔡彦敏，徐卉译. 北京：法律出版社，2002：52-59.

[2] 该法典名为 An Act to Simplify and Abridge the Practice and Pleading and Proceedings of the Courts of the State，由于该法典是由戴维·达德利·菲尔德（David Dudley Field）领导起草的，故被称为《菲尔德法典》。See Stephen N. Subrin, avid Dudley Field and the Field Code： A Historical Analysis of an Earlier Procedural Vision, Law and History Review Fall 1988, Vol. 6, No. 2, 1988：317.

[3] ［美］伯纳德·施瓦茨，美国法律史 [M]. 王军等译. 北京：法律出版社，2011：64-68.

[4] 史蒂文·苏本，玛格瑞特（绮剑）·伍. 美国民事诉讼的真谛：从历史、文化、实务的视角 [M]. 蔡彦敏，徐卉译. 北京：法律出版社，2002：63-72.

规则》第1条明确地表明了对迅速审判的追求，该条规定："对本规则的解释和执行，应当以确保公正、迅速并经济地处理诉讼为目的。"[1]但《联邦民事诉讼规则》所规定的广泛的证据开示制度（discovery），反而引起了人们对滥用证据开示制度导致诉讼迟延的担心和批评，此后《联邦民事诉讼规则》的多次修改也与证据开示的限制有关[2]。20世纪80年代之前美国民事司法改革的方式主要是通过修订民事诉讼规则，并且对当事人提交文件设定时间限制。但20世纪六七十年代的许多研究表明，仅仅通过改革程序难以真正提高司法效率，于是改革的焦点转向法院的案件管理来减少诉讼迟延[3]。1983年，美国在对《联邦民事诉讼规则》进行修改时，在该规则第16条规定的审前会议（pretrial conference）制度中正式采纳了案件管理制度，旨在削弱当事人的程序控制权，强化法官在审前程序中的权力，对案件实行流程管理。1990年，美国国会通过《民事司法改革法案》（*The Civil Justice Reform Act*），该法案要求所有94个联邦地区法院均要制定公布相应的程序措施，实施案件管理，以确保《联邦民事诉讼规则》所呼吁的"公正、迅速和经济"地处理民事诉讼的目的[4]。自此以后，美国联邦法院系统主要是依

---

[1] Fed. R. Civ. P. rule 1. Scope and Purpose "These rules govern the procedure in all civil actions and proceedings in the United States district courts, except as stated in rule 81. They should be construed and administered to secure the just, speedy, and inexpensive determination of every action and proceeding." See http：//www.uscourts.gov/uscourts/rules/civil-procedure.pdf.

[2] Virginia E. Hench. Mandatory Disclosure and Equal Access to Justice：The 1993 Federal Discovery Rules Amendments and the Just, Speedy and Inexpensive Determination of Every Action [J]. Temple Law Review, Spring 1994：179-263.

[3] Thomas H. Douthat, A Comparative Analysis of Efforts to Improve Judicial Efficiency and Reduce Delay at the Local and State Level[J].Revista Juridica Universidad de Puerto Rico, 2008：931-959.

[4] Carl Tobias, Civil Justice Delay and Empirical Data：A Response to Professor Heise[J].Case Western Reserve Law Review, Winter 2000：235-250.

靠案件管理来对抗诉讼成本和诉讼迟延问题[1]，但是案件管理的成效似乎没得到证明，1996年兰德机构研究结论认为案件管理"对案件处理时间、诉讼成本、代理律师的满意度，以及对公平的感受都是影响甚微的"[2]。在案件管理推行30年之后，美国国内关于诉讼成本和诉讼迟延问题的抱怨和批评一直没有停过，有学者认为，美国应对是否继续采取案件管理来对抗诉讼问题进行深刻的反思以确定改革的去向[3]。

3.1.3　德国

1877年制定的《德国民事诉讼法》以纯粹的自由主义为基础，遵循了绝对的当事人主义和绝对的言辞原则，其所设立的诉讼程序的服务对象是能够为一次诉讼投入大量时间和金钱的中产阶级，而未预料到民事诉讼会成为大规模的社会现象。然而当事人的绝对自由以及完全的言辞原则导致了不受控制的诉讼拖延，这与案件数量的日益增长形成了紧张的矛盾关系[4]。此后《德国民事诉讼法》历经的多次修订都与程序的加速有关，其中1924年的修订即是以程序加速原则（Grundsatz der Proze β beschleunigung）为依据，颁布了《爱明格修正案》（Emmingersche Justizreform），该次修正一方面限制了当事人对程序的控制和言辞原则的绝对适用，另一方面赋予法院对当事人为了拖延诉讼而逾时提出

---

[1]　Steven S. Gensler, Judicial Case Management： Caught in the Crossfire[J]. Duke Law Journal , December, 2010： 669-744.

[2]　James S. Kakalik, Terence Dunworth, Laural A. Hill, etc., Just, Speedy, and Inexpensive? An Evaluation of Judicial Case Management Under the Civil Justice Reform Act, Published by Rand, 1996, p.22.

[3]　Steven S. Gensler, Judicial Case Management： Caught in the Crossfire[J]. Duke Law Journal , December, 2010： 669-744.

[4]　[德]皮特·高特沃德.民事司法改革：接近司法·成本·效率——德国的视角[A].[英]阿德里安·A.S.朱克曼.危机中的民事司法：民事诉讼程序的比较视角[C].傅郁林等译.北京：中国政法大学出版社，2005：199-227.

攻击防御手段实施失权制裁的权力，希望以此达到加速程序的目的[1]。

如果说1924年的修订仅是将迅速审判的理念体现在具体修订内容中，那么1976年的《简化和加快诉讼程序的法律》（简称《简速修订法》）则从修正的法律名称到内容都明确宣示了迅速审判的理念。在《简速修订法》出台之前，德国联邦司法部在吸取前期调研经验的基础上，对诉讼迟延的原因进行了大规模的实证调研，结论是法律的日益复杂和发现真相的困难使程序进行更加艰难以及法院负担日益繁重是导致迟延的重要原因[2]，因此1976年的《简速修订法》以简化和加速诉讼程序为目的，并以斯图加特模式[3]为基础，追求民事案件中程序的集中紧凑[4]，同时，该法明确规定了当事人具有诉讼促进义务，要求当事人尽早提出诉讼资料，并通过失权的制裁，促使当事人协力进行诉讼，加速审判程序的进行[5]。

此后，德国分别于1990年和1993年制定的《司法简化法》和《司法

---

[1] 关于《爱明格修正案》的相关内容，详见吴从周."集中审理原则"实施满五周年再考：着重于回顾其在德国民事诉讼法史上之起源与在中国台湾之双重继受[A].王文杰.新时代新家事法[C].北京：清华大学出版社，2006：108-136.[德]皮特·高特沃德.民事司法改革：接近司法·成本·效率——德国的视角[A].[英]阿德里安 A.S.朱克曼.危机中的民事司法：民事诉讼程序的比较视角[C].傅郁林等译.北京：中国政法大学出版社，2005：199-227.

[2] Baumgärtel, Eine Rechtstatsachenuntersuchung über die Ursachen der zu langen Prozessdauer, JZ 1971，442.转引自李大雪."二战"后德国民事诉讼法之改革研究[D].西南政法大学，2007.136.

[3] 20世纪70年代韦因可夫、波埃两人力倡以集中原则对民事诉讼制度进行改革，其结果是经过斯图加特市州法院第20民事庭的尝试，在实践中产生了所谓"斯图加特模式"，即经过法院和当事人准备的包括证据调查在内的一次性言词辩论模式。

[4] [德]皮特·高特沃德.民事司法改革：接近司法·成本·效率——德国的视角[A].[英]阿德里安·A.S.朱克曼.危机中的民事司法——民事诉讼程序的比较视角[C].傅郁林等译.北京：中国政法大学出版社，2005：199-227.

[5] 沈冠伶.论民事诉讼程序中当事人之不知陈述：兼评析民事诉讼法中当事人之陈述义务与诉讼促进义务[J].政大法学评论，2000，6：373-400.

减负法》也通过简化法院的工作、促进非讼解决措施、提高初级法院受理的诉讼标的额的限度等措施来减轻法院负担和加速诉讼程序[1]。为通过现代信息技术的应用而加速诉讼进程，德国于2002年和2005年分别颁布《送达改革法》和《关于在司法中使用电子交流形式的法律》，对法院使用电子形式进行送达以及电子文件的全面使用作出了规定。此外，德国于2004年颁布的《第一次司法现代化法》和2006年颁布的《第二次司法现代化法》也是以节省诉讼时间和提高诉讼效率为目标，这两次的改革包括修改证据规则，设定鉴定人证据的时间以免诉讼拖延，督促程序的自动化与电子化，限制司法系统的现金支付以节省人力，等等[2]。

由上述可见，尽管德国1877年制定《民事诉讼法》时并未明确以迅速审判为目标，但其后大大小小的改革中多以简化程序和诉讼提速为目标，迅速审判的理念已牢牢树立并成为民事诉讼制度改革的重要方向之一，甚至有德国学者认为"整部民诉法史，就是一部对抗诉讼延滞史"[3]。

3.1.4　日本

日本早在1890年即以德国法为蓝本制定了其第一部《民事诉讼法》，但由于程序烦琐，普通民众难以运用，该法典实施后不久即遭到批评。于是日本开始对民事诉讼法进行断断续续的修订，1926年该法典进行全面修订的主要目的即是"加快诉讼的进程"[4]，但法典的基本结构仍然保持了德国民事诉讼的模式，至"二战"后，又引入英美法系的

---

[1]　李大雪．"二战"后德国民事诉讼法之改革研究[D].西南政法大学，2007：12.

[2]　刘彦辛，许英杰．德国民事诉讼制度改革十年综述[J].东南司法评论，2011，00：470-486.

[3]　Babara Kramer, Schreckgespenst Proze β verschleppung, BB 1971, 577. 转引自吴从周．"集中审理原则"实施满五周年再考：着重于回顾其在德国民事诉讼法史上之起源与在中国台湾之双重继受[A].王文杰．新时代新家事法[C].北京：清华大学出版社，2006.108-136.

[4]　[日]竹下守夫．日本民事诉讼法的修订经过与法制审议会的作用[J].清华法学，2009，06：5-16.

交叉询问、简易法院等制度以实现审判的简化和公正[1]。

自20世纪60年代以来，日本经济进入高速发展时期，民事纠纷的增多对审判的迅速性提出了新的要求。日本民事诉讼法于1996年又进行了一次全面的修订，其修订的主要目标之一就是"恢复民事诉讼的经济性——加快民事诉讼进程"[2]，本次修订后的日本《民事诉讼法》第2条明文规定，"法院应为民事诉讼能够公正并迅速地进行而努力。"[3]该法通过确立审前程序整理争点并配套以失权化效果、扩充当事人的证据收集手段等措施使诉讼程序在一定程度上得以充实化和迅速化。

2001年6月12日，日本法务大臣的咨询机构——负责司法法制策划立案的日本司法制度改革审议会在总结了历时2年的调查审议意见后，发布《日本司法改革审议会意见书——支撑21世纪日本的司法制度》，该意见书明确提出，"在民事司法方面……对于诉讼案件，应当使利用者能够公正迅速且有效地获得救济，使审理的内容更完善，将现在的审理期限缩短一半作为目标。"[4]为了实现审理期限缩短的目标，日本于2003年7月颁布《关于裁判迅速化的法律》，该法提出了所有第一审案件应尽可能在2年内审结的目标，并规定了国家、律师及律师公会、法院及当事人均负有推进审判迅速化的义务，但由于该法仅有短短的8条，实际上仅是一个宣示迅速审判理念的架构性法律，并没有规定实现迅速审判的具体措施。不过同年修正的日本《民事诉讼法》全面导入的计划审理制度以及配套的提诉前证据收集制度在一定程度上具体化了法院和当事人的

[1] [日]长谷部由纪子.民事司法改革：接近司法·成本·效率——日本的视角[A].[英]阿德里安·A.S.朱克曼.危机中的民事司法：民事诉讼程序的比较视角[C].傅郁林等译.北京：中国政法大学出版社，2005：228-255.

[2] [日]竹下守夫.日本民事诉讼法的修订经过与法制审议会的作用[J].清华法学，2009，06：5-16.

[3] 白绿铉.日本新民事诉讼法[M].北京：中国法制出版社，2000：32.

[4] 张卫平，李旺.日本司法改革审议会意见书：支撑21世纪日本的司法制度[J].司法改革论评，2002，01：305-409.

促进迅速审理的义务[1]。

3.2 域外审判迅速化的动因及其成效

3.2.1 域外审判迅速化的动因

各国进行的民事司法改革不仅与本国司法制度的运行现状有关，更与制度背后的历史、政治、经济、社会文化等背景有关，因此要一一分析各国推进审判迅速化的原因并不容易。但各国在进行民事司法改革时，不约而同地把迅速审判作为一个目标，也许意味着这些改革背后有共同的原因在起作用，这个共同的原因就是——减少司法实践中的诉讼迟延。这是最直接的动因、最简单的逻辑推理：因为认为审判速度慢，所以需要提速，需要审判迅速化。

"诉讼迟延"是"适时审判"的反义词，指一个案件的审理时间已经超出或者远远超出一个案件获得公平判决的合理时间。对这个概念的理解，要从两个方面去把握：一是要保障案件处理的公平性，如果仅仅是为了得到一个判决而不考虑其公正性的话，抽签或者掷硬币是最快的方法，肯定不会产生迟延，但获得一个公正判决恰恰是人们将其纠纷提交法院处理的原因，因此诉讼首要的目标是判决的公正性；二是审理时间应当具有合理性，这个合理性要和案件的具体情况结合起来，一个简单的案件久拖不决是不合理的，一个复杂的案件不给予当事人充分的取证时间就匆匆下判也是不合理的，总之，是否合理应根据纠纷发生的过程、案件的性质和类型、证据的多少和取证的难易、法律关系的复杂程度、当事人人数的多寡等情况结合起来判断，一个简单的借款合同纠纷和一个涉及多方当事人的复杂商业纠纷的合理的审理时间肯定会不同。正是因为审理期间是否合理难以判断，我们很难在一般意义上给"诉讼迟延"界定一个明确的标准，到底是诉讼案件持续6个月、1年还是2年才算是迟延？

---

[1] 唐力. 有序与效率：日本民事诉讼"计划审理制度"介评[J]. 法学评论，2005，05：136–141.

但是，诉讼迟延的标准难以确定并不妨碍普通人或者改革者对实践中的总体审判速度产生"诉讼迟延"的感受。1995年沃尔夫的中期报告就认为当时英国的审判速度"对于大多数案件而言是不可接受的"[1]；1984年美国律师协会在设定减少迟延的措施时也认为，"诉讼迟延是影响民事司法制度的一个最重要的问题。"[2]这就说明，尽管没有一个明确的标准，但是人们可能还是会用一种模糊的、笼统的标准去评价审判速度是否属于"诉讼迟延"。

3.2.2　域外审判迅速化的成效

根据沃尔夫的调查结果，1994年英国伦敦高等法院审理的民事案件从提诉到庭审（from issue to trial）的时间是163周（约3年），其他地区高等法院的时间则长达189周（约3年7个月）；而从提诉到确定庭审（between issue and setting down）已经占去大部分的时间，伦敦法院是123周（约2年4个月），而其他法院是148周（约2年10个月）；而郡法院的这一数据，从提诉到庭审是80周（约1年6个月），其中从提诉到确定庭审已耗去60周（约1年2个月）[3]。另据1997年的司法统计，伦敦郡法院、其他地区郡法院分别是70周（约1年4个月）和91周（约1年9个月）[4]。而1999年《民事诉讼规则》的实施使得这一局面有了根本性的

---

[1]　Access to Justice: Interim Report, chapter 3, The Problems and Their Causes, para 35. See http://webarchive. nationalarchives.gov.uk/+/http://www.dca.gov.uk/civil/interim/chap3.htm.

[2]　美国律师协会．战胜诉讼迟延：开展和实施减少法庭诉讼迟延的项目（1986年），第1页。转引自 [美] 理查德·L. 马库斯．诉讼超级大国的恐慌 [A].[英] 阿德里安·A.S. 朱克曼．危机中的民事司法：民事诉讼程序的比较视角 [C]. 傅郁林等译．北京：中国政法大学出版社，2005：85-86.

[3]　Access to Justice: Interim Report, chapter 3, The Problems and Their Causes, para 35. See http://webarchive. nationalarchives.gov.uk/+/http://www.dca.gov.uk/civil/interim/chap3.htm.

[4]　[英]保罗·米凯利克．英格兰和威尔士的司法危机 [A].[英] 阿德里安·A.S. 朱克曼．危机中的民事司法：民事诉讼程序的比较视角 [C]. 傅郁林等译．北京：中国政法大学出版社，2005：135-136.

改变，据英国司法部网站的统计数据显示，2000年—2017年间郡法院审理的小额诉讼案件从提诉到开始小额程序（time between issue & start of small claim）的平均时间（average time）在27周—32周（6—7个月）之间；而适用快捷程序或多轨程序的案件从提诉到庭审（time between issue & trial）的平均时间除了2000年、2001年分别是74周、73周之外，2002年—2017年均在53—58周（约1年）之间[1]。可见从审判迅速化的角度而言，沃尔夫改革的成效取得了不俗成绩。

美国30年前的情况也不容乐观。1984年美国律师协会(American Bar Association)采纳了其下属的各州审理法官全国大会（National Conference of State Trial Judges）所制定的《关于减少法院迟延的标准》（*Standards Relating to Court Delay Reduction*）。这一标准的名称首先已经表明了美国的法官和律师们都认为当时的诉讼速度不尽如人意，需要采取措施减少诉讼迟延。1984年标准所确定的减少迟延目标是：90%的民事案件应该在起诉后1年内审结（包括和解、审判等），98%的案件应该在1年6个月内审结，其余的案件（除非存在非常特殊的情形）都应该在2年内审结[2]。然而1991年对39个州初审法院的一项研究

---

[1]　2000—2017年间，小额诉讼案件从提诉到开始小额程序的平均时间分别是29、28、31、26.3、27.1、27、27.6、28.7、29.6、30.5、30.8、29.8、29.9、30、31.4、31.6、31.3、31.4周，而适用快捷程序和多轨程序的案件从提诉到庭审的时间分别是74、73、58、53.1、54.4、54.2、53、53.5、52.7、52.7、53.6、56.2、55.9、57.2、57.8、54.3、53.8、56.3周。需要注意的是，英国司法部网站的统计数据并不是案件从提诉到结案的时间，而是统计从提诉到开始小额程序或者到庭审的时间，这可能与英国在庭审后立即作出判决的传统有关。数据引自 Ministry of justice：Civil justice statistics quarterly： October to December 2017. 参见 https：//www.gov.uk/government/statistics/civil-justice-statistics-quarterly-october-to- december -2017.

[2]　Thomas H. Douthat，A Comparative Analysis of Efforts to Improve Judicial Efficiency and Reduce Delay at the Local and State Level[J].Revista Juridica Universidad de Puerto Rico，2008：931-959.

表明，没有任何一个法院能满足美国律师协会关于诉讼迟延的标准[1]。此外，根据1995年的一份司法统计数据，全国75个最大的县法院审理侵权案件的平均时间超过1年半，对于经过庭审（trial）的案件的平均时间则为2年[2]。经过30年的改革，尽管有学者对改革的措施仍然持怀疑态度，但从目前联邦法院处理案件的速度来看，诉讼迟延应不再是一个重要的问题。根据美国联邦法院网站公布的统计数据，2007年—2017年期间，民事案件（包括经过庭审和不经过庭审结案）处理期间（from filing to disposition）的中位数（median times）在7～10个月之间，而经过庭审才结案的民事案件从起诉到庭审期间（from filing to trial）的中位数则在24～27个月（约2年）之间[3]。由于美国联邦法院审理的民事案件绝大多数在庭审前解决，自2010年以来，经过庭审（包括由陪审团审理和

---

[1] J A Goerdt，C Lomvardias，G Gallas，Reexamining the Pace of Litigation in 39 Urban Trial Courts[M]. National Ctr for State Courts，1991：37. 转引自 [美] 理查德·L. 马库斯 . 诉讼超级大国的恐慌 [A].[英] 阿德里安·A.S. 朱克曼 . 危机中的民事司法：民事诉讼程序的比较视角 [C]. 傅郁林等译 . 北京：中国政法大学出版社，2005：85-86.

[2] Carol McKay. Delays in litigation Costly all Around[J]. Federal Lawyer，October，2001：16-17.

[3] 2007—2017 年的民事案件处理中位期间分别是：8.1、8.9、7.6、7.8、7.0、8.2、8.5、8.5、8.7、9.7、10.4 个月，经过庭审的案件期间分别是 24.8、25.3、24.3、24.2、25.0、25.1、26.5、26.3、27.2、26.4、27 个月。统计数据来源于美国联邦法院网站，2007 年—2012 年的数据参见 http：//www.uscourts.gov/Statistics/Federal Courtanagement Statistics/district –courts– december-2012.aspx；2012-2017 年的数据参见 http：//www. uscourts.gov/statistics–reports/federal–court–management –statistics–december–2017。需要说明的是，美国联邦法院对案件处理时间的统计是以 "median times"（中位数时间）而不是以 "average time"（平均时间），且美国联邦法院网站对 "median time" 作了一个解释："The median times are based on the amount of time elapsed from the date a case was filed to the date of its disposition for the middle case in a series containing an odd number，or the number midway between the two middle cases in a series containing an even number，when the cases are arrayed from least to the most time elapsed." 统计术语说明参见 http：// www.uscourts.gov/viewer.aspx?doc=/uscourts/Statistics/ FederalCourtManagementStatistics/20 12/explanation–of–selected–terms–september–2012.pdf.

由法官审理）的案件所占比例仅占1%左右[1]，因此尽管经过庭审案件的诉讼周期较长，也不影响整体的案件审理速度。

与英国、美国相比，德国的诉讼迟延问题并不突出，但在1976年《简速修订法》之前，"人们对于诉讼周期过长达成了一致共识，但对于怎样消除这种弊病却众说纷纭"[2]，为了弄清诉讼迟延的原因从而为改革方向提出建议，德国的鲍姆格特尔教授在1969年4月至1970年5月间对导致诉讼迟延的原因进行了小范围的实证调研；1970年，弗莱堡大学的社会学研究所"法社会学实证研究"小组也进行了类似的研究；之后，联邦司法部针对迟延因素问题组织了一场更大范围的实证研究，并以该研究报告为基础明确了改革的方向[3]。尽管受限于笔者的语言能力及资料收集能力，难以获取1976年之前德国民事案件的平均审理时间的数据，但以上的实证调研也从一个侧面反映了理论界和司法当局对诉讼迟延的担忧以及改变的决心。经过多年的改革，进入21世纪后德国民事案件的平均审结时间之短，到了"相当令人惊羡"的程度：2000年—2005年，德国一审民事案件的平均审结期间，地方法院在4.3—4.4个月之间，家事法院在9.7—10.7个月之间，而州法院则在6.9—7.4个月之间[4]；其后审结期间稍有延长，2010年德国地方法院民事一审案件平均

---

[1]　美国联邦法院网站关于经过庭审的案件占法院受理案件总数的比例，1990、1995、2000、2005、2010、2012—2016年度分别是4.3%、3.2%、1.7%、1.4%、1.1%、1.2%、1.2%、1.1%、1.1%、1.0%。相关数据来源可见 http://www.uscourts.gov/sites/default/files/data_tables/jff_4.10_0930.2016.pdf.

[2]　李大雪．"二战"后德国民事诉讼法之改革研究 [D]. 西南政法大学，2007：136.

[3]　李大雪．"二战"后德国民事诉讼法之改革研究 [D]. 西南政法大学，2007：136–138.

[4]　以上数据来自德国联邦司法部2008年4月10日的统计，转引自周翠. 中国与德国民事司法的比较分析 [J]. 法律科学（西北政法大学学报），2008，05：124–133.

审理期间为8.1个月，2011年为 8.2个月[1]；2016年德国一审民事案件的平均审理时间，地方法院是4.8个月，州法院是9.9个月[2]。

日本也存在诉讼迟延的现象。日本学者认为，"日本的民事诉讼长时间受严重的诉讼迟延的困惑"[3]，"民事诉讼的拖延已经到了令人无法忍受的程度"[4]。尽管日本民事诉讼法1926年的修订是以加速民事诉讼为目标，但未能对克制实践中的诉讼迟延起到明显的作用。此后日本也一直在探索减少诉讼迟延的方法，并于1996年对民事诉讼法进行了全面的修订。据日本最高裁判所公布的数据，1991年日本地方法院普通民事案件平均审理期间为12.2个月，其中以对席判决终结案件的平均审理期间为19.7个月；但此后民事案件的平均审理时间有了明显的下降趋势，至2002年，地方法院普通民事案件的审理期间为8.3个月，以对席判决终结的案件平均审理期间为12.9个月。这些数据，在日本于2003年颁布《关于裁判迅速化的法律》之后进一步下降，至2009年，地方法院全部一审民事案件的平均审理期间为6.5个月，其中以被告对席判决终结的案件平均审理期间为10.8个月；2010年上述平均审理期间分别为6.8个月和9.9个月。但此后审理期间缓慢上升，至2016年，地方法院全部一审民事案件的平均审理期间为8.6个月，其中以被告对席判决终结的案件平均审理期间为12.9个月[5]。

由上述数据可见，英美德日等国的民事案件平均审理速度有快慢之

[1] 日本最高裁判所：諸外国の第一審事件における平均審理期間の比較，http：//www.Moj.go.jp/content/000119528. Pdf。转引自陶建国.德国诉讼迟延国家赔偿法制研究[J].云南大学学报（法学版），2016，29（02）：92-98.

[2] 数据来自日本最高裁判，2017 年的法院手册2017，裁判所データブック2017.第84页.http：//www.courts.go.jp /about/databook/index.html，2018-4-23.

[3] [日]中野贞一郎.裁判的世界 [A].杨本娟译.樊崇义.诉讼法学研究 [C]（第7卷）.北京：中国检察出版社，2004：377.

[4] [日]大川真郎.司法改革 [M].东京：朝日新闻社，2007：20.转引自曾尔恕，赵立新.面向21世纪的日本司法制度改革 [J].比较法研究，2009，03：21-33.

[5] 数据来自日本最高裁判，2017 年的法院手册2017，裁判所データブック2017.第72页.http：//www.courts.go.jp/ about/databook/index.html. 2018-4-23.

分，但一般的民事案件基本在1年之内审结，只有美国极少数（1%左右）经过庭审审理的案件审结期间为2年左右。因此可以说，经过多年的审判迅速化进程，这些国家诉讼迟延的状况已经得到了很大的改观。尽管对诉讼迟延没有一个切确的标准，这样的审判速度即便不是在一个大体可接受的合理范围内，最起码算"不存在严重的诉讼迟延"问题了。

3.3　域外审判迅速化的路径分析

如上所述，英美德日等国为了克服诉讼迟延颁布了不少法令，采取了各种不同的改革措施，本部分的路径分析就是试图在这些纷繁复杂的改革中归纳出这些国家审判迅速化的主要路径及其背后的深层原因。尽管各国的改革措施乍看令人眼花缭乱，然而从抽象的层面上看民事诉讼，却无非是由诉讼主体按照程序设置实施各种行为的过程。因此对这些改革措施的分类也大致可以从程序设置和诉讼主体两个角度进行，其中对诉讼主体的考察又可以法官和当事人在诉讼中的作用为中心[1]。这样，就可以归纳出两条主要路径：一是统一和简化诉讼程序；二是强化法官对诉讼进程的控制权。尤其是后者，是审判迅速化的世界潮流中一个非常鲜明的特征。

3.3.1　统一和简化诉讼程序

英美法系的"统一"与"简化"诉讼进程是密不可分的，诉讼程序的简化在一定程度上就是通过诉讼程序的统一而进行的。19世纪中叶之前，英美均没有统一的诉讼程序，而是在普通法院和衡平法院的双重法院体制下分别适用普通法诉讼程序和衡平法诉讼程序。而最初普通法的内容就是主要由令状和程式化的诉讼程序构成的。令状是诉讼形式的载体，且其格式纷繁复杂，1300年时令状已有300多种，并且每一种令状都和一定的诉讼程序相联系，如果申请不到相应的令状，就无法确定管辖的法院、诉讼的形式和诉讼程序，原告的权利就无法得到实现。如果

---

　　[1]　当然，这样的分类也有其缺陷，因为通常一项改革措施既涉及程序设置问题，也涉及诉讼主体的作用分担问题，因此程序设置与诉讼主体这两个层面并不能截然分开。

原告选择令状错误，其权利同样无法得到实现，因为适用于一种令状的诉讼形式并不适用于另外一种令状，而每种诉讼形式、每种程序都有与其相关的实体法规则，令状选择错误就意味着所选用的实体法规则也不能使用。所以，在令状制度下，令状意味着诉讼形式，诉讼形式意味着救济方式，救济方式又意味着权利是否得以实现[1]。这种僵化的诉讼形式促成了衡平法以及衡平法院的兴起。为了比普通法更直接、更迅速地实现正义，衡平法院采用灵活的诉讼程式，法官有权根据案件的具体情况，根据自己的良心自由裁量决定是否采取及采取何种救济手段。但随着衡平法体系的逐步完善，衡平法院也发展了一套完整的诉讼程序，并且逐渐变得像普通法那样僵硬和形式主义，同时普通法院和衡平法院的管辖权冲突也使当事人无所适从。两套独立的法院系统、僵化的令状制度、烦琐的诉讼程序导致了19世纪中期先后发生于英美两国统一诉讼程序并进行法典化改造以及尽量简化诉讼程序的改革，这场改革在英国止于1873－1875年的《司法法》，而美国则止于1938年的《联邦民事诉讼

---

[1]　令状制度对普通法的形成以及普通法诉讼程序的影响都是巨大的。从某种程度上讲，普通法的发展是随着新的令状制度和新的诉讼程序的产生和发展而进一步产生和发展的。王室法院每创设一种新的令状和新的救济措施，就创立了一种新的法律，也是在这个意义上，梅因爵士指出"英国法是在程序的缝隙中渗透出来的"。同时，令状制度还促进了诉讼中心主义的形成以及创设了程序正义理念和程序优先原则。因此，尽管由于令状制度的僵化无法适应时代的发展以至于19世纪的制定法废除了大部分的诉讼形式，它仍在普通法传统中保留其内在的权威，传统的诉讼形式对英国实体法的发展还是有很大的影响。英国法律史家梅兰特曾说："尽管我们已经埋葬了诉讼形式，它们依然从坟墓中统治着我们。"关于令状的相关内容可参见：[英]梅特兰.普通法的诉讼形式[M].北京：商务印书馆，2009.33-47；项焱，张烁.英国法治的基石：令状制度[J].法学评论，2004，01：118-122；屈文生.令状制度研究[D].华东政法大学，2009；郑云瑞.英国普通法的令状制度[J].中外法学，1992，06：69-71+78；徐昕.英国民事诉讼与民事司法改革[M].北京：中国政法大学出版社，2002：30-42；何勤华.外国法制史[M].北京：法律出版社，1997：196-197。

规则》[1]。至20世纪90年代，沃尔夫改革报告再一次指出民事诉讼存在的主要弊端之一是程序复杂[2]，并据此对民事诉讼程序进行了改造，按照比例原则将诉讼程序进行标准化分类，分为小额程序、快捷程序和多轨程序，使得部分案件能适用简化的程序进行审理。

1871年德意志帝国成立之前，德国也存在严重的法律分割情况，这使得人们对统一诉讼法的需求非常强烈，这种需求甚至超过了对统一私法的需求[3]。帝国成立后，很快于1877年制定了《德国民事诉讼法》，而1890年通过的《日本民事诉讼法》则"几乎是照搬德国法原文的形式，将德国法典置换成日语而已"，"无论谁看，都像瓜之两半那样，极其相像"，但由于法典条文过于精巧细密，在实际应用上过于繁杂，按照原文适用甚至会带来诉讼迟延，于是日本在1895年就开始着手进行修改，简化诉讼程序[4]。德国1976年的《简速修订法》也是以简化和加快诉讼程序为目的的。

3.3.2 加强法官对诉讼进程的控制

出于对令状制度这种僵化的形式主义的反叛，后来英美国家的立法者倾向于远离僵化的、限制的传统普通法的思维方式[5]，同时在资本主义自由主义思想的传播下将诉讼程序交由当事人及其律师控制，赋予当事人更广泛的自主权。然而正如前文揭示的那样，研究结论表明这种对抗制的法律文化是引起诉讼迟延的重要原因，由此导致英美等国采取了

[1] [美]约翰·勒布斯多夫.民事程序改革的神话[A].[英]阿德里安·A.S.朱克曼.危机中的民事司法：民事诉讼程序的比较视角[C].傅郁林等译.北京：中国政法大学出版社，2005.46.

[2] Access to Justice：Interim Report，chapter 2，The Background .para1. See http：//webarchive.nationalarchives.gov.uk/ +/http：//www.dca.gov.uk/civil/interim/chap2.htm.

[3] [德]罗森贝克，施瓦布，戈特瓦尔德.德国民事诉讼法(上)[M].李大雪译.北京：中国法制出版社，2007：28-30.

[4] [日]福山达夫.日本民事诉讼法的历史沿革与新法典[J].丁相顺，丁培和译.诉讼法论丛，2004，00：494-511.

[5] How Equity conquerd Common Law：The Federal Rules of Civil Procedure in Historical Perspective，135 U.pa. L.Rev. 909（1987）.

另一条审判迅速化的路径，即加强法官对程序的控制权，这种控制权的强化是以案件管理运动为中心展开的。英美法系最早对对抗制发起挑战并提出要改组法院系统的是美国的社会学家罗斯科·庞德，尽管庞德1906年的那场著名的演讲[1]在当时并没有引起足够的重视，但1976年联邦最高法院首席大法官沃伦·伯格组织的庞德会议（Pound Conference）却为美国的案件管理运动奠定了基调[2]。美国的案件管理以统筹管理、全程管理、全情管理和全面管理为特征，其管理对象范围广泛，包括案件日程安排、证据开示管理、区分案件管理、案件动议管理、案件庭审管理等环节[3]。而英国沃尔夫改革也同样扩张了法官对于诉讼程序的控制权，改革后的法官在民事诉讼中的职权包括期间控制权，程序中止、合并、分离权，证据主导权，系争点管理权，庭审保障权，书面审理权，成本控制权，技术运用权，附条件命令权，制裁权，此外还包括无法一一列举的法官管理的一般权力[4]。

德国和日本加强法官对诉讼程序控制权的改革比英美要早几乎半个世纪。1877年的《德国民事诉讼法》深受1806年《法国民事诉讼法》的影响，后者为了保持法官职务的纯洁性，规定诉讼的进行完全由当事人掌握，当事人可以自由决定诉讼行为的顺序，自由地交换没有向法庭出示过的书面材料，并且由当事人自行决定什么时候将案件提交到诉讼目录中登记，而法院只能对已在目录中登记的案件进行处理[5]。深受法国法影响的《德国民事诉讼法》也大范围地吸纳了自由主义伦理观念，当事人不仅可以决定诉讼标的的范围和程序性要素，还可以控制诉讼程

---

[1] Roscoe Pound, The Causes of Popular Dissatisfaction with the Administration of Justice, 29 A.B.A. Rev. 395（1906）.

[2] J. Clifford Wallace, Review; Judicial Reform and the Pound Conference of 1976, Michigan Law Review, Vol. 80. No.4, 1982：592–596.

[3] 闫春德.美国民事诉讼案件管理制度研究 [D].北京师范大学，2010.

[4] 徐昕.英国民事诉讼与民事司法改革 [M].北京：中国政法大学出版社，2002：204–211.

[5] [德]罗森贝克，施瓦布，戈特瓦尔德.德国民事诉讼法(上)[M].李大雪译.北京:中国法制出版社，2007：28–30.

序的进程，法官在很大程度上是被动的，几乎没有任何预防措施可以用来制止当事人不合理地长时间拖延诉讼[1]。《德国民事诉讼法》生效后的最初几年里，该法典所遵循的绝对言词原则和当事人自由就遭到了反对，因为有意拖延诉讼的当事人会通过言词辩论中妨碍事实的讨论引起延期审理，造成诉讼迟延。恰逢1898年《奥地利民事诉讼法》所采用的社会化诉讼程序模式引发了关于自由主义诉讼观和社会化诉讼观的争论，而1924年的爱明格法令是德国向社会化的民事诉讼程序迈出的重要一步，该法令限制了绝对的当事人自由，并赋予法官指定口头听审期日的权力，并且可以拒绝接受当事人为了拖延诉讼而迟延提交的攻击和防御手段[2]。日本几乎也是同一时期开始强化法官控制诉讼程序的权力，1926年的修正案为了实现迅速化，从当事人主义转变为职权主义的诉讼模式，为了实行集中辩论，大刀阔斧地废止了导致程序烦琐和诉讼迟延的方法[3]。此后，无论是德国1976年《简速修订法》所采取的斯图加特模式还是日本2003年修法时导入的计划审理制度，都强调了审前程序的作用，使法官有计划地控制诉讼的进展速度，尽量实现一次集中审理就能够解决案件的目标。此外，两国历次大大小小的改革也多体现了简化程序以及强化法官对诉讼进程的控制的特征。

实际上，对诉讼程序的司法控制似乎已经得到了全球性的认同。当诉讼进程交给当事人及其律师控制时，该进程可能会受到狭隘的自我利益的妨碍，不合作的被告可能会通过拖延诉讼折磨原告或者获得利益，律师也可能通过拖延诉讼以增加收入。因此，两大法系国家都出现对民事诉讼进程的控制权从当事人向法官方向流动的现象，除了英、美、

---

[1]　[德]皮特·高特沃德.民事司法改革：接近司法·成本·效率——德国的视角[A].[英]阿德里安·A.S.朱克曼.危机中的民事司法：民事诉讼程序的比较视角[C].傅郁林等译.北京：中国政法大学出版社，2005：199.

[2]　[德]皮特·高特沃德.民事司法改革：接近司法·成本·效率——德国的视角[A].[英]阿德里安·A.S.朱克曼.危机中的民事司法：民事诉讼程序的比较视角[C].傅郁林等译.北京：中国政法大学出版社，2005：219-221.

[3]　[日]福山达夫.日本民事诉讼法的历史沿革与新法典[J].丁相顺，丁培和译.诉讼法论丛，2004，00：494-511.

德、日这些引人注目的国家之外，澳大利亚、法国、西班牙、葡萄牙和意大利等国都强化了法官对诉讼过程的监督[1]。

然而，在我们注意到这种全球性趋势的同时，也一定不能忘记本部分对于这些改革背景的分析。由于原来的诉讼程序过于杂乱和冲突，所以需要统一；由于原来的规定过于精密和烦琐，所以需要简化；由于原来诉讼进程几乎完全掌握在当事人手中，所以控制权需要适当地向法官流动。并且这种诉讼程序控制权转变以后，也并非完全由法官控制，无论是英美的审前会议，德国的集中审理，还是日本的计划审理，都强调审前法官与当事人的沟通以及共同制订相应的计划推动诉讼进程，可见这种强化法官控制权的转变从完整意义上理解应该是从当事人控制转为法官与当事人共同控制。

3.4 域外审判迅速化的问题分析

英美德日等国的审判迅速化都取得了一定的成效，但同时也面临着一些问题和质疑。由于各国的社会环境、司法体制、诉讼传统以及审判迅速化的措施都不同，这些批评的矛头指向也各有差异。本书第1章国外研究现状部分也介绍了这些批评的内容。总结起来，域外审判迅速化存在以下几个值得我们注意的问题。

3.4.1 迅速化本身成为新的问题来源

这种批评尤其指向美国的案件管理制度。这一方面体现为案件管理规则的复杂化带来的问题。有学者认为，案件管理本来没有划一而论的、形而上的管理规则可循，它要求的是"因人而异，没有唯一正确的方法"[2]，但是美国联邦司法中心热衷于总结出越来越多的管理方案供各法院、各法官予以借鉴，此种示范或者借鉴逐渐地转变成为应当得到

[1]　[英]阿德里安·A.S.朱克曼. 危机中的司法/正义：民事程序的比较维度[A].[英]阿德里安·A.S.朱克曼. 危机中的民事司法：民事诉讼程序的比较视角[C]. 傅郁林等译. 北京：中国政法大学出版社，2005：41-42.

[2]　William W Schwarzer, Alan Hirsch, The Elements of Case Management： A Pocket Guide for Judge, second edition. Federal Judicial Center, 2006, 1.

墨守的"成规"，繁密的管理规则逐渐演变成为烦琐的管理技巧，从而成为阻碍诉讼"快速、公平和经济"地得到解决的新型"绊脚石"，导致为了解决案件迅速审理问题而发展出来的案件管理本身成为了一个派生的问题[1]。另一方面则体现为对案件管理的过于偏重而忽略了其他因素。有学者认为自从20世纪70年代得出关于"当地法律文化"导致诉讼迟延的研究后，多年的改革都只是注重推行案件管理，而缺乏对法院资源和正式的诉讼程序和规则的关注；但司法实践经验已经表明仅凭案件管理而不重视法院必要的司法资源需求是无法成功减少诉讼迟延的[2]。

3.4.2　侵蚀当事人权利

由于过分追求纠纷的快速解决以及法院资源的节约，一些审判迅速化的措施在一定程度上侵蚀了当事人的诉权。美国即决判决（summary judgment）[3]的扩大适用是其中一个典型的例子。即决判决是在证据开示程序开始之后，原告或被告申请法院不经过庭审而作出的判决，与驳回起诉不同，即决判决是实体判决，但其以没有事实争议为前提，目的是将没有事实争议的案件排除在庭审之外。据美国学者格兰特的考察，美国联邦地区法院适用即决判决终结案件占全部民事案件的比例从1975年的3.5%上升到2000年的7.7%，1975年时经过庭审（trial）审结的案件比例（8.4%）是以即决判决终结的案件比例（3.5%）的2倍多，但是2000年时以即决判决终结的案件比例（7.7%）却是经过庭审终结的案件

---

[1]　闫春德．美国民事诉讼案件管理制度研究[D]．北京师范大学，2010.

[2]David C. Steelman. What Have We Learned About Court Delay，"Local Legal Culture，" and Caseflow Management Since the Late 1970s[J]，Justice System Journal，1997：145–166.

[3]　法官作出即决判决的标准在《联邦民事诉讼规则》56（c）中规定："所有的诉辩状、记录在案的开示和披露文件以及宣誓书都显示案件不存在关于要件事实的真正争点，并且提出动议的当事人有权获得关于法律问题的判决。"See Federal Rules of Civil Procedure，Rule 56（c）．http：//www.uscourts.gov/uscourts/rules/civil–procedure.pdf.

比例（2.2％）的3倍[1]。批评者认为即决判决从一个确保具有事实争点的纠纷进入庭审的程序保障转变为一个预估和评价原告在庭审中胜诉概率的机制[2]，甚至逐渐变成了一个对于案件争点的"微型审判"[3]。法院急于在审前作出处置而更多地利用即决判决，在一定程度上侵害了当事人接受陪审团审判的权利[4]。英国通过诉讼费用规则强力推行ADR的做法也存在类似的问题。英国民事诉讼规则规定法院在裁定诉讼费用时可以考虑当事人的所有行为，特别是当事人在诉前或者诉讼进行过程中是否愿意努力试图以和解等方式解决争议[5]。司法实践中有的法院运用这种经济杠杆来推行ADR时走得过远，以至于有了强制和解的嫌疑。如在Royal Bank of Canada Trust Corp. v. Secretary of State for Defense一案中，原告愿意通过ADR解决纠纷，被告拒绝了，因为被告认为涉及法律问题，需要法院作出一个"非黑即白"的判决，其后被告虽然获得胜诉，但是高等法院却拒绝被告的诉讼费用补偿请求，理由就在于被告不同意在审前与原告进行协商从而失去了这个资格[6]。这就等于为当事人的接受裁

---

[1] Marc Galanter The Vanishing Trial：An Examination of Trials and Related Matters in Federal and State Courts. Journal of Empirical Legal Studies，Volume 1，Issue 3， pages 459－570，November 2004.

[2] Issacharoff，George Loewenstein，Second Thoughts About Summary Judgment，YALE L.J.，Vol.100，1990，p.73，89.

[3] Ann C. McGinley. Credulous Courts and the Tortured Trilogy：The Improper Use of Summary Judgment in Title VII and ADEA Cases，34 B.C. L. REV.，Vol.34，1993，p.203，229.

[4] Arthur R. Miller，The Pretrial Rush to Judgment：Are The "Litigation Explosion，" "Liability Crisis，" And Efficiency Clech é s Eroding Our Day in Court And Jury Trial Commitments? New York University Law Review，June，2003.

[5] CPR.Part 36 － offers to settle. http：//www.justice.gov.uk/courts/procedure-rules/civil/rules/part36. CPR.Part 44 － general rules about costs. http：//www.justice.gov.uk/courts/procedure-rules/civil/rules/part-44-general-rules-about-costs.2018-4-23.

[6] [2003] EWHC（Ch）1479（Eng.）；See Hazel Genn. What is Civil Justice for? Reform，ADR，and Access to Justice. Yale Journal of Law & the Humanities. winter 2012(Yale J.L. & Human. 397）.

判权附加了一个强制和解程序。

3.4.3 影响法院功能

如前所述，民事诉讼制度的重要功能之一是通过判决的威慑力发挥对民事主体的引导作用，正如日本学者棚濑孝雄所言："如果不考虑司法制度的作用在于通过解决具体的纠纷来维护一般规范秩序，并以此促进大量的纠纷得到自发的解决，想要恰当地评价它的功能是不可能的。"[1]但该功能必须通过法院对案件进行实质性审理和作出判决才能在实践中发挥作用。然而审判迅速化通过各种审前处置和诉讼分流措施使得法院开庭审理及判决的案件大为减少，如美国联邦法院民事案件经过庭审的比例从1962年的11.5%下降到2002年的1.8%，被美国学者格兰特称为"正在消失的审判"[2]，而这一现象还在继续，到2017年时这一比例已降为1%[3]。格兰特认为审判的作用已经降低了，法院也从一个审判机构转变为案件的行政管理机构，但他还是谨慎地表示这种情况究竟会给法律体系和社会带来什么影响还有待研究。英国学者则明确表示了对这种趋势的担忧，认为民事司法作为公共产品，应当为社会提供公共价值和规范指引，为了节约经济成本而远离公开审判转向于私下解决争议，不仅使民众失去了接近法院的权利，还让民事司法失去了能对市民生活产生重大影响的正义话语[4]。笔者认为，法院的这种功能转变如果是通过完善的诉讼规则引导当事人进行平等自愿的商谈对话从而消除分歧解决纠纷那倒无可厚非，但如果是带有强制性质或者以侵害当事人诉

---

[1] ［日］棚濑孝雄 . 纠纷的解决与审判制度 [M]. 王亚新译 . 北京：中国政法大学出版社，1994. 26.

[2] Marc Galanter. The Vanishing Trial： An Examination of Trials and Related Matters in Federal and State Courts. Journal of Empirical Legal Studies，Volume 1，Issue 3， pages 459－570，November 2004.

[3] 相关数据来源可见 http：//www.uscourts.gov/sites /default/files/data_tables/ jff_4.10_0930.2016.pdf. 2018-4-23.

[4] Hazel Genn. What is Civil Justice for? Reform，ADR，and Access to Justice. Yale Journal of Law & the Humanities. winter 2012（Yale J.L. & Human. 397）.

权的方式来刻意减少审理判决的案件数量则明显欠缺正当性。

3.4.4 部分改革措施的必要性未经证实

对既有程序的改革应建立在对程序运行效果有正确认识的基础上，如果仅仅基于某种假设而确定改革的措施就可能导致改革偏离正确的方向。在美国一直流传着一种关于民事诉讼程序运行既昂贵又迟延的叙事（cost-and-delay narrative），并且这种叙事将昂贵和迟延的原因归因于证据开示制度的滥用，但有学者指出，昂贵-迟延叙事并没有实证数据支持，相反，自20世纪70年代至今的数次调查结果都表明证据开示制度运行良好。1971年的哥伦比亚项目结果显示，1938年确立的证据开示制度并没有带来严重的、普遍的问题；联邦司法中心（The Federal Judicial Center；简称FJC）1978年的调查结果认为，证据开示并不复杂，只有不到5%的案件中发生过多于10次的开示请求；1997年兰德机构的研究和FJC的研究结论也认为，证据开示的运作与开示滥用叙事并不相符；2009年FJC的研究则表明，证据开示费用只占原告诉讼费用的20%，占被告诉讼费用的27%；证据开示费用只占原告诉争利益的1.6%，占被告的3.3%[1]。批评者认为，1976年伯格法官发起举办的庞德会议进一步传播了没有实证数据支持的昂贵-迟延叙事，并且促使联邦规则从仅仅关注如何裁决转换到追求迅速、经济的裁决；促使程序法立法者不再关注诉讼的便利性以及对错误的救济，转而限制证据调查中的信息拓展以及上诉途径；而这些转变的正当性是值得怀疑的[2]。

德国也面临着类似的情形，立法机关在不同的时期对某一制度的判

---

[1] 2009年联邦司法中心的调查主要针对证据开示对诉讼费用和迟延造成什么问题，并对2006年联邦规则修正案规定的电子证据开示的实施状况进行调查。研究尽可能选取可以最大限度了解证据开示发展信息的案件，不太可能导致证据开示的案件被排除；而那些在民事司法系统中长达4年或以上并最终以审判终结的案件则占了很大比例。关于以上各项调查报告的介绍，详见 Danya Shocair Reda, The Cost-and-delay Narrative in Civil Justice Reform：Its fallacies and Functions, Oregon Law Review, 2012.

[2] Danya Shocair Reda, The Cost-and-delay Narrative in Civil Justice Reform：Its fallacies and Functions, Oregon Law Review, 2012.

断相互矛盾表明了改革时的必要性论证是不足的。例如对于不经言词辩论而裁判这个问题，1950年立法机关认为"该规定在实践中具有重要意义并且被证明是正确的"；但在1976年《简速修订法》中立法机关却认为书面程序"在广泛的诉讼中与集中原则背道而驰"，有时会导致"无休止的书状往来"。在初级法院引入小额程序的问题上也是如此，1950年立法机关认为1924年引入的小额程序被证明是正确的，因为在很多情况下，如果严格适用普通程序将会造成昂贵的代价，而小额程序可以使初级法院合理和快捷地审结日常生活中的纠纷。但1976年《简速修订法》取消初级法院的小额程序时却认为"在实践中简易判决程序大多是以普通程序的形式进行的，因此不存在对此进行特殊规定的真正需要"。由于没有充分的实证数据支持，人们无法得知这两种对初级法院小额程序的判断究竟哪一种才是正确的[1]。

总而言之，域外的审判迅速化有成效，也有问题。这也许是由审判迅速化的适度性和合理性要求决定的，适度的、合理的审判迅速化有助于实现正义和增进效率，但是一旦过分推崇迅速化或者沿着错误的方向和路径进行，也许反而会有碍于正义与效率的实现。这也是我们在推行审判迅速化时必须牢记于心的。

---

[1] 李大雪．"二战"后德国民事诉讼法之改革研究 [D]. 西南政法大学，2007：136.

第4章 我国审判迅速化的实践及其得失

我国虽未曾受大面积诉讼迟延困扰，但自进入21世纪以来也在提高诉讼效率的口号下大步迈入审判迅速化的世界潮流之中。本章通过翔实的资料和统计数据描述了我国审判迅速化进程中所采取的各项改革措施，并分析了当前已取得的成效及其严重的副作用。

我国的司法改革通过强化以审限内结案率为核心指标的行政化考核，扩大简易程序的适用范围等措施极大地保障了民事案件的审理速度，使我国在民事案件数量持续增长的情况下依然能够成功地避免诉讼迟延或积案局面的出现。但是，审判迅速化效果的取得在一定程度上是以牺牲当事人利益和司法公正为代价的。将结案率、结案数、审限内结案率等指标作为考评标准导致法院和法官在趋利避害的理性规制下出现了一些审判权失范的行为；证据失权缺乏正当性导致举证时限制度失灵；简易程序的扩大化适用和普通程序的简化适用导致二者趋同，诉讼程序单一化；上诉率曾一度走高，民事一审裁判的公正性越来越受到质疑，同时上诉案件的增加亦会消解迅速化本身所取得的成果。

4.1 我国审判迅速化的实践

在审判迅速化的世界潮流中，我国并没有置身于外。从1982年的《民事诉讼法》（试行）到1991年《民事诉讼法》的正式颁布，再历经2007年和2012年的两次较大的修改，该法第2条始终将"及时审理民事案件"作为民事诉讼法的任务之一。尽管在自20世纪80年代末开始的民事审判方式改革潮流中，"及时审判"或者"迅速审判"的词语极少出现在官方话语中，但自从1999年《人民法院五年改革纲要》第一次提出将建立"高效"的审判工作机制作为人民法院改革的总目标，随即时任最高人民法院院长肖扬将"公正与效率"确定为21世纪法院工作的主题[1]后，我国显然已进入审判迅速化的进程之中。

4.1.1　以审限为核心指标的行政化考核

毫无疑问，审限制度的存在以及法院系统由上至下对审限制度的重视，各级法院将包括审限内结案率、结案数等指标作为对法官奖惩的重要考核指标这一做法，已经成了推动中国审判迅速化最强大的一股力量。

4.1.1.1　审限考核的强化

我国1991年的《民事诉讼法》"创造性"地规定了审限制度，这一制度在2000年之后受到前所未有的强化。2000年，最高人民法院把清理超审限案件作为年度重点工作来抓，全国法院共清理超审限案件13.8万余件[2]。同年9月，最高人民法院发布了对全国各地各级法院的工作产生持久而深刻影响的司法解释——《关于严格执行案件审理期限制度的若干规定》（下称《审限规定》）。这部开篇即宣告其目的是为了"提高诉讼效率，确保司法公正"的司法解释不仅重申了三大诉讼法中对各类案件审理期限的规定，对立案、结案时间及审理期限的计算，案件延长审理期限的报批，上诉、抗诉二审案件的移送期限，对案件审理期限的监督、检查，违反规定的制裁等都作了详尽的规定。以此为契机，全国法院建立审限警示、催办和通报制度，对超审限案件实行责任到人，限期结案[3]。于是，通过"审限内结案率"对审限制度的执行进行更为严格的考核成了法院内部管理的一个重要任务。在此后最高人民法院历年工作报告中，几乎每年都以较高的审限内结案率作为说明法院系统"司法效率高"的重要论据，同时又将"尚存在超审限案件"作为对法院工

---

[1]　肖扬.公正与效率：新世纪人民法院的主题[J].人民司法，2001，01：1.

[2]　见肖扬于2001年3月10日在第九届全国人民代表大会第四次会议上所作的《最高人民法院工作报告》。

[3]　见肖扬于2001年3月10日在第九届全国人民代表大会第四次会议上所作的《最高人民法院工作报告》。

作不足之处的检讨，由此可见最高人民法院对审限问题的重视程度。在此形势下，地方各级法院对审限问题自然不敢掉以轻心。王亚新老师对四个中级法院民事一审程序运作的实证调研结果表明，所有被调查的法院都高度重视关于审限内结案的规定，一般还经常以加强检查和把超审限审结案件的比例与法官的奖惩挂钩等做法来尽力保证这条规定切实得到遵守[1]。2014年12月，最高人民法院决定取消对全国各高级人民法院的考核排名，并要求各高级人民法院取消本地区不合理的考核指标，但却强调审限内结案率是必要的约束性指标，应予保留[2]。2018年4月26日施行的《最高人民法院关于严格规范民商事案件延长审限和延期开庭问题的规定》进一步强化了严格执行审限制度的要求。法官在这种行政化的考核管理下亦不得不将是否在审限内结案视为头等大事，想方设法使自己审理的案件不至于成为超审限案件。

4.1.1.2 案件质量评估工作的开展

2005年10月，最高人民法院印发《人民法院第二个五年改革纲要（2004—2008）》，其中第41条提出"要建立科学、统一的审判质量和效率评估体系"。2008年1月，最高人民法院印发《关于开展案件质量评估工作的指导意见(试行)》，开始在全国各级法院试行案件质量评估工作，同时指出评估结果是"评价考核各级人民法院的重要依据之一"。试行3年后，最高人民法院对案件质量评估指标体系进行了调整，决定在全国法院正式开展案件质量评估工作，并于2011年3月修订发布《最高人民法院关于开展案件质量评估工作的指导意见》（下称《案件质量评估意见》）。修订后的案件质量评估体系共包括1个1级指标，即案件质量综合指数；3个2级指标，即公正指标（权数40%）、效率指标（权数30%）、效果指标（权数30%），其中效率指标由法定期限内立案率、

---

[1] 王亚新.实践中的民事诉讼（续）——四个中级法院民事一审程序的运作 [J].现代法学，2003，06：59-66.

[2] 胡伟新.最高人民法院决定取消对全国各高级人民法院考核排名 [N].人民法院报，2014-12-27（001）.

一审简易程序适用率、当庭裁判率、法定（正常）审限内结案率、平均
审理时间指数、平均执行时间指数、延长审限未结比、结案均衡度、法
院年人均结案数、法官年人均结案数等10个3级指标组成[1]。从这10个评
价效率的指标来看，除了结案均衡度[2]与案件的审理速度无关之外，其
余9个指标都是通过审判速度来评价审判效率。由于这些评估结果与法官
的收入、荣誉、奖惩、升迁机会直接相关，因此各项效率指标实际上成
了法官工作的指挥棒，督促法官加速程序的运转。

4.1.2 举证时限制度的确立

在2002年4月开始施行的《最高人民法院关于民事诉讼证据的若干规
定》（以下简称《证据规定》）之前，基于《民事诉讼法》关于"当事
人在法庭上可以提出新的证据"之规定，民事司法实践中采用证据随时
提出主义，当事人的举证时间相当自由，不仅可以在起诉答辩时提供，
也可以在庭审前或者开庭审理时提供，还可以在二审甚至再审时提出新
的证据。同时，"调取新的证据"是法定的延期审理事由之一，"有新
的证据，足以推翻原判决、裁定"也是法院启动再审程序的法定事由。
这种状况"导致人民法院大量重复劳动，浪费了有限的审判资源……造
成诉讼拖延"，"当事人随时举证的情形导致人民法院大量案件难以在
审限内审结"，考虑到"当事人举证集中在某一阶段能促进纠纷的快捷

---

[1] 张军，最高人民法院研究室．人民法院案件质量评估体系理解与适用 [M]. 北京：
人民法院出版社，2011：359–372.

[2] 结案均衡度是评价各月结案量是否均衡的指标。该指标的产生是因为长期以来
法院为了追求高结案率，形成了在季末、年终突击结案的习惯，并且为了减少突击结案
的基数，有些法院采取年底不收案、变相不收案、要求当事人年底前撤诉等做法来实现
高结案率。结案均衡度指标的目的就是为了引导法院逐月均衡结案，避免年底不收案、
突击结案、年初不办案等情形。参见张军，最高人民法院研究室．人民法院案件质量评
估体系理解与适用 [M]. 北京：人民法院出版社，2011：180–186.

解决，降低法院重复开庭的成本，提高诉讼效率，尽快解决纠纷"[1]，最高人民法院的《证据规定》设立举证时限制度，并辅之以严厉的证据失权制度作为逾期举证的制裁[2]。同时，为了避免诉讼进行过程中当事人增加、变更诉讼请求或者提起反诉导致需要重新确定举证期限，《证据规定》还将当事人增加、变更诉讼请求或者提起反诉的时间限制从辩论终结前提前到举证期限届满前。这一规定实施多年，直到2015年《最高人民法院关于适用<中华人民共和国民事诉讼法>的解释》（下称《民事诉讼法解释》）颁布，才把原告增加诉讼请求和被告反诉的时间恢复至法庭辩论结束前[3]。

4.1.3 简易程序的扩大适用

我国《民事诉讼法》将简易程序定位为基层法院对"事实清楚、权利义务关系明确、争议不大的简单的民事案件"的适用程序，由独任法官进行审理。从我国《民事诉讼法》将"合议制"作为审判组织的基本形式[4]并且合议制适用于普通程序的规定来看，简易程序的适用应该是例外而不是普通情形。也有学者称当时立法者的意图是把适用简易程序

---

[1]　李国光.《最高人民法院关于民事诉讼证据的若干规定》的理解与适用[M].北京：中国法制出版社，2002：274-275.该书主编李国光时任最高人民法院副院长、审判委员会委员，因此这些话语应该能在一定程度上说明最高人民法院出台举证时限制度的原因和意图。

[2]　《证据规定》第34条规定：当事人应当在举证期限内向人民法院提交证据材料，当事人在举证期限内不提交的，视为放弃举证权利。对于当事人逾期提交的证据材料，人民法院审理时不组织质证，但对方当事人同意质证的除外。

[3]　《民事诉讼法解释》第232条规定：在案件受理后，法庭辩论结束前，原告增加诉讼请求，被告提出反诉，第三人提出与本案有关的诉讼请求，可以合并审理的，人民法院应当合并审理。

[4]　我国1991年制定的《民事诉讼法》第10条规定：人民法院审理民事案件，依照法律规定实行合议、回避、公开审判和两审终审制度。这条规定一直被视为关于我国基本审判制度的规定，合议制也被视为基本的审判组织形式。

审理的案件控制在20%左右[1]。但随着案件负担的加重，由独任法官进行审理的简易程序对法院而言有着无法抵抗的诱惑力。最高人民法院1999年10月发布的《人民法院五年改革纲要》提出要把扩大法院适用简易程序的范围作为人民法院改革的主要内容之一[2]。2003年颁布的《简易程序规定》第1条对"不适用简易程序"的情形作出列举式规定，更是把基层法院适用简易程序的情形从例外变成了原则。尽管最高人民法院并没有否定（也无权否定）《民事诉讼法》关于适用简易程序"事实清楚、权利义务关系明确、争议不大"的条件，但《简易程序规定》对该条件的刻意淡化、避而不谈以及要求地方各级法院扩大适用简易程序的范围已经足以让地方法院心照不宣地忽略《民事诉讼法》对简易程序适用条件的规定。2003年以来，全国法院适用简易程序审理案件的数量占全部一审民事案件的60%～70%（见表4-1、图4-1），俨然已经替代普通程序成了诉讼程序的主角。由于我国中级法院和高级法院都有一审管辖权并在实际上承担了部分一审民事案件[3]（可惜无法从公开的司法统计数据中得知各级法院审理一审民事案件的比例），但中级法院和高级法院都只能适用普通程序审理案件，因此基层法院适用简易程序率可能在80%以上。据媒体报道有记者从最高人民法院了解到，全国基层法院所审理的民事案件中适用简易程序的比例已达到80%至90%[4]。

---

[1]　汤维建，向泰．试论我国民事简易程序的改革与完善 [A]．江伟．中国民事审判改革研究 [C]．北京：中国政法大学出版社，2003：235．

[2]《人民法院五年改革纲要》第19条规定：在法律规定范围内，多适用简易程序审理案件。在条件成熟时，向立法机关提出修改刑事诉讼法和民事诉讼法的建议，扩大人民法院适用简易程序审理案件的范围。

[3] 尽管根据《民事诉讼法》的规定，最高人民法院也有民事案件一审管辖权，但是实践中最高人民法院几乎不审理一审民事案件。

[4] 袁定波．基层法院八成民事案件适用简易程序 [N]．法制日报，2012-11-02（001）．

表 4-1 简易程序适用率（2003—2016年）[1]

年度	2003年	2004年	2006年	2009年	2010年	2011年	2012年	2016年
简易程序适用率	65.5%	63.6%	71.3%	64.8%	66.9%	70.1%	71.9%	66.7%

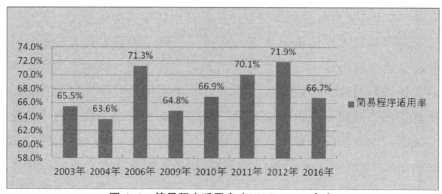

图 4-1 简易程序适用率（2003—2016年）

4.1.4 强化调解减轻诉讼压力

与西方国家在诉讼案件迅速增长、诉讼迟延问题日益突出的时候才探索发展包括调解在内的ADR机制不同，我国早在诉讼案件数量很少的情况下就非常重视人民调解作为民事纠纷解决机制的作用。在20世纪80年代初期，民间调解的案件数量是法院一审民事案件数量的10倍之多。但在此后的20年间，随着经济发展与社会结构的改变，加上政策风向上对"法治"的过度推崇，法院受理的民事案件数量不断增长，民间调解的案件数量却在总体上呈下降趋势。在这一升一降之间，至20、21

---

[1] 数据来源及相关说明：2003、2004、2006、2016 年的数据来源于 2004、2005、2007、2017 年的《最高人民法院工作报告》，其中 2003 年的适用率是根据 2004 年《最高人民法院工作报告》中"全国法院全年适用民事简易程序速裁速决案件 288.8 万件"的表述并根据 2003 年《全国法院司法统计公报》中全年审结一审民事案件总数 4416168 件折算而得出。2009、2011、2012 年的数据分别来自最高人民法院公布的《人民法院工作年度报告》（2009 年）、（2011 年）、（2012 年）。2010 年的数据根据《人民法院工作年度报告》（2011 年）中称"一审简易程序适用率比上年度上升 3.29 个百分点"计算得出。笔者在官方公开的数据中无法获取 2007—2008 年、2013—2015 年的简易程序适用率。

世纪之交时，民间调解的案件数量和法院受理的一审民事案件数量基本持平。民间调解受到冷落显然还与调解协议的效力问题有莫大的关系。在2002年之前，当事人达成的调解协议不仅没有可获得强制执行力的途径，该协议连一般民事合同的效力都没有。达成协议后一方反悔另一方起诉到法院的，法院不考虑调解协议，而只就"元纠纷"进行审理。2002年9月最高人民法院发布《关于审理涉及人民调解协议的民事案件的若干规定》，明确规定了由双方当事人签字或者盖章的调解协议具有民事合同性质，人民法院可受理关于调解协议效力问题争议的案件。此后，民间调解案件的数量基本上停止了下降的趋势，此后直至2008年，民间调解案件的数量走势都较为平稳。人民调解的真正复兴是在2009年之后，当时法院系统已经开始出现"案多人少"的压力：民事一审案件数量在1999年首次超过500万之后，至2006年一直处于数量持续走低的趋势，而2007年增长趋势开始抬头，且增幅很大，至2008年法院收案达540万，2009年达580万。为更好地发挥人民调解分流纠纷的作用，2009年7月，最高人民法院发布《关于建立健全诉讼与非诉讼相衔接的矛盾纠纷解决机制的若干意见》，该意见指出，经民间调解达成的协议，可通过公证、申请支付令和申请法院司法确认三种方式获得强制执行力。2010年8月颁布的《中华人民共和国人民调解法》第33条从法律层面规定了对人民调解协议申请法院进行司法确认的诉调衔接机制。为配合这一规定的实施，最高人民法院于2011年3月颁发《关于人民调解协议司法确认程序的若干规定》对人民调解协议的司法确认程序作了详细的规定。2012年《民事诉讼法》的修改又在特别程序中专门增加"确认调解协议案件"一节，在法律层面上明确了该类案件的程序。而在立法和司法解释对人民调解协议效力予以强化的这个阶段，我们可从表4-2、图4-2中看到，2009年—2012年民间调解纠纷数量大幅上扬，10余年来一直保持与一审民事案件数量大致相同的走势之后，在法院一审民事案件同样快速增长的情况下，于2010—2012年连续3年调解纠纷数量是法院受理一审民事案件数量的1.3～1.4倍。不过，2012年以后调解纠纷数量基本稳定，而法院一审民事案件则反而增长更为迅速，至2016年，调解纠纷数量是法院受理一审民事案件数量的0.8倍。

表4-2　民间调解纠纷数量与法院一审民事案件数量（1981年—2016年）[1]

年份	民间调解纠纷数量（万件）	一审民事案件数量（万件）	调解：一审民事（倍）	年份	民间调解纠纷数量（万件）	一审民事案件数量（万件）	调解：一审民事（倍）
1981年	780.5	67.4	11.6	1999年	518.9	505.5	1.0
1982年	816.6	77.9	10.5	2000年	503.1	471.0	1.1
1983年	647.7	80.0	8.1	2001年	486.1	461.5	1.1
1984年	674.9	92.3	7.3	2002年	463.6	442.0	1.0
1985年	633.3	107.2	5.9	2003年	449.2	441.0	1.0
1986年	730.7	13.1	55.7	2004年	441.4	433.3	1.0
1987年	696.6	158.0	4.4	2005年	448.7	438.0	1.0
1988年	725.5	196.9	3.7	2006年	462.8	438.6	1.1
1989年	734.1	251.1	2.9	2007年	480.0	472.4	1.0
1990年	740.9	244.4	3.0	2008年	498.1	541.3	0.9
1991年	712.6	244.4	2.9	2009年	579.7	580.0	1.0
1992年	617.3	260.1	2.4	2010年	841.8	609.1	1.4
1993年	622.3	298.4	2.1	2011年	893.5	661.4	1.4
1994年	612.4	343.7	1.8	2012年	926.6	731.6	1.3
1995年	602.8	399.7	1.5	2013年	943.9	778.2	1.2
1996年	580.2	461.4	1.3	2014年	933.0	830.7	1.1
1997年	554.3	476.1	1.2	2015年	933.1	1009.8	0.9
1998年	526.7	483.0	1.1	2016年	901.9	1076.2	0.8

---

　　[1]　数据说明：（1）1981年—2016年的全国法院一审民事案件收案数据来源于《中国统计年鉴》（2017），"人民法院审理一审案件情况"，北京：中国统计出版社，2017.（2），1986年—2012年的民间调解纠纷数量来自1987—2017年度的《中国法律年鉴》，1981—1985年的民间调解纠纷数量来自朱景文.中国法律发展报告：数据库和指标体系[M].北京：中国人民大学出版社，2007：20.

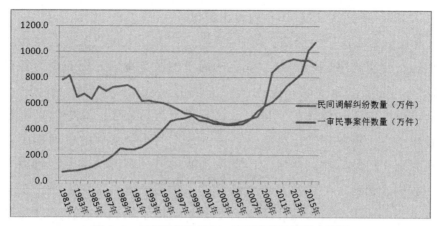

图4-2 民间调解数量与一审民事案件数量走势图

4.1.5 民诉法修改采取的迅速化措施

对于2012年《民事诉讼法》的修订，立法者曾在修正案草案说明中表示要把握"进一步保障当事人的诉讼权利，维护司法公正""科学配置司法资源，提高诉讼效率""强化监督、保障法律的正确实施"等几个原则[1]，但正如学者指出的，此次修订的重点实际落在"诉讼经济与简化、程序多元化与现代化"的目标上[2]。以下几个方面的修订可以明显表达出立法者对于迅速审判的诉求。

4.1.5.1 小额诉讼的确立

在2012年《民事诉讼法》修订之前，最高人民法院已于2011年3月17日印发《关于部分基层人民法院开展小额速裁试点工作的指导意见》（下称《小额速裁指导意见》），选择部分基层人民法院开展小额诉讼案件的试点工作。该试点针对的案件范围是"法律关系单一，事实清楚，争议标的金额不足1万元的给付之诉的案件"。《小额速裁指导意见》要求小额速裁的使用需要征得当事人的同意，适用该程序审理案件的，答辩期、举证期不得超过7日，审理期限不超过1个月，当事人不得

---

[1] 民事诉讼法修正案（草案）条文及草案说明 [EB/OL]. 参见中国人大网，http://www.npc.gov.cn/npc/xinwen/syxw/ 2011–10/29/content_1678367. htm，2018-4-22.

[2] 周翠. 全球化背景中现代民事诉讼法改革的方向与路径[J]. 华东政法大学学报，2012，04：94–101.

上诉，但可在判决送达后10日内提出异议。

修订后的《民事诉讼法》第162条规定"基层人民法院和它派出的法庭审理符合本法第157条第1款规定的简单的民事案件，标的额为各省、自治区、直辖市上年度就业人员年平均工资30%以下的，实行一审终审"。由于在立法体例的安排上，该条置于简易程序一章中加以规定，并且除了"一审终审"之外，立法者并没有为小额案件的审理程序设定任何有别于简易程序的规定，因此认为我国《民事诉讼法》已经确立了"小额诉讼程序"的说法是不太精确的。但《民事诉讼法》修正案通过之后，不少地方高级法院相继出台了关于适用小额诉讼程序审理民事案件的意见或操作指引[1]，从而在司法实践的层面上形成了真正有别于简易程序的小额诉讼程序。尽管各地对于小额诉讼程序的具体规定有所不同，但大多延续了最高人民法院《小额速裁指导意见》对于答辩期、举证期和审理期限的规定，即答辩期、举证期不超过7日，而审理期限"原则上不超过1个月"。由此可见小额诉讼程序对于快捷性的要求。不过，2015年的《民事诉讼法解释》虽然对小额诉讼的答辩期、举证期作了有别于一般简易程序的规定，却没有缩短小额诉讼的审理期限，其原因可能是考虑到小额诉讼的适用率不高，缩短其审理期限会进一步增加法官适用小额诉讼的顾虑。

4.1.5.2 意图激活督促程序

我国1991年制定《民事诉讼法》时仿效德国引入了督促程序，但督促程序在我国司法实践中并未能像在德国那样发挥巨大的作用。德国2000—2009年间每年审结的一审民事案件（不含劳动案件和家事案件）的数量不足200万件，但每年受理的督促案件数量却达700万件以上，并

---

[1] 如广东省高级人民法院于2012年12月24日发布《关于适用小额诉讼程序审理民事案件的操作指引》、北京市高级人民法院于2012年12月26日发布《关于适用小额诉讼程序审理民事案件若干问题的意见（试行）》、天津市高级人民法院于2012年12月31日发布《关于适用小额诉讼程序审理民事案件相关问题的实施意见（试行）》、浙江省高级人民法院于2013年1月6日发布《关于适用小额诉讼程序审理民事案件相关问题的意见》、河南省高级人民法院于2013年12月20日发布《关于适用小额诉讼程序审理民事案件若干问题的指导意见》等。

且其中约90%的督促案件不需进入诉讼程序就已终结[1]。近几年来，德国受理的民商事案件和督促程序的案件数量均有所下降，普通法院每年审结150万件民商事案件，而处理的督促程序却达600万件左右[2]。可见每年因督促程序而过滤掉的民事案件是实际进入诉讼程序的一审民事案件的三四倍之多。但我国的督促程序仅在1991年《民事诉讼法》颁布的最初几年发挥过一定的过滤案件作用，如1992年全国法院审结一审民事案件250万件，而适用督促程序审结的案件数量有32万左右，是一审案件总数的12%左右。但其后随着民事案件数量的逐年增加，适用督促程序审结的案件却逐年减少，到了2007年时，适用督促程序审结的案件还不到当年审结的一审民事案件数量的2%（见表4-3，图4-3）。由于2008—2016年相关的统计数据没有公布适用督促程序审结的案件数量，因此这几年的督促程序适用情况没有权威的数据支持。不过笔者有理由相信2008年之后督促程序案件的数量已经萎缩到"微不足道"的程度以至于官方数据选择了不再单独统计的态度。因为2007年的《诉讼费用交纳办法》将督促程序的收费标准从100元调整为财产案件受理费标准的1/3，大大提高了标的额2万元以上督促程序案件的申请费[3]。如果再考虑到

---

[1]　周翠. 电子督促程序：价值取向与制度设计 [J]. 华东政法大学学报，2011，02：67-82.

[2]　周翠. 德国司法的电子应用方式改革 [J]. 环球法律评论，2016，38（01）：98-114.

[3]　《最高人民法院关于适用＜中华人民共和国民事诉讼法＞若干问题的意见》（1992年）第132条规定：依照民事诉讼法第191条的规定向人民法院申请支付令的，每件交纳申请费100元。督促程序因债务人异议而终结的，申请费由申请人负担；债务人未提出异议的，申请费由债务人负担。按照这条规定，不论申请支付令的金额大小，申请人都只需要交纳100元的申请费，即使债务人提出异议，申请人的损失也只是100元。但《诉讼费用交纳办法》第14条规定"依法申请支付令的，比照财产案件受理费标准的1/3交纳"，这样一来，当事人申请2万元以下的支付令时，其申请费用可低于100元，但申请2万元以上的支付令，费用可能大大提高。假设当事人申请金额为100万元的支付令，按照财产受理费标准的1/3计算则高达4600元，并且只要债务人提出异议该费用就需要由申请人承担。

《诉讼费用交纳办法》同时还规定了简易程序的诉讼费用减半收取以及简易程序在基层法院的适用比例高达80%的因素，督促程序在降低当事人成本方面不仅不具有明显的优势，反而可能会因为债务人提出异议而增加了债权人的成本。2017年的司法统计数据公布了督促程序的数量，数据显示适用督促程序审结的案件占当年审结的一审民事案件数量的比例确实进一步降低了，仅为0.4%。

表4-3 督促程序、一审民事案件数量（1991年—2007年，2017年）[1]

年度	督促案件数量（件）	一审民事数量（件）	督促占一审民事百分比	年度	督促案件数量（件）	一审民事数量（件）	督促占一审民事百分比
1991年	21,948	2,497,161	0.88%	2000年	276,321	4,716,324	5.86%
1992年	318,308	2,596,967	12.26%	2001年	231,687	4,616,472	5.02%
1993年	337,453	2,975,332	11.34%	2002年	179,177	4,393,306	4.08%
1994年	318,545	3,427,614	9.29%	2003年	181,655	4,416,168	4.11%
1995年	329,155	3,986,099	8.26%	2004年	150,790	4,303,744	3.50%
1996年	351,240	4,588,958	7.65%	2005年	127,461	4,360,184	2.92%
1997年	290,668	4,720,341	6.16%	2006年	95,111	4,382,407	2.17%
1998年	266,000	4,816,275	5.52%	2007年	88,292	4,682,737	1.89%
1999年	296,360	5,060,611	5.86%	2017年	45,904	11,651,363	0.4%

---

[1] 数据说明：各年度的数据均来自《中国法律年鉴》（1992年—2008年）的"审判工作"部分。由于民事案件在2002年以后才统一统计，故1992—2001年的督促程序数量是由"民事审判工作"和"经济审判工作"统计中分别公布的督促程序数量相加而成，一审民事案件审结数量也是由"民事审判工作"和"经济审判工作"部分的数据相加而成。此外，笔者本来更倾向于比较督促程序和一审民事案件的收案数量，但由于《中国法律年鉴》自2002年之后只公布督促程序的审结案件数量，没有公布收案数量，故只能统一采用结案数量比较。

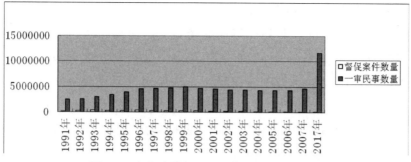

图4-3 督促案件与一审民事案件数量比较图

对于督促程序未能发挥应有作用的原因，学界一般认为主要是由异议审查制度以及与诉讼衔接制度的设置不合理引起。按照修订前的法律安排，法院对债务人提出的异议不作审查，因此债务人可以轻而易举地通过提出异议使支付令失效。同时由于支付令失效后与诉讼程序没有衔接，督促程序阶段使用的材料不会被转移到诉讼程序中使用，故债务人可以无所顾忌地提出异议，而不必担心督促程序阶段提出的异议理由无任何依据而在诉讼阶段给法官留下不诚实的印象。山东省定陶县人民法院的法官李丰安对其所在法院2005年1月—2009年10月适用督促程序案件的档案进行了查阅，发现该院这几年督促程序的异议率分别为31.67%，38.96%，48.65%，57.14%，50%[1]。如此之高的异议率无疑是督促程序的适用日渐式微的重要原因之一。此外，由于普遍存在的"执行难"问题，督促程序中不能进行财产保全也是当事人拒绝采用督促程序的重要原因[2]。

为了"激活"督促程序，鼓励当事人更多地运用督促程序解决纠纷，2012年《民事诉讼法》修订时针对上述问题对督促程序进行了两个主要的修改：一是异议审查制度的改变，债务人提出异议的，法院需要对异议进行审查，认为异议成立的，才会裁定终结督促程序；二是督促

---

[1] 李丰安. 督促程序的破灭与再生：以支付令异议审查制度的完善为视角 [J]. 山东大学法律评论，2012，00：125-134.

[2] 2001年施行的《最高人民法院关于适用督促程序若干问题的规定》第5条规定债权人申请支付令之前已向人民法院申请诉前保全，或者申请支付令同时又要求诉前保全的，法院应当裁定驳回支付令申请。

程序与诉讼程序衔接制度的改变，支付令失效后直接转入普通程序，申请人不需要另行起诉。此外，可能是考虑到部分当事人因不了解督促程序而将没有实质争议的案件以提起诉讼的方式提交法院解决，该次修法还新增诉讼程序向督促程序转化机制，法院对已经受理的案件，经审查当事人没有争议，可以适用督促程序的，转入督促程序。不过，2012年《民事诉讼法》的修改以及其后的《民事诉讼法解释》都没有改变督促程序不能进行财产保全的规定[1]。

4.1.5.3 增设实现担保物权程序

担保物权的实现是担保物权最重要的内容。对于担保物权的实现方式，我国最早是在1995年的《中华人民共和国担保法》第53条第1款就抵押权的实现作出规定，"债务履行期届满抵押权人未受清偿的，可以与抵押人协议以抵押物折价或者以拍卖、变卖该抵押物所得的价款受偿；协议不成的，抵押权人可以向人民法院提起诉讼。"按此规则，即使双方对于抵押权的效力和债务履行问题都不存在争议，而只是就实现担保物权的具体方式无法协商达成一致意见的情况下，抵押权人都只能通过向法院提起诉讼的方式来实现抵押权，而不能直接申请拍卖、变卖担保财产。这种做法无疑增加了当事人实现担保物权的成本，也有浪费司法资源之嫌。2007年的《中华人民共和国物权法》改变了这种规定，该法第195条第2款规定，抵押权人与抵押人未就抵押权实现方式达成协议的，抵押权人可以请求人民法院拍卖、变卖抵押财产。这一规定有利于抵押权人以快捷和低廉的方式实现担保物权，但由于民事诉讼法没有针对该项请求作出规定，无论是普通程序还是特别程序都难以满足请求权人的这一需要[2]。这次民事诉讼法的修改在特别程序一章增加了实现担保物权程序，就是对物权法的规定予以程序性回应。明确规定请求权人可使用非讼方式实现担保物权，就可以将对于债务履行和担保物权效力没有实质性争议的案件从诉讼程序中分流出去，从而减轻法院的诉讼

---

[1] 2015年的《民事诉讼法解释》第429条把债权人未向法院申请诉前保全作为法院受理支付令申请的条件之一。

[2] 金殿军. 请求法院拍卖、变卖担保财产的法律问题[J]. 法学，2010，01：133－141.

案件负担。

4.1.5.4 远程作证方式、电子送达方式的立法确认

现代信息技术的飞速发展在很大程度上改变了人类传统的生活方式，也对民事诉讼领域产生了一定的影响。进入21世纪以来，为了节省诉讼成本和加速诉讼进程，各地法院在司法实践中探索将现代电子科学技术运用到民事诉讼的各个环节中，出现了网上起诉、远程立案、远程庭审、远程作证、诉讼文书网络送达等电子时代所特有的诉讼活动形式[1]。对于其中的远程作证和电子送达方式，最高人民法院已以司法解释的形式予以肯定。2001年的《证据规定》第56条即规定，证人因年迈体弱或者行动不便、特殊岗位确实无法离开、路途遥远交通不便，因自然灾害等不可抗力等原因无法出庭的，经法院许可，证人可以通过视听资料或者通过双向视听传输技术手段作证。电子送达方面则在简易程序和域外送达领域已适用多年。2003年的《简易程序规定》第6条规定人民法院可以采取捎口信、电话、传真、电子邮件等简便方式随时传唤双方当事人、证人。而2006年《最高人民法院关于涉外民事或商事案件司法文书送达问题若干规定》第10条也规定人民法院可以通过传真、电子邮件等能够确认收悉的其他适当方式向受送达人送达。2012年《民事诉讼法》的修改将证人远程作证和电子送达这两种已在实践中运用比较成熟且已被司法解释认可的电子技术运用在法律层面立法确认，当然也可视为是当局推进审判迅速化的一个努力。

4.2 我国审判迅速化的效果

如果仅仅从审理速度来评价我国审判迅速化的实践，应该说还是有一定的效果的。尽管官方的统计数据并不曾公布我国民事案件的平均审理时间，但从以下几个方面也能推断出我国应该不存在诉讼迟延问题。

4.2.1 审限内结案率高

按照我国《民事诉讼法》的规定，民事案件一审适用普通程序案件的审理期限为6个月，适用简易程序案件的审理期限为3个月，二审程序

---

[1]　刘敏.电子时代中国民事诉讼的变革 [J]. 人民司法，2011，05：70–74.

的审理期限为3个月。其中一审普通程序案件和二审案件的审理期限经批准可以延长，一审简易程序案件的审理期限不能延长，但可以转为普通程序继续审理。2015年《民事诉讼法解释》改变了简易程序审理期限不能延长的做法，规定在双方当事人同意继续适用简易程序的情况下，经批准可以延长至6个月。上述关于我国民事审判迅速化的首要措施——"审限制度强化"的结果，换来了我国法院民事案件审限内结案率的持续走高。最高人民法院从2004年开始在《最高人民法院公报》上公布的各类案件审限内结案率，除了2004年是97%[1]以外，2005—2015年都在98%以上，其中一审案件的审限内结案率比二审案件稍高，并且民事案件的审限内结案率又比所有案件的平均审限内结案率要高。具体数据参见表4-4，图4-4。

表4-4　各类案件审限内结案率（2004—2015年）[2]

年度	审限内结案率（不含经批准延长审限的案件）			
	各类案件	一审案件	二审案件	民事案件
2004年	97.00%	97.28%	94.44%	97.16%
2005年	98.93%	99.30%	95.68%	99.16%
2006年	98.86%	98.18%	96.02%	99.10%
2007年	98.80%	99.14%	95.62%	99.06%
2008年	98.41%	98.80%	95.38%	98.68%
2009年	98.50%	98.97%	94.97%	98.80%
2010年	98.51%	98.96%	95.41%	98.85%
2011年	99.01%	99.26%	97.19%	99.27%
2012年	99.20%	99.34%	98.23%	99.47%
2013年	99.38%	99.50%	99.48%	99.52%
2014年	99.26%	99.41%	98.15%	99.37%
2015年	98.91%	99.11%	97.42%	99.03%

---

[1]　需要说明的是，2004年的统计注明是"不含经审批延长审限和有法定事由扣除审限的案件"，即有法定事由延长审限，但审结时间超过法定审限时间的，不被视为审限内结案。而2005年—2015年的统计注明是"不含经审批延长审限的案件"，这说明有法定事由扣除审限的案件被视为审限内结案。这个统计标准差异可能是造成2004年的审限内结案率比2005年以后各年度低的主要原因。

[2]　数据来源于2005年—2016年的《最高人民法院公报》中的《全国法院司法统计公报》。

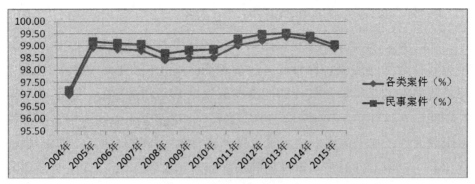

图4-4　各类案件审限内结案率（2004年—2015年）

　　不过，审限内结案率高并不意味着案件一定就是在法定的6个月或者3个月内结案。因为根据最高人民法院的司法解释确定的审限计算方法，案件立案后诉讼过程中有很多环节并不计算在审限之内。如2000年的《审限规定》第9条规定因调取证据需要延期审理1个月之内的期间，公告、鉴定的期间，管辖权异议和管辖权争议期间，审计评估期间，终止诉讼期间都不计入审理期限。《最高人民法院关于人民法院民事调解工作若干问题的规定》（2004年公布，2008年修订）第4、6条也规定，双方当事人申请庭外和解的期间、延长的调解期间[1]都不计入审限。对此，王福华教授指出审限长短与案件的实际审理周期相差甚远，其在调查中发现即使有些诉讼周期超过360天甚至更长的案件也属于未超审限的案件[2]。因此，仅仅用"审限内结案率"一个指标，并不能肯定地得出我国民事案件审判速度快的结论。想要更准确地判断民事案件的审判速度，我们还需要参考另外两个参数，那就是结案/收案比以及未结案/收案比。

---

　　[1]　所谓"延长调解的期限"，是指适用普通程序的案件在当事人同意调解之日起15天内，适用简易程序的案件在当事人同意调解之日起7天内未达成调解协议后，经各方当事人同意继续调解的期限。

　　[2]　王福华，融天明. 民事诉讼审限制度的存与废 [J]. 法律科学（西北政法学院学报），2007，04：95-103.

4.2.2　结案/收案比均衡，未结/收案比低

所谓结案/收案比是每年审结的一审民事案件数量和每年新收的一审民事案件数量的比值，如果二者数量相当，即比值在1（100%）左右，那就说明法院每年消化案件的能力与收案数量是相适应的，不会产生新的积案。在这种结案/收案比均衡的情况下，法院每年年终未结案件与每年新收案件的比例能在一定程度上说明案件的平均审理速度，即未结/收案比高，说明案件的平均审理期间长，而未结/收案比低，就说明案件的平均审理期间短。这其中的数学逻辑很简单：在没有积案的前提下，假设法院每年新收案件120件，平均每月收10件，如果每个案件的平均审理期间都是1年，那么在年终统计时这120件案件中的绝大部分应该尚未审结（因为当年1月受理的案件到次年1月才届满1年，到当年年终时所有案件都未届满一年），即未结/收案比应该在1（100%）左右；如果每个案件的平均审理期间是6个月，那么至年终统计时，当年1—6月受理的60件案件应该已经审结，而7月受理的案件到次年1月才届满6个月，因此7—12月受理的60件案件尚未审结，则未结/收案比应该在50%左右；如此类推，如果每个案件的平均审理期间是3个月，那么年终统计时9—12月受理的30件案件尚未审结，则未结/收案比应该在25%左右。因此，在满足3个假定条件的情况下，我们能得到一个关于平均审理期间与未结/收案比的公式。这3个假定条件是：第一，法院每年消化案件的能力约等于每年新收案件的数量；第二，法院每个月受理的案件数量都是相同的；第三，法院对于每个案件都是刚好在届满平均审理期间时审结。那么我们可得到一个公式：

$$R = S/12个月，或者 S = 12个月 \times R$$

$$（S = 平均审理期间，R = 未结/收案比）$$

接下来看看我国一审民事案件近十年来的结案/收案比和未结/收案比数据。

表 4-5 一审民事结案/收案比、未结/收案比（2003—2017年）[1]

年度	一审民事收案	一审民事结案	结案/收案比	年底未结案	未结/收案比
2003年	4,410,236	4,416,168	100.1%	285,494	6.5%
2004年	4,332,727	4,303,744	99.3%	314,405	7.3%
2005年	4,380,095	4,360,184	99.5%	334,344	7.6%
2006年	4,385,732	4,382,407	99.9%	337,734	7.7%
2007年	4,724,440	4,682,737	99.1%	381,273	8.1%
2008年	5,412,591	5,381,185	99.4%	412,382	7.6%
2009年	5,800,144	5,797,160	99.9%	449,114	7.7%
2010年	6,090,622	6,112,695	100.4%	393,255	6.5%
2011年	6,614,049	6,558,621	99.2%	448,587	6.8%
2012年	7,316,463	7,206,331	98.5%	558,721	7.6%
2013年	7,781,972	7,510,584	96.5%	830,528	10.7%
2014年	8,307,450	8,010,342	96.4%	1,128,448	13.6%
2015年	10,097,804	9,575,152	94.8%	1,637,459	16.2%
2016年	10,762,124	10,763,889	100.0%	——	——
2017年	11,373,753	11,651,363	102.4%	1,373,696	12.1%

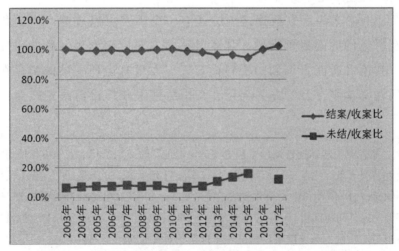

图 4-5 一审民事收案/结案比、未结/收案比（2003—2017年）

---

[1] 数据来源于 2003—2018 年的《最高人民法院公报》中的《全国法院司法统计公报》。因 2016 年的司法统计公报中未公布年底未结案件，因此不能计算 2016 年的未结／收案比。

由上可见，在2003—2011年，法院每年的结案/收案比都在99%以上，这意味着法院每年消化案件的能力大体相当于每年新收案件的数量，即结案/收案比是比较均衡的，2012年开始略有降低，至2015年跌至最低点94.8%，但2016年、2017年又反弹至100%以上。同时，法院的未结/收案比相当低，2012年之前都只有7%左右。2013—2015年稍高，最高是2015年的16.2%。代入上述公式，计算出来的平均审理周期2012年之前不足一个月，而2013—2015年则是1～2个月。然而这与我们对法院实际审理期间的感觉不符（尽管没有数据支持，也尽管可能有部分案件确实是在不到1～2个月的时间内审结，但如果说法院所有一审案件的平均审理周期在1～2个月，还是令人难以置信的）。这说明更大的可能是我国法院的案件审理状况并不符合上述公式的后2个假设条件，即法院每月收案的均衡和结案时间的统一（下文会对这个问题进行分析）。不过，虽然通过上述数据和逻辑推导出来的我国法院的平均审理时间"快得令人难以置信"，但最起码也能在一定程度上说明我国法院审理一审民事案件的速度是不算慢的。

除了上述这些官方数据之外，还有一个事实可以从侧面说明我国并不存在严重的诉讼迟延问题，那就是法学界对诉讼迟延问题的研究极为罕见。就笔者所能查询到的资料而言，未发现有论证我国的确存在诉讼迟延问题的文献[1]。在法学研究已经相对繁荣并且对司法实践保持足够

---

[1]　笔者在中国知网查询标题包含"诉讼迟延"的文献，其他条件不作任何限制，返回查询结果6条，剔除2篇相同的文献，实际只有4篇，分别是：叶自强.民事诉讼迟延问题探讨[J].法律科学（西北政法学院学报），1995，06：78-85；张仁善.国民政府时期诉讼迟延问题剖析[J].法律文化研究，2005，00：214-230；百晓锋.诉讼迟延、案件管理与对抗制：英美民事诉讼案件管理运动对传统对抗制的影响[J].民事程序法研究，2010，00：325-341；陶建国.德国诉讼迟延国家赔偿法制研究[J].云南大学学报（法学版），2016，29（02）：92-98.其中张仁善、百晓峰文均未提及我国是否存在诉讼迟延问题，叶自强和陶建国文虽然提及我国存在诉讼迟延问题，但叶文是将诉讼迟延视为一个当然存在的问题，并未给出该观点的论据，即据何以认为我国存在诉讼迟延问题；而陶文只是引用最高人民法院的工作报告指出我国存在诉讼拖延现象，并未认为这是一个普遍性的问题。

关注的今天，无人关注的现状最起码能间接地说明诉讼迟延并不是我国司法的顽疾。

4.3 我国审判迅速化的非合理性

上述这些司法统计数据让最高人民法院得以在每年的全国人民代表大会上交出一份份漂亮的成绩单，但在这"成绩斐然"的背后，却隐藏着种种问题与猫腻。上文所列举的审判迅速化的多种措施，包括审限制度、举证时限制度、简易程序扩大化适用等措施，长期以来都受到学界的诟病，这些都预示着我国在审判迅速化过程中，可能存在着一定的盲目性。

4.3.1 审判权失范

审判权失范是指法官在诉讼过程中，逃避和背离法律程序自律而产生的审判权无序和滥用的权力异化状态[1]。在中国法院行政化管理的大背景下，法院系统向来习惯于采用各种数字化的指标对法官业绩进行考核，由此实现对法官以及对审判业务的管理。为推动审判迅速化，最高法院首先从审限制度的强化开始，并逐渐制定越来越复杂烦琐的效率考评指标，用于对下级法院和法官业绩进行考核，并将考评结果作为法院争先创优排名的标准，作为确定法官的年终考核等级、奖金、评优授奖以及职务升迁的重要依据。在这种机制之下，作为具有"趋利避害"理性的法院领导和法官，为了最大化自己的效用函数，不得不想方设法通过各种手段使各种考评指标所指向的各种"率"在数字上满足上级法院或者领导的要求，由此造成了各种审判行为的扭曲。

4.3.1.1 结案率考核造成的审判权失范

所谓结案率，是指在一定的统计期间内，结案件数占所有受理案件数的比例。这与上文提到的结案/收案比有差别。结案/收案比针对的"收案"是统计期间内新收案件，而结案率针对的"所有受理案件数"除了

---

[1] 肖建华.回归真实：民事诉讼法的真谛：对《关于民事诉讼证据的若干规定》的批判 [J]. 河南省政法管理干部学院学报，2006，01：107-114.

本统计期间内新收的案件外，还包括上一统计期末尚未审结而需要在下一个统计期间内继续审理的案件。"以结案率作为法院年终考核的硬性指标的传统由来已久，最高人民法院在每年的人大报告中援引结案率来说明一年的工作情况"[1]，然而在结案率作为一种"考核"指标的情况下，为了提高结案率，"年底不收案""年底突击结案"几乎成了所有法院心照不宣的手段。

首先是"年底不收案"，年底所收的案件按照正常的审判程序肯定无法在本统计周期内审理终结，那就必然造成了未结案件的增多，拉低结案率，于是干脆不收案。也有的法院更"聪明"些，将年底立的案件编上次年的案号编号，可以达到既不影响当事人行使诉权也不影响本年度结案率的"两全其美"的效果。

其次是"年底突击结案"，长期以来，经济相对发达地区案件负担相对较重的法院，每年最后一个季度都是法官最忙的时候，"白加黑""五加二"等词就是对这一时期法官加班状态的形象描述。年底突击结案不仅严重影响了法官的身心健康，还容易造成草率结案，损害当事人的权益。同时，年底突击结案很可能会导致次年年初无案可办，身心疲惫的法官们也借此机会休整调养，待到第一季度末再次发力冲击季度结案率。长此以往，形成恶性循环。

其实，上文所提到的未结/收案比异乎寻常的低就是直接由此造成的结果。"年底不收案"使得新收案件数量减少，而"年底突击结案"使得已结案件数量增加而未结案件数量减少，不仅提高了结案率，也大大降低了未结/收案比。由于"年底不收案"影响了法院每月收案的均衡度，而"年底突击结案"影响了法院审理案件的平均速度，因此造成了上述关于平均审结期间公式适用前提不具备，即未结/收案比不能正确反映平均审结期间。

最高人民法院显然意识到了"结案率"考核带来的这种负面效果，于是2011年修订的《案件质量评估意见》中取消了"结案率"的考核，

---

[1] 张军，最高人民法院研究室. 人民法院案件质量评估体系理解与适用 [M]. 北京：人民法院出版社，2011：163.

代之以"法定（正常）审限内结案率"的指标，同时，为了避免年底不收案和突击办案现象，最高人民法院创设了"结案均衡度"这个指标，目的就是在于引导月度结案的均衡。在2011年1月召开的最高人民法院党组会上，王胜俊院长还特别强调要以均衡结案促进司法公正高效[1]。

但这种以一个新的考评指标来抑制旧指标负面效应的做法在司法实践中又产生了新的问题。在笔者对一些基层法官的访谈中，不少法官表示结案均衡度指标给他们的工作带来了很多麻烦，明明有些案件已经可以结案了，但由于当月结案数量较多，如果把全部可结案的案件都结案，可能会导致下月结案数量不足的问题，从而导致结案均衡度达不到要求，于是不得不把部分案件刻意拖到以后再结案。

4.3.1.2　审限内结案率考核造成的审判权失范

尽管"法定（正常）审限内结案率"是在2011年最高人民法院修订《案件质量评估意见》时才替代"结案率"成为案件质量评估体系的效率指标之一（也是权数最高的效率指标）[2]，但正如前文所指出的，早在2000年法院系统已大力强化严格执行审限制度，并建立审限警示、催办和通报制度，对超审限案件实行责任到人，限期结案[3]。同时，"法定（正常）审限内结案率"指标排除了因向上级法院请示等申请批准延长的审限，因而比单纯的"审限内结案率"更严格，因为经批准延长审限的案件虽然不算"超审限"，但也不能计入"法定（正常）审限内结案"的数量。并且，最高人民法院对于每年98%以上的审限内结案率显

----

[1]　张军，最高人民法院研究室.人民法院案件质量评估体系理解与适用[M].北京：人民法院出版社，2011.148-151，179-181.

[2]　在《人民法院案件质量评估指标体系》的10个效率指标中，法定（正常）审限内结案率的权重最高，为15%；其次是结案均衡度，为12%；法院年人均结案数和法官年人均结案数两个指标并列第三，都是11%；第四是一审简易程序适用率，权数为10%；接下来是法定期限内立案率、平均审理时间指数、平均执行时间指数、延长审限未结比的权数都是9%；最低权数的指标是当庭裁判率，为5%。参见张军，最高人民法院研究室.人民法院案件质量评估体系理解与适用[M].北京：人民法院出版社，2011.367-369.

[3]　见肖扬于2001年3月10日在第九届全国人民代表大会第四次会议上所作的《最高人民法院工作报告》。

然还不满意，其理想目标是100%的案件在审限内审结[1]。在如此严格的考核要求下，充满"智慧"的法官们利用各种手段使一些原本可能超审限的案件通过技术处理变成审限内结案的案件。这些手段包括：

1. 简易程序转为普通程序

在2015年《民事诉讼法解释》对简易程序审限不能延长的刚性规定作出改变之前，将简易程序转为普通程序是规避审限规定最常见的做法。由于高层对简易程序扩大适用的要求正好迎合了基层法院节约审判力量的需要，因而在案件负担相对较重的基层法院一般都偏好使用简易程序。但简易程序有一个最不受法官欢迎的规定就是简易程序的审限短，只有3个月，而且该审限在《民事诉讼法解释》施行前是不能延长的。"幸而"最高法院的司法解释提供了一个"变相延长"的方式：简易程序可以转为普通程序，转换后按照普通程序的审限，法官最少可以多获得3个月的审理时间。尽管最高人民法院的《简易程序规定》第26条规定了简易程序转为普通程序的条件是"案情复杂"，但这是一个抽象的标准，并不能对程序转换构成实际性的约束，一般情况下法官只要发现在3个月内无法结案，都能通过这种方式延长审限。在笔者代理的案件中，就曾经试过2次在法庭辩论终结后仍然接到法院的传唤通知，当笔者满腹狐疑地按时赶到法院才发现法官通知当事人过来只有一个目的：履行司法解释中关于简易程序转为普通程序应通知当事人的义务[2]，通知完毕做好笔录即告知笔者可以回去等判决。由此可见这个程序的转换完全与案情是否复杂无关，而只是与是否超审限有关。

2. 动员当事人撤诉

撤诉是当事人对其诉权的处分，本应由当事人自己决定是否撤诉，但在我国的民事司法实践中，法官却常常以一种积极的姿态出现，动员

---

[1] 张军，最高人民法院研究室.人民法院案件质量评估体系理解与适用[M].北京：人民法院出版社，2011：151.

[2] 《民诉适用意见》第170条规定：适用简易程序审理的案件，审理期限不得延长。在审理过程中，发现案情复杂，需要转为普通程序审理的，可以转为普通程序，由合议庭进行审理，并及时通知双方当事人。《简易程序规定》第26条规定：审判人员在审理过程中发现案情复杂需要转为普通程序的，应当在审限届满前及时作出决定，并书面通知当事人。

当事人撤诉。究其原因主要有两个：一是撤诉作为一种结案方式，撤诉案件可计入法官的结案数量中，而法官免去了后续程序的工作，只需制作一个简单的撤诉裁定即可；二是迫于审限考核的压力，对于复杂或者棘手的案件难以在审限内审结的，千方百计动员当事人撤诉后重新立案[1]，这样审限可以重新计算。动员当事人撤诉现象的普遍性甚至引起了最高人民法院的关注，其在2009年2月发布的《关于进一步加强司法便民工作的若干意见》中明令禁止法院动员当事人撤诉，对于为提高结案率而动员当事人撤诉的要追究相关人员的责任。

3. 直接造假

法官直接造假是在审限制度考核下最为严重的审判行为扭曲现象。这些造假行为包括：第一，假诉讼中止。诉讼中止期间不计算审限，实践中有的法官发现案件已超过审理期限后，在卷宗中补上一个诉讼中止裁定（不实际送达给当事人）作为掩饰超审限的手段。第二，假撤诉、假结案。在动员当事人撤诉的情况下，不管当事人是否自愿撤诉，当事人都是知情的。但在假撤诉的情况下，法官甚至在不告知原、被告的情况下自行制作撤诉裁定，将原案材料复制后以另外一个案号审理。第三，涂改收、结案日期。这是最原始的造假方法，即法官通过涂改收、结案日期，使卷宗材料无法反映案件超审限的事实[2]。

---

[1]　江苏省徐州市泉州区的苗允尧在网络上以《历经14年四次立案 五次开庭 五次超审理期限 至今没有审结》为题曝光的一起案件就描述了法院多次因避免超审限而动员其撤诉后重新立案的情形。参见 http：//www.xici.net/d179693880. htm，2018-4-22. 浙江省长兴县人民法院的卢志刚也通过对其所在法院案卷进行专题调研的基础上指出了该法院存在法官在审限即将届满时动员原告假撤诉后通过重新起诉的方式另立案号继续审理的现象。卢志刚，臧峻月. 民事审判中隐性超审限问题的调查与思考 [J]. 人民司法，2008，19：60-64.

[2]　浙江省长兴县人民法院的卢志刚、江苏省连云港市中级人民法院的李万成、江苏省赣榆县人民法院的王宝鸣等人均在关于隐性超审限问题的探讨中指出这些问题。参见卢志刚，臧峻月. 民事审判中隐性超审限问题的调查与思考 [J]. 人民司法，2008，19：60-64；李万成，庞月侠. 案件隐性超审限现象透析 [N]. 江苏经济报，2000-07-06（C03）；王宝鸣，谢善娟. 民事审判中的隐性超审限现象初探 [J]. 法律适用，2000，07：20-22.

4.3.1.3 结案数考核造成的审判权失范

法院内部对法官工作量的考核往往简化为结案数量，而且不管以何种方式结案、不管案件的复杂程度都不影响结案数的计算。由此造成了法官对案件移送、撤诉等结案方式的偏好以及尽量避免案件复杂化的倾向。前者主要表现为法官动员当事人撤诉，已如前述。后者则主要表现为对当事人反诉权的限制以及对普通共同诉讼或代表人诉讼的打压。

首先看对反诉的限制。由于反诉会致使案件复杂化但却只能计算一个案件数，故司法实践中法官普遍将反诉的要件牢牢掌握在反诉与本诉必须"属同一个法律关系"的标准内，这不仅剥夺了被告以反诉的方式实现抵销（与本诉没有法律上的牵连关系）的权利，也使得被告无法就其他有法律上牵连关系（但不属同一法律关系）的纠纷提起反诉[1]。在本案中权利受限的被告不得不以另行起诉的方式主张权利，这不仅增加当事人的诉讼成本和造成司法资源的浪费，还容易因管辖不同、审判组织不同等原因形成矛盾判决，影响法律实施的统一性和损害司法权威。

其次是对共同诉讼的抵拒。对于符合普通共同诉讼和代表人诉讼条件的案件，法院出于多计算案件数量的考虑，也都要求必须分案起诉。这实际上就是代表人诉讼制度在我国形同虚设的最根本原因。

在极端的情况下，结案数的考核甚至会引发法院的集体造假行为。2006年6月，媒体曝光黑龙江省绥化市海伦法院连续4年集体立假案判假案的事件轰动了全国。自2002年起，海伦法院就通过利用村委会提供的村民名单、自按手印、自交诉讼费、自造案卷的方式伪造案件。如此煞费苦心造假的直接原因，就是为了完成上级法院规定的结案数量！造假之后，假案所需要的诉讼费自然不能由法官自掏腰包，于是通过违法提高法院的诉讼收费来填补这个黑洞，最终损害了当地群众的利益[2]。

总之，法院系统的各种行政化考核指标因与法官的奖惩有关，从而强加给了法官巨大的压力。在趋利避害的理性制约下，当严格遵循法律

---

[1] 关于实践中对反诉标准的掌握及其负面影响，可参见庞小菊. 论反诉的客观范围 [J]. 湛江师范学院学报，2012，05：47-52.

[2] 卫华，李相东. 海伦法院"做卷"内幕 [J]. 中国社会导刊，2006，17：31-33.

规定或者严守正义精神并不如屈从于法院的各种数量化考核指标所获得的效益更大时，法官们就会在追逐数字的游戏中迷失自我，造成审判行为的各式扭曲。而审判行为扭曲所带来的恶果，最终还是由当事人来承担。

4.3.2　举证期限制度的失灵

2001年的《证据规定》被认为是我国自20世纪80年代末开始民事司法改革以来最重要的阶段性成果之一[1]。其中，该规定所确立的以证据失权为核心的举证时限制度是"最具有制度创新意义"但同时也是"争议最大、实施中遇到的阻力最大"的制度[2]。

在《证据规定》实施初期，多数法院严格依照该规定执行，对当事人的逾期举证采取严厉的失权措施。但在后来的审判实践中，法院认为机械地使用该规定，办案的社会效果很差，因此对证据失权采取了越来越谨慎的态度。如安徽省高级人民法院民一庭于2007对安徽省法院系统适用《证据规定》的情况进行专题调研的结果表明，大多数法院和法官认为对案件事实有重要影响的证据，都应予以认定而不能施加失权效果[3]。江苏省高级人民法院民一庭也于2010年对《证据规定》的适用情况进行了专题调研，发现多数法院和法官都不会因当事人超过举证期限而对当事人所提供的证据不予采信或对当事人变更的诉讼请求不予审理；并且对当事人超过举证期限的证据也仍要求对方当事人发表质证意见[4]。

举证期限制度的失灵，与我国的司法环境有关，也与证据失权本身的正当性缺失有关。我国不实行强制律师代理，根据王亚新老师于2002—2003年间的调研，即使是在诉讼标的额较高的中级法院民事一审

---

[1]　傅郁林.迈向现代化的中国民事诉讼法 [J].当代法学，2011，01：8-15.

[2]　李浩.举证时限制度的困境与出路：追问证据失权的正义性 [J].中国法学，2005，03：152-164.

[3]　安徽省高级人民法院民一庭.《关于民事诉讼证据的若干规定》施行情况的调研报告 [J].人民司法，2007，15：44-49.

[4]　江苏省高级法院民一庭.关于证据规则在传统民事案件中适用情况的调研报告 [J].审判研究，2010，3.转引自谢绍静.有关举证时限条文修改的几点思考 [J].理论探索，2012，03：141-144.

案件中，双方都有律师代理的比例也不过是50%左右[1]，而按照《中国统计年鉴》的数据，近年来我国律师代理民事诉讼数量仅占法院每年民事案件结案数的25%左右[2]。这说明大部分的案件中当事人都没有律师提供法律服务，在法院普遍不会针对具体个案对当事人施以举证指导的情况下，严格的举证失权制度会引发很多当事人的不满和不公平感，当这种不满和不公平感转而以信访等其他渠道发泄时，就会给法院带来巨大的压力，司法权威与司法公信也会下降。在这种情形下，法院就会慎重考虑举证失权制度的应用了。

---

[1]　王亚新老师等人第1次对4个中级法院（分别是广东的A中院，湖北的B中院，贵州的C中院和河北的D中院）1999—2001三年间的律师代理比例进行调查（这次没有统计双方都有律师代理的比例），发现这4个中院原、被告方分别由律师代理的比例A中院经济案件的是64%、48%；B中院经济案件的是61%、57%，民事案件的是66%、52%；C中院经济案件的是45%、32%，民事案件是32%、27%；D中院经济民事案件的是74%、56%。王亚新老师等人第2次对5个中级法院（分别是吉林的E中院，甘肃的F中院，陕西的G中院，浙江的H中院和江苏的I中院，其中E、F、G中院调查1999—2002年的案卷，H、I中院调查2001—2003年的案卷）的律师代理比例进行调查，发现双方都有律师代理的比例分别是E中院商事案件的是36%，民事案件的是47%；F中院民商事案件的是47%，G中院民商事案件的是56%；H中院商事案件的是70%，民事案件的是48%；I中院商事案件的是53%，民事案件的是62%。参见王亚新等.法律程序运作的实证分析[M].北京：法律出版社，2005.12-14；56.

[2]　2003—2016年，我国每年律师代理民事诉讼数量与法院民事案件结案数之比分别是17.70%、19.84%、22.15%、23.44%、26.65%、26.04%、25.86%、25.67%、25.82%、24.69%、23.14%、23.99%、23.57%、23.13%。其中律师代理民事案件的数量见《中国统计年鉴》（2004—2017年），http://www.stats.gov.cn/tjsj/ndsj/，2018-4-16；法院每年审结民事案件的数量见《最高人民法院公报》中的《全国法院司法统计公报》（2003年—2016年）。此外，需要说明的是，这个数据并不能准确地说明民事诉讼当事人的律师代理率，因为当事人的律师代理率应该是律师代理诉讼数量与所有在法院参加诉讼的当事人的数量之比，而不是与所有审结案件的数量之比。由于法院审结的民事案件至少有双方当事人，而每个律师都只代理一方当事人，因此实际的当事人律师代理率应该比25%低一半左右。但是实务中律师代理的统计一般是以律师签订委托合同的数量来统计，而律师有可能是按一个案件一个审级来分别签，也可能是按一个案件所有审级签，由于签约方式的比例不能确定，因此不能计算出实际的当事人律师代理率。

除了司法环境不适合举证失权制度的实施之外，举证失权制度在我国当前的民事诉讼体系安排中，其正当性也是有所缺失的。李浩教授早在2005年就以《举证时限制度的困境与出路——追问证据失权的正义性》一文详尽地论述了证据失权与实体公正与程序公正的冲突性。证据失权与实体公正的矛盾是显而易见的，当证据失权排除的是对案件事实认定有重要影响的证据时，就会导致诉讼结果的逆转，法院认定的事实与客观事实不符，从而造成实体公正的缺失。此外，由于没有相关的配套制度，证据失权在我国也不符合程序正义的要求，原因在于：第一，我国虽然规定证据失权制度，但却实施随时答辩主义，即被告可以在举证期限届满后的任何时候都可以提出新的答辩观点[1]，这时原告的举证时限已过，如果不允许原告针对被告的答辩观点举证反驳显然不符合程序正义的要求。第二，我国的司法实践中，虽然原告一般会在起诉时连同证据一起递交给法院，而法院也会在送达应诉通知书时一并将原告的证据送达给被告，但由于多数案件在开庭之前都没有经过证据交换程序，很多原告在开庭时才第一次看到被告提交的证据，如果不允许原告举证反驳被告的证据也是不正义的[2]。

　　正是由于这些原因，司法实践中渐渐不再严格执行举证时限制度，至2008年最高人民法院专门就举证时限的适用问题发布司法解释，放宽了对"新的证据"认定的限制[3]，有学者认为这意味着最高人民法院在"实际上认可了（司法实践中）这种弱化证据失权制度的做法"[4]。至

---

　　[1]　我国《民事诉讼法》规定，"被告不提出答辩状的，不影响人民法院审理。"这实际上没有课以不按时提交答辩状的被告任何不利的法律后果。该规定的漏洞常常被被告利用，等到开庭时才提出答辩来实施诉讼突袭。

　　[2]　李浩. 举证时限制度的困境与出路：追问证据失权的正义性[J]. 中国法学，2005，03：152–164.

　　[3]　2008年最高人民法院《关于适用<关于民事诉讼证据的若干规定>中有关举证时限规定的通知》要求法院在认定"新的证据"时，要综合考虑证据在举证期限是否已经客观存在以及当事人逾期举证是否存在故意或者重大过失等因素。

　　[4]　傅郁林. 新民事诉讼法中的程序性合意机制[J]. 比较法研究，2012，05：55–66.

2012年《民事诉讼法》修订时，立法者进一步修改举证时限制度，对当事人逾期举证的后果采用训诫、罚款和不予采纳三种方式来替代原本单一的证据失权制度[1]。但由于该规定把逾期举证的后果完全预留给法院依职权选择，并且对后果迥异的制裁方式之间不设立任何差异性的适用条件，该规定依然受到学者的强烈批判[2]。

4.3.3 诉讼程序的单一化

我国民事诉讼法将民事一审程序分为普通程序和简易程序，二者在适用范围、审理方式、审判组织和审理期限方面都有不同的规定。但在审判迅速化过程中，随着简易程序的扩大化适用，普通程序和简易程序的区别渐渐被模糊，二者具有同质化的危险。

4.3.3.1 适用范围：简易程序的"简单案件"标准被虚化

按照《民事诉讼法》第142条的规定，简易程序仅适用于"简单"的民事案件[3]，而"简单"又被定位为"事实清楚、权利义务关系明确、争议不大"。但这一标准的可操作性不强，因为案件是否"事实清楚、权利义务关系明确、争议不大"最早也得在被告提出答辩意见之后才能明确，而我国并无答辩失权制度，当事人在答辩期届满之后，开庭审理时才首次提出答辩意见的情况司空见惯，此时法院早就确定了程序的适用。由于立法将简易程序与独任制连接，而将普通程序与独任制截然分开，当法院案件负担逐渐加重时，为节约审判力量适用独任制就不得不罔顾简易程序的适用标准，对事实不清楚的、当事人有较大争议的案件也适用简易程序。最高人民法院关于扩大简易程序适用范围的要求以及

---

[1] 2012年修改后的《民事诉讼法》第65条规定，"当事人逾期提供证据的，人民法院应当责令其说明理由；拒不说明理由或者理由不成立的，人民法院根据不同情形可以不予采纳该证据，或者采纳该证据但予以训诫、罚款。"

[2] 傅郁林. 新民事诉讼法中的程序性合意机制[J]. 比较法研究，2012，05：55-66.

[3] 2012年修改《民事诉讼法》时改为第157条，并且增加规定了当事人可在法定的适用简易程序案件范围外通过合意约定适用简易程序。但在此之前，从立法的限定来看，只有"事实清楚、权利义务关系明确、争议不大的简单的民事案件"才应适用简易程序。

《简易程序规定》对立法上"简单案件"标准的刻意淡化，更是让基层法院理直气壮地无视"简单案件"标准。这样，在司法实务中，除了《简易程序规定》明文规定不能适用简易程序的几类案件之外[1]，其他属于基层法院管辖的案件不论案情是否复杂、标的额是否巨大、争议是否尖锐，法院都可以自行决定适用普通程序还是简易程序。甚至有的基层法院对其受理的民事案件，除了法律和司法解释明确规定须适用普通程序的之外，其余所有案件法院受理以后都是先适用简易程序，如在3个月内不能审结，再将案件转为普通程序[2]（在《民事诉讼法解释》施行后，简易程序的审限可以延长更方便了简易程序的适用），这一现象说明民事诉讼法关于简单案件才能适用简易程序的标准被彻底虚化了。

4.3.3.2 审理方式：普通程序简易化与简易程序普通程序化

在审理方式方面，普通程序简易化与简易程序普通程序化正好朝着相对的方向运动，形成了"繁者不繁、简者不简"的趋同化局面。迫于结案率和审限考核要求的压力，在那些无法适用简易程序的案件中，法院适用普通程序进行审理也尽可能地简化程序，具体地体现在"简化审理范围""简化庭审环节""简化裁判文书"等几个方面[3]。但另一方面，简易程序在司法实践中却出现普通程序化的现象。如法律规定，对简单的民事案件，原告可以口头起诉，但实务中几乎没有法院会接受原

---

[1] 《简易程序规定》第1条规定不能适用简易程序的几类案件是：起诉时被告下落不明的；发回重审的；共同诉讼中一方或者双方当事人人数众多的；法律规定应当适用特别程序、审判监督程序、督促程序、公示催告程序和企业法人破产还债程序的；人民法院认为不宜适用简易程序的案件。

[2] 宋朝武教授对北京部分基层法院的调研就发现了这个问题。见宋朝武.民事诉讼简易程序的再完善[J].河南社会科学，2013，03：8-11.

[3] 关于普通程序简易化的实践可参见金清辉，吴建辉.平度民事普通程序简便审[N].人民法院报，2003-11-08.此外，蔡彦敏教授、傅郁林教授、章武生教授也都在其论文中提到普通程序简易化的现象，见蔡彦敏.中国民事司法案件管理机制透析[J].中国法学，2013，01：131-143；傅郁林.繁简分流与程序保障[J].法学研究，2003，01：50-63；章武生.我国民事简易程序的反思与发展进路[J].现代法学，2012，02：86-96.

告的口头起诉[1]。再如法律规定，当事人双方可以同时到基层人民法院或者它派出的法庭，请求解决纠纷，基层人民法院或者它派出的法庭可以当即审理，但在立审分离的状况下，也极少有基层法院的立案庭会安排当值法官当即审理当事人的纠纷。又如法律还规定，适用简易程序的案件，可以用简便方式随时传唤当事人、证人，但实践中法官几乎都用传票传唤当事人。简易程序普通程序化的原因主要在于：第一，有些对当事人简便的措施反而会增加法院的负担，例如原告口头起诉权利的实现有赖于法院立案庭配备记录人员将原告的诉讼请求和事实理由记入笔录；双方当事人要求即时审理也要求法院必须配备能随时应当事人要求进行审理的法官。第二，基层法院往往因为节约审判力量（更准确地说是为了适用独任制）而不是因为案件简单而适用简易程序，适用简易程序的案件标的额可能很大[2]，案情可能很复杂，争议也可能很大[3]，法官们潜意识里也觉得不应适用过于简便的程序。第三，可能也是最重要的理由在于基层法院的法官在二审发回重审率、改判率等考核指标的潜在压力下，为了未来可能的上诉审查作必要的准备，这些准备包括起诉状、答辩状、各种书面通知、笔录、书证、档案等规范的书面材料[4]，这就使得法律或者司法解释中关于各种无须书面材料的简易化措施无法

---

[1]　湖南省高级人民法院、湖南省安化县人民法院的屈国华、李胜刚、廖红辉等人曾指出湖南省文盲半文盲人多但基层法院不允许口头起诉的情形，见屈国华，李胜刚，廖红辉.民事简易程序适用的实证研究[J].人民司法，2006，10：43-46.

[2]　根据最高人民法院《关于调整高级人民法院和中级人民法院管辖第一审民商事案件标准的通知》，北京、上海、广州、南京、杭州等市的基层法院可以审理标的额最高为5000万元的案件。

[3]　在轰动全国的莫兆军案件中，莫兆军就是适用简易程序审理李兆兴诉张坤石夫妇等借款的民事纠纷一案，庭审时双方对借款事实是否存在争议很大，被告称原告提供的1万元借据是被告夫妇在原告李兆兴等人持刀威逼下所写，但未能提供证据证实。莫兆军根据"谁主张谁举证"的原则判决被告夫妇败诉。其后张坤石夫妇在四会市法院外喝农药自杀身亡。后经公安查实，张坤石夫妇所辩称属实，莫兆军因涉嫌玩忽职守罪被逮捕受审，经二审终审判决无罪。

[4]　傅郁林.小额诉讼与程序分类[J].清华法学，2011，03：46-55.

实现。

4.3.3.3 审判组织：普通程序合议制的"形合实独"

普通程序适用合议制、简易程序适用独任制是二者重要的区别，也是司法解释和司法实践始终不敢突破的底线，但形式上不敢突破并不代表合议庭在实质上能发挥立法者预设的功能。司法实践中合议制形式化的现象早就引起学者的关注[1]，最高人民法院政治部和江苏省高级人民法院的一份调研报告也指出"立法所规定的必须广泛适用的合议制在实践层面发生了严重的异化，呈现出'形合实独'的特点"[2]，除了"形合实独"之外，"陪审法官""合而不议"等词也是对合议庭实务运作的描述。尽管如上所述，简易程序的适用已经完全虚化了立法关于"简单案件"的标准，但毕竟还是有少数类型的案件以及中级以上法院审理的一审案件法院不得不适用普通程序。在结案数的统计仅以法官主审的案件为限的考核机制下，要求合议庭的其他成员"放下自己的任务，去认真考虑别人主审的案件未免有些浪漫"[3]，于是非主审法官（尤其是既非主审又非审判长的法官）在开庭时心不在焉或者埋头研究自己主审案件的卷宗就成了法庭上的常见现象。同时出于"礼尚往来"的考虑，非主审法官在合议时充分尊重最熟悉案情的主审法官提出的处理意见也成了顺理成章的选择。普通程序和简易程序在审判组织上的重要区别就这样被消解了。

4.3.3.4 审理期限：审理程序与审理期限的逻辑关系颠倒

立法之所以为普通程序和简易程序规定不同的审理期限，根本原因

---

[1] 傅郁林. 繁简分流与程序保障 [J]. 法学研究，2003，01：50-63；左卫民，吴卫军. "形合实独"：中国合议制度的困境与出路 [J]. 法制与社会发展，2002，02：64-68.

[2] 最高人民法院政治部、江苏省高级人民法院. 关于审判组织改革的调研报告 [R]，江苏省高级人民法院. 2003-2005全省法院优秀重点调研课题汇编 [Z]. 325. 转引自李浩. 宁可慢些，但要好些：中国民事司法改革的宏观思考 [J]. 中外法学，2010，06：928-943.

[3] 傅郁林. 民事司法制度的功能与结构 [M]. 北京：北京大学出版社，2006：142-143.

就是考虑到程序的复杂性不同。普通程序更专业、更规范，程序和步骤更多，因此需要更长的时间，简易程序侧重于简便和灵活，因此可以在较短时间内结案。但司法实践却完全颠倒了二者的逻辑关系，不是因为适用普通程序而需要6个月才能结案，而是因为3个月不能结案所以才需要普通程序。实践中出现的法庭辩论终结后才由简易程序转换为普通程序的现象充分说明了这一点。

以上几点说明了普通程序和简易程序的实质性区别正在逐渐消失，原本为了程序分层案件分类处理而设置的两类审理程序在实践中严重趋同，以至于有学者称一审程序已经成了"简易程序和普通程序的混合物"[1]。作为程序分化的一个新成果，2012年修订的《民事诉讼法》所增加的小额诉讼最起码在短期内不会改变这个局面。最高人民法院并没有公布2013年以来小额诉讼在一审民事案件中的适用比例，但从对各地法院的调研结果看，小额诉讼的适用比例很低，如北京、广东等地在符合小额标的条件的案件中适用小额诉讼程序的案件比例仅在10%左右[2]。此外王亚新教授也发现了司法实践中在确定小额诉讼的适用标准时，对"事实清楚、权利义务关系明确、争议不大"这个标准采用了"实质化"[3]的考量，正好与法院适用简易程序时对该标准"虚化"的情形完全相反。笔者曾就法院如此谨慎适用小额诉讼的情形对一些基层法院的法官进行访谈，发现其原因主要是：第一，长期以来民众都习惯了二审终审，一下子"剥夺"当事人的上诉权恐怕会引发信访的压力；第二，

---

[1] 章武生.我国民事简易程序的反思与发展进路[J].现代法学，2012，02：86-96.

[2] 参见廖万春.完善小额诉讼制度 规范程序救济途径：广东高院关于小额诉讼制度实施情况的调研报告[N].人民法院报，2014-05-08（008）；陆俊芳，牛佳雯，熊要先.我国小额诉讼制度运行的困境与出路：以北京市基层法院的审判实践为蓝本[J].法律适用，2016（03）：115-120；占善刚，施瑶.关于小额诉讼制度的实证研究：以岳阳市部分基层法院为调研对象[J].河南财经政法大学学报，2016，31（03）：114-123.

[3] 如前所述，2012年修订的《民事诉讼》是把小额案件一审终审置于简易程序一章中规定的，自然也应该适用简易程序的标准。

高级法院一般规定小额诉讼的审结期限是一个月，但却没有专门的小额诉讼判决书模板，这意味着法官的工作量不会减轻，因此该制度对法官而言没有太大的吸引力。

中国是一个地域辽阔、人口和民族众多并且各地经济、文化发展极不平衡的国家。随着经济的发展和社会结构转型所带来社会纠纷的持续剧增已经使得民事案件的类型、对抗性、复杂性等方面呈多元化局面，而审判迅速化过程中形成的诉讼程序单一、结构单一的民事司法必然无法有效回应多元化纠纷所带来的多元的、差异性的价值需求。

4.3.4　上诉率一度走高

如前所述，最高人民法院于2008年开始在全国各级法院展开案件质量评估工作，其目的是"为客观、公正评价人民法院审判工作"[1]，最高人民法院宣称人民法院案件质量评估综合指数已从2008年的85.56上升到2014年的90.55[2]。如果这个数据真的能"客观、公正"地反映法院的审判工作，那我国法院的审判质量可算是相当高了。但另一方面，我国司法公信力不高却似乎是学界的共识，连最高人民法院副院长沈德咏也承认"当前部分群众对司法的不信任感正在逐步泛化成普遍的社会心理"，并认为"这是一种极其可怕的现象"[3]。二者间的矛盾在一定程度上说明了案件质量评估体系本身或执行过程中可能存在不科学性，例如该指标体系中有一个效果指标是"社会公众满意度"，其评价方式有两种：一是委托独立第三方调查机构，如国家统计局等，开展人民法院

---

[1]　见《最高人民法院关于开展案件质量评估工作的指导意见（试行）》（法发〔2008〕6号）和《最高人民法院关于开展案件质量评估工作的指导意见》（法〔2011〕55号）首句。

[2]　2008年—2014年的人民法院案件质量评估综合指数分别为：85.56、85.72、87.26、88.79、89.34、90.75、90.55。其中2008年—2012年的数据来自最高人民法院.人民法院工作年度报告（2012年）.北京：人民法院出版社，2013.7；2013年—2014年的数据来自严戈，袁春湘.2014年全国法院案件质量评估分析报告[J].人民司法，2015（09）：82-84.

[3]　沈德咏.部分群众对司法不信任渐成普遍社会心理[DB/OL].http：//news.ifeng.com/mainland/200908/0819_17_1309374.shtml.2013-01-11.

公众满意度调查；二是使用"法院工作报告人大通过率"[1]。但案件质量评估工作开展以来，尚未见到有任何权威中立的调查机构公布公众满意度的调查结果，而使用"法院工作报告人大通过率"来替代公众满意度的非科学性是显而易见的。

那么，在目前可获取的数据中，是否有相对客观的数据能反映民事审判质量呢？笔者认为，上诉率能在一定程度上反映当事人对一审裁判公正性的主观感受[2]，因此可以作为评价一审民事裁判质量的指标。需要说明的是，笔者考察的"上诉率"是指对一审可上诉的判决、裁定提起上诉的比例，与最高人民法院司法统计中的"一审服判息诉率"不同，前者的计算公式是上诉案件收案数/（一审判决数＋一审驳回起诉数）[3]，后者的计算公式是（1－上诉案件收案数/一审结案数），而全部一审结案数除了以判决、驳回起诉等可上诉方式结案之外，还存在大量的撤诉、调解、诉讼终结、移送或其他不可上诉方式结案的案件。

为了考察2000年之后在效率口号下的审判迅速化进程给中国民事案件上诉率带来的影响，笔者统计了2000—2017年的上诉率（见表4-6，图4-6）。在2000—2012年之间，上诉率一直持续走高，从2000年的18.92%逐年增长到2010年的29.71%，其后的2011、2012年也在29%的高位徘徊。2013年以后上诉率有所降低，至2017年降至20%左右。笔者估计，2013年以后上诉率的降低可能和小额诉讼制度的施行有关，因为小额案件实行一审终审，所有的小额案件都无法提起上诉，降低了二审案件的比例。

[1] 张军，最高人民法院研究室. 人民法院案件质量评估体系理解与适用[M]. 北京：人民法院出版社，2011：372.

[2] 当然，上诉率受到多种因素的影响，如当事人的诉讼成本控制，当事人对二审实现公正的预期等，但当事人对一审裁判公正性的主观感受应该是影响上诉率最重要的因素。

[3] 除了驳回起诉裁定之外，当事人对不予受理和管辖权异议裁定亦可以提起上诉，但由于最高人民法院的统计数据中并没有公布这两项裁定的数额，故只能忽略之。缺少这两项数据会对上诉率统计的准确性产生一定的影响，但对上诉率的走势影响不大。

表 4-6　上诉率统计（2000—2017年）[1]

年度	一审				二审	上诉率
	结案（件）	判决（件）	驳回起诉（件）	可上诉（件）	收案（件）	
2000年	4,716,324	1,853,438	49,590	1,903,028	360,071	18.92%
2001年	4,616,472	1,919,393	51,963	1,971,356	376,411	19.09%
2002年	4,393,306	1,909,284	53,217	1,962,501	361,697	18.43%
2003年	4,416,168	1,876,871	57,998	1,934,869	371,323	19.19%
2004年	4,303,744	1,754,045	61,226	1,815,271	378,631	20.86%
2005年	4,360,184	1,732,302	55,183	1,787,485	394,629	22.08%
2006年	4,385,407	1,744,092	51,473	1,795,565	409,295	22.79%
2007年	4,682,737	1,804,780	63,426	1,868,206	425,654	22.78%
2008年	5,381,185	1,960,452	64,972	2,025,424	525,282	25.93%
2009年	5,797,160	1,959,772	71,052	2,030,824	598,760	29.48%
2010年	6,112,695	1,894,607	70,565	1,965,172	583,846	29.71%
2011年	6,558,621	1,890,585	68,695	1,959,280	575,082	29.35%
2012年	7,206,331	1,979,079	68,333	2,047,412	588,759	28.76%
2013年	7,781,972	2,316,031	80,990	2,397,021	627,116	26.16%
2014年	8,010,342	2,921,343	128,215	3,049,558	731,416	23.98%
2015年	9,575,152	3,943,097	233,992	4,177,089	918,605	21.99%
2016年	10,763,889	4,710,006	342,063	5,052,069	1,088,442	21.54%
2017年	11,651,363	5,172,571	513,213	5,685,784	1,145,959	20.15%

---

　　[1]　案件数量数据来源于《最高人民法院公报》中每年的《全国法院司法统计公报》（1994—2013 年），上诉率据此而计算。

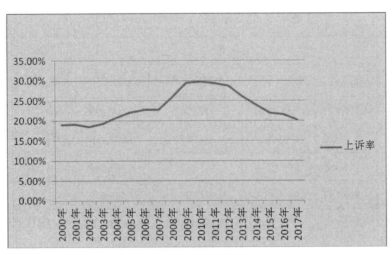

图 4-6　上诉率走势图

上诉率的走高，不仅意味着民事一审裁判的公正性越来越受到质疑，还会直接消解审判迅速化本身所取得的成果，因为原本可能在一审终结后已经解决的纠纷，通过上诉又一次进入到诉讼程序中来，无疑在总体上延长了案件的诉讼周期。

第5章　我国审判迅速化问题反思

　　上一章所描述的各种审判权失范行为、程序单一化以及上诉率上升等只是审判迅速化问题之表象。本章对这些表象进行深刻的反思，探讨其背后的原因，发现既有的审判迅速化存在理念错位、价值迷失和路径偏差等深层问题。审判迅速化的最终目的应该是为了满足民众的司法救济需求，然而既有的审判迅速化出现了理念错位。从应然的"以人为本"变为实然的"权力本位"。同时，既有的审判迅速化在正义与效率的价值取向中迷失，一方面淡忘了正义之价值取向，另一方面又秉持错误的效率观，追逐效率却未能体察效率之真意，简单化地认为"速度=效率"，不仅导致了对迅速审判的过度偏爱，更妨碍了司法改革对真正效率的追求。此外，既有的审判迅速化形成了简化程序、减少法官审理时间以及当事人准备时间的路径依赖，违背诉讼规律进行迅速化，使得审判周期构成不合理。

5.1　既有审判迅速化的理念错位

　　"以人为本"理念是社会主义法治理念的精神实质，也应是审判迅速化的价值朝向与诉求，但既有的审判迅速化进程偏离了以人为本理念的指向，出现了权力本位（尤其是法院本位）的倾向。

5.1.1　审判迅速化的应然理念：以人为本

　　审判迅速化的"以人为本"理念所阐明的是"民事审判为谁而迅速化"的问题。按照以人为本的法律观和司法主体性理念的要求，和其他所有的司法改革一样，审判迅速化的最终目的也是为了服务于民众的司法救济需求，为了能让民众更便捷、更有效地接近司法，接近正义。

5.1.1.1 以人为本司法理念的内涵

以人为本的司法观，或者称司法的主体性理念，是指在司法制度的构建、运作和司法改革过程中，应当尊重公民和当事人的意愿，维护其尊严，使其享有权利保障和自我决定的自由，避免沦为客体的司法价值观。这一理念的基本内涵包括：首先，司法制度的构建，司法程序的内容都应当由公民决定，司法改革方案的确定和实施应当充分听取和尊重公民的意见，由公民主导司法改革的方向。其次，司法体制的设置和相关制度的构建应当方便公民接近司法，诉讼程序应当便于当事人使用。第三，在诉讼过程中，当事人不是作为程序的客体，而是第一位的主体，应当使其成为诉讼活动的主要支配者和实质参与者，审判权的运作应当尊重当事人的意志和尊严。第四，要肃清司法权神圣观，彰显其公共服务性质，司法机关和法官都应当贯彻为公民和当事人服务的宗旨[1]。

具体到审判迅速化而言，以人为本理念的贯彻要求把握以下几点：

第一，审判迅速化的最终目的是为了满足民众的司法救济需求。尽管审判迅速化的最初动因可能是出于法院案件压力和负担，但审判迅速化的推进及其措施必须充分考虑已经进入到诉讼程序中的当事人以及潜在纠纷主体的利益诉求，以牺牲当事人利益为代价的审判迅速化终将失去民众的信任。

第二，民众应该有机会和渠道参与到审判迅速化的决策中。对于要不要迅速化，哪些程序需要迅速化，采取什么样的措施和方法来迅速化等问题，应该广泛征求、听取和慎重考虑民众的意见，甚至让民间人士通过一定的渠道参与到决策过程中，避免司法游离民众意愿。

第三，审判迅速化过程应给当事人提供充分的权利保障。在审判迅速化过程中，法院、法官、当事人各有自己的利益诉求，法院更看重的是纠纷的解决，以及通过解决纠纷给法院带来的政治地位的提高；法官更关注的是自己的声誉、领导对自己的印象、职位升迁机会和收入等因

---

[1] 左卫民，朱桐辉. 谁为主体 如何正义：对司法之主体性理念的论证 [J]. 法学，2002，07：11–21.

素[1]，而当事人追求的是诉讼收益的最大化和诉讼成本的最小化。利益博弈过程中各方的力量对比并不均衡，这意味着必须保障当事人权利不受损害尤其是不受到来自审判权的侵蚀，应当使得当事人的权利在一定程度上能够构成对法官权力的制约。正如台湾学者苏永钦所言，"不能保障人权的司法程序只是徒具其形而已。"[2]

第四，审判迅速化过程中应充分尊重当事人的程序选择权。发现真实与程序加速之间存在一定的二律背反或此消彼长关系，应当赋予当事人平衡追求实体利益（发现真实）和程序利益（节省诉讼成本）的机会。基于此，作为程序主体的当事人，不仅应具有实体法上的处分权，还应享有相当程度的程序处分权，即一方面基于实体法上的处分权决定如何处分本案讼争的实体利益，另一方面则基于其程序处分权在一定范围内决定如何取舍程序利益，以避免因程序的使用和进行而导致对诉讼标的之外的财产权、自由权的减损、消耗或者限制[3]。

5.1.1.2 以人为本理念的正当基础

1. 以人为本理念的历史基础

以人为本的法律观源远流长。中国早在春秋时期管仲就提出"以人为本"的观点。其在回答齐桓公"敢问何谓其本？"时，认为"齐国百姓，公之本也"，其后管仲又说"夫霸王之所始也，以人为本。本理则国固，本乱则国危"[4]。儒家代表人物之一的孟子关于"民为贵，社稷次之，君为轻"[5]的思想亦对中国产生意义深远的影响。不过，尽管这些思想在一定程度上强调了"人"的重要性，中国古代的"以人为本"经过各种演变往往成为维护君主专制统治的工具。真正开始强调人的主体性是文艺复兴时期以及启蒙时代，布克哈特把"世界的发现和人的

---

[1] 艾佳慧. 中国法官最大化什么 [J]. 法律和社会科学，2008，00：98-151+6.

[2] 苏永钦. 飘移在两种司法理念间的司法改革：台湾司法改革的社经背景与法制基础 [J]. 环球法律评论，2002，01：47-58.

[3] 邱联恭. 程序选择权之法理：着重于阐述其理论基础并准以展望新世纪之民事程序法学 [A]. 邱联恭. 程序选择权论 [M]. 台北：三民书局，2000：25-33.

[4] [春秋] 管仲. 管子 [M]. 长春：时代文艺出版社，2008：156-157；165.

[5] 徐强译注. 孟子 [M]. 济南：山东画报出版社，2013：281.

发现"列为文艺复兴的两大主题，认为它"首先认识和揭示了丰满的完整的人性而取得了一项尤为伟大的成就"[1]。启蒙时代则是主体性意识大大得到弘扬的时代，启蒙思想家们提出"社会契约论""天赋人权""主权在民"等主张，他们要求建立民主政体，以使人的权利和主体性地位在制度上、实践上得到确立和保障[2]。其后思想家们继续宣扬着主体性理念，而对中国影响最大的自然是马克思、恩格斯的以人为本法律观。马克思、恩格斯在《德意志意识形态》一书中强调"每个人的自由发展是一切人的自由发展的条件""人永远是一切社会的组织"[3]，此后的《共产党宣言》重申了"每个人的自由发展是一切人的自由发展的条件"这一核心命题[4]。马克思、恩格斯还在其著作中强调法律产生于人，人民意志是法律的基础和法律产生的根据[5]。马克思主义传入中国并作为党的指导思想载入《宪法》，其以人为本的法律观自然也成为我国法律构建的基础理念。

2. 以人为本理念的宪政基础

权利与权力的关系理论决定现代司法要以"以人为本"为理念。近代以来，赞同和宣扬民主政体的思想家们如洛克、孟德斯鸠、卢梭、汉密尔顿等人在反封建反专制的斗争中高呼"天赋人权"的口号，以社会契约理论为武器，论证公民与国家的关系。他们认为公民相互让渡其部分的自然权利，从而形成国家的公共权力。在启蒙思想家看来，"人民

---

[1] [瑞士] 雅各布·布克哈特. 意大利文艺复兴时期的文化 [M]. 何新译. 北京：商务印书馆，1979：311-359.

[2] 左卫民，朱桐辉. 谁为主体 如何正义：对司法之主体性理念的论证 [J]. 法学，2002，07：11-21.

[3] 中共中央马克思恩格斯列宁斯大林著作编译局编译. 马克思恩格斯选集第1卷 [M]. 北京：人民出版社，2012：141-215.

[4] 马克思，恩格斯. 共产党宣言 [M]. 北京：中央编译出版社，2005：46.

[5] 中共中央马克思恩格斯列宁斯大林著作编译局编译. 马克思恩格斯选集第1卷 [M]. 北京：人民出版社，1995：349.

是权力的唯一合法源泉"和"原始权威"[1]。

我国是实行人民民主专政的社会主义国家，《中华人民共和国宪法》明文规定"中华人民共和国一切权力属于人民"，人民通过选举产生各级人民代表大会来行使国家权力，管理国家事务。各级人民代表大会都由民主选举产生，对人民负责，受人民监督。既然国家一切权力属于人民，对人民负责，那么国家的权力行使就要体现和维护人民的利益，以民众利益为本。司法权属于国家权力的一个分支，自然也不能与上述要求相悖。因此，司法制度的构建应该体现人民的意志，司法的运作过程以及司法制度的改革也应当是民主化的，"决策兼听各方意见、决策根据及决策理由的评析阐释等都是司法民主的应有之义。"[2]

3. 以人为本理念的政策基础

进入新世纪以来，党中央和最高人民法院在重要文件中多次强调了"司法为民""以人为本"的指导思想。2003年8月，最高人民法院院长肖扬在北京召开的全国高级法院院长座谈会上提出："'三个代表'重要思想的本质特征是'立党为公，执政为民'，贯彻于人民法院的实际工作，就是要牢固确立司法为民的思想。"[3]会议要求将"司法为民"作为法院工作的根本宗旨和要求，并提出了23项司法为民具体措施，为了确保这些措施施行的整体效果，最高人民法院于2003年12月制定了《关于落实23项司法为民具体措施的指导意见》，指导人民法院正确进行司法改革。2005年7月，最高人民法院又明确把胡锦涛总书记关于"公正司法，一心为民"的谈话精神确立为人民法院工作的指导方针[4]。2007年10月，胡锦涛总书记在党的十七大报告中指出科学发展观的核

---

[1]　[美]汉密尔顿等. 联邦党人文集[M]. 程逢如等译. 北京：商务印书馆，1980：257.

[2]　左卫民，朱桐辉. 谁为主体 如何正义：对司法之主体性理念的论证[J]. 法学，2002，07：11-21.

[3]　康为民. 司法为民论[M]. 北京：人民法院出版社，2004：3.

[4]　参见《最高人民法院关于深入学习贯彻落实胡锦涛总书记"公正司法、一心为民"重要指示精神的通知》（法发〔2005〕10号）。

心是"以人为本"[1]，同年12月，胡锦涛又在全国政法工作会议上强调"政法工作搞得好不好，最终要看人民满意不满意。要坚持以人为本，坚持执法为民，坚持司法公正，把维护好人民权益作为政法工作的根本出发点和落脚点……"[2]2012年11月，胡锦涛总书记再次在党的十八大报告中强调必须"坚持以人为本，执政为民"理念[3]。2013年11月，党的十八届三中全会通过《中共中央关于全面深化改革若干问题的决定》又一次强调应当"坚持以人为本，尊重人民主体地位"。2015年3月25日，习近平总书记在中共中央政治局第二十一次集体学习时强调，"司法体制改革必须为了人民、依靠人民、造福人民。司法体制改革成效如何……要由人民来评判"[4]。2016年《最高人民法院关于人民法院进一步深化多元化纠纷解决机制改革的意见》也把"坚持以人为本、自愿合法、便民利民，建立高效便捷的诉讼服务和纠纷解决机制"作为多元化纠纷解决机制改革的基本原则之一。

总之，无论是从历史的角度、宪政的角度，还是从中共中央决策层以及最高人民法院的各种政策性文件来看，都要求司法改革必须服务于人民，必须坚持以人为本的理念。

5.1.2 既有审判迅速化的权力本位倾向

尽管中共中央和最高人民法院都旗帜鲜明地把"司法为民""以人为本"作为司法改革的理念，但既有的审判迅速化过程并没有真正地践行这一理念，而是出现了明显的权力本位倾向。由于法院在推进审判迅速化的过程中扮演了主导者的角色，致使法院本位的情形尤为突出，危

---

[1] 胡锦涛.高举中国特色社会主义伟大旗帜　为夺取全面建设小康社会新胜利而奋斗——在中国共产党第十七次全国代表大会上的报告[R].北京：人民出版社，2007.

[2] 姜华宣等.中国共产党重要会议纪事：1921-2011[M].北京：中央文献出版社，2011：1284.

[3] 胡锦涛.坚定不移沿着中国特色社会主义道路前进　为全面建成小康社会而奋斗——中国共产党第十八次全国代表大会上的报告[R].北京：人民出版社，2012.

[4] 习近平.以提高司法公信力为根本尺度 坚定不移深化司法体制改革[J].人民检察，2015，07：1.

害也最为严重。

5.1.2.1 民众未能成为审判迅速化的决策主体

我国推进审判迅速化的决策主体主要有两个：一是全国人民代表大会及其常委会通过修改民事诉讼法的方式推动审判迅速化，如2012年民事诉讼法修改确立小额诉讼、激活督促程序、增设调解协议司法确认和实现担保物权程序等。二是由最高人民法院通过司法解释、相关司法改革意见或者采取相关措施推动审判迅速化，如审限制度的强化、简易程序的扩大适用和举证期限制度的建立，等等。由全国人大及其常委会修订法律来推动审判迅速化的合法性自然不容置疑，但由于众所周知的原因，如果在立法前缺乏必要的意见征询和反馈程序，这些立法修改能在多大程度上代表民意还是不无疑问的。2012年的民事诉讼法修正案草案（一审稿）虽然公开征求广大民众的意见，但是却缺乏必要的反馈和解释机制，民众无法知道自己所提的意见有无被考虑，采纳或者不采纳的原因何在，而且修正案的草案的二审稿和三审稿都不再公开征求意见。

在审判迅速化过程中，最高人民法院是比立法机关更重要的决策主体，因为法院是实际的审判机构，是所有司法改革措施的实施者，但法院并不是对所有的立法规定都抱有同样的热情。例如同样都是可能对迅速审判产生影响的代表人诉讼制度和审限制度，法院的执行力度是大相径庭的：一方面是代表人诉讼制度的弃之不用，另一方面却是通过司法解释和考核制度对审限制度进行强化。法院对立法规定选择性适用的"权力"使得最高人民法院在审判迅速化过程中拥有绝对的主导地位。然而，无论是最高人民法院制定的四个《人民法院五年改革纲要》，还是关于强化审限制度、扩大简易程序的适用、确立举证时限制度以及推行案件质量评估体系等决定，都没有事先在全国范围内开展广泛的征询意见和讨论工作。尽管最高人民法院在相关决策出台之前可能在全国法院系统内开展座谈、讨论、试行及制度反馈等工作，但参与者都是各级法院和法官，代表的都是法院的部门利益，不可能真正地反映民意。

由此可见，本来应该成为重要的决策主体的民众，却在审判迅速化的过程中明显缺席，不仅不能根据自己的实际需要和切身利益，从能够解决自己实际问题出发来主导改革的方向，甚至连参与到改革方案的具

体讨论和设计中的机会也没有。这必然造成真正的决策者难以体察和关怀社会民众的利益诉求。同时，司法机制的日常运作中也没有形成常规的、有效的民意吸收和交流机制，这将导致民众对整个司法制度的疏离感和不信任[1]。而民众对司法的信赖，恰恰是司法存在的价值根基所在。正如台湾学者苏永钦所言，"而一波波推出的改革，则往往演变为'茶壶里的风暴'，不能让民众感觉搔到了痒处，以致愈改疏离愈大。殊不知，司法的本质就是一种满足人民正义感的仪式，专业的正确性反而不是最重要的。因此一旦失掉信赖，司法也就失掉了存在的基本价值。"[2]

5.1.2.2 审判迅速化过程中审判权对当事人权利的侵蚀

在审判迅速化过程中，法院主要采取减轻审判负担的方式推进诉讼，尽管一些调整法院和当事人之间作用分担的措施让改革过程在表面上看起来是从法院大包大揽的传统超职权主义模式向强调当事人自我责任的当事人主义模式转变，但刘荣军教授早就敏锐地指出了这种表象下的"新职权主义动向"实质[3]。这种新职权主义下出现的对当事人诉权和诉讼权利的限制和漠视，在很大程度上与法院不甚妥当地追求迅速审判有关。

首先是对当事人诉权的限制。如上文所述，与法院声誉、法官奖惩结合起来的行政化考核造成了诸多审判行为扭曲的现象，其中最为严重的就是对当事人诉权的限制。包括年底不收案、严格限制反诉的条件、基本废弃代表人诉讼制度、动员当事人真撤诉或者假撤诉后再起诉，等等，都是法官为了完成各种考核指标的要求或者追逐考核结果的"先进"而利用其手中权力限制当事人诉权的做法。

---

[1]　左卫民，朱桐辉.谁为主体 如何正义：对司法之主体性理念的论证 [J]. 法学，2002，07：11–21.

[2]　苏永钦.司法改革的再改革：从人民的角度看问题，用社会科学的方法解决问题 [M]. 台北：月旦出版社股份有限公司，1998：11.

[3]　刘荣军.民事诉讼中"新职权主义"的动向分析 [J]. 中国法学，2006，06：181–187.

其次是对当事人证明权的漠视。2001年发布的《证据规定》所构建的以证据失权为核心的举证时限制度以及对法官依职权调查取证权的过分限缩[1]就是一个典型的例子。在强调当事人举证责任为切入点的民事审判方式改革将发现事实的负担从法官向当事人转移从而大大减轻法院的审判压力之后，为了进一步加快审判的步伐，《证据规定》在我国大部分当事人缺少律师法律服务的司法环境下，在未赋予当事人必要的取证手段以及缺乏相应的配套制度的情况下，草率地抛出证据失权这一杀手锏来防止当事人拖延诉讼。《证据规定》中对法官调查取证权的限缩更是增加了因证据不足而需要在事实不清情况下作出裁判的可能性。法院的这些行为甚至一度凭借"程序正义"和"法律真实"的话语建构而获得正当性之褒扬，但究其实质却不过是通过发现事实负担之转嫁而减轻法院负担之举。

对于法院在司法改革中所表现出来的这种态度，有学者指出"只有当改革的手术刀指向那些松散的、极度欠缺利益表达渠道的诉讼当事人时，才能无比犀利。而一旦触及盘根错节的权力体制和既得利益集团，则呈现出心有余而力不足的颓势"[2]。这一批评虽然尖刻，却不无道理。在审判迅速化过程中，与对当事人权利是否能得到保障相比，法院更关注的是结案率、结案数、审限内结案率这些考核结果。

5.1.2.3　审判迅速化过程中不重视当事人的程序选择权

既有的审判迅速化进程一个突出的特点就是不重视当事人对于迅速化的需求与选择。基于程序选择权的法理，既然当事人应当享有平衡追求实体利益（发现真实）和程序利益（节省诉讼成本）的机会，那么究竟是选择专业、复杂而诉讼进程较长的程序还是选择非专业化的简捷程序，应当充分尊重当事人的意志。但是在我国现有的简易程序与普通程序的区分中，适用哪种程序以及是否需要转换程序几乎全是法院自行决

---

[1]　李浩．回归民事诉讼法：法院依职权调查取证的再改革[J]．法学家，2011，03：113-129.

[2]　陈洪杰．方向性错误：司法改革的围城之惑[J]．华中科技大学学报（社会科学版），2009，04：26-32.

定的。一方面，法院在分配程序适用之前从来不曾考虑征询当事人的意见[11]，而都是在决定之后告知当事人，不少当事人甚至到开庭时才知道案件是适用简易程序还是普通程序进行审理。另一方面，法院决定适用简易程序之后，往往又仅仅因为无法在3个月内审结而再次自行决定将案件转为普通程序，这种情况下当事人"享用"了简易程序的"程序保障"，却不得不忍受普通程序的审理期限。当事人的简易程序选择权几乎完全落空。

5.1.3 既有审判迅速化理念错位的原因探究

既有的审判迅速化进程之所以会偏离以人为本的理念而出现权力本位尤其是法院本位的强烈倾向，最重要的原因就在于审判迅速化主要是以法院为主导在推进。由法院作为司法改革主体的做法早在十多年前已经受到学者的质疑，2002年时张志铭教授曾以河南某基层法院推行"先例判决制度"为例指出了法院作为司法改革主体突破现有立法规定的适格性问题[2]。其后姜小川教授亦在《中国司法改革主体审视》一文中归纳了司法机关作为改革主体的4个弊端：第一，司法机关应该是司法改革中被改革的对象，其在改革过程中应持回避态度并始终处于被动地位，因此由司法机关作为改革主体在逻辑上难以自洽。第二，司法机关作为司法改革主体混淆了立法机关和司法机关的职能，立法权与司法权应该有清晰的分界，现有立法的缺陷不能成为司法机关"造法"或者出台司法改革举措的理由。第三，司法机关作为司法改革主体混淆了司法主体与司法改革主体的界限，司法的性质决定了司法机关保守和中立的地位，而司法改革主体则应该是群策群力和积极主动的。第四，司法机关的性质和地位决定了其作为改革主体时会受限于本位或狭隘的部门利益考虑而使改革具有片面性和随意性[3]。

尽管张志铭教授和姜小川教授都并非特定针对审判迅速化而言，但

---

[1] 詹菊生. 简易程序是诉讼法律关系主体的共同选择：一个基层法院民事审判中简易程序适用情况的调研报告 [J]. 法律适用，2006，03：23-26.

[2] 张志铭. 论司法改革中的主体适格问题 [N]. 人民法院报，2002-08-30.

[3] 姜小川. 中国司法改革主体审视 [J]. 时代法学，2006，05：15-24.

两位学者的研究还是能在相当程度上解释了审判迅速化过程中出现法院本位倾向的原因。主导审判迅速化的法院掌握着强大的、当事人权利难以与之抗衡的审判权，加上职权主义的传统习惯和自觉不自觉地最大化本部门利益的努力，往往使得"司法为民"的理念沦为一句口号而在实质上以法院为本位推动审判迅速化。也许有人会有疑问，审判迅速化的结果是让更多的民众能以更快捷的方式接近司法、获得司法救济，不少法官为此付出了长期加班加点工作的代价，现在出现了一些负面的后果就反过来指责法院"怀有私心"是不是不太厚道呢？特别是，诸如审限的规定并不是法院突破法律规定自行创设出来的，而是民事诉讼法本来就有规定，法院只是在强化执行这一规定而已，并且强化审限的管理在实际上限制了法院的权力和束缚了法官的自由，这不是法院的大公无私的"自我牺牲"吗？为什么反过来认为是法院在追逐部门利益呢？回答这个问题还是要从考察法院推动审判迅速化的动因开始。毫无疑问，改革开放以来起诉到法院的民事案件数量的日益增长以及法院规模不可能无限制地扩大的矛盾是法院推动审判迅速化最直接的动因。然而，再进一步追问的话，为什么案件数量快速增长法院就希望迅速审判呢？诉讼迟延或者积案增多直接受损的是当事人，法院如果秉承如姜小川教授所言的"消极、中立"的立场，大可优哉游哉地继续以原有的节奏审理案件，最起码可以维持到立法要求对这种状况作出改变为止。那法院何必"自讨苦吃"地推动审判迅速化呢？显然，如果法院面临着积案增多的威胁而不"挺身而出"率先推动审判迅速化的话，法院可能马上就会面临着公众不满的形象危机，并进而影响法院的年度工作报告在人大会议上的通过情况，最终导致法院在国家政治结构中地位的降低。对于这一隐藏在法院推动审判迅速化背后的深层原因，王亚新教授在分析法院系统于1991年制定《民事诉讼法》时主动要求建立审限制度并且在长期的司法实践中高度重视这一规定的原因时就曾敏锐地指出过，他认为，在法院系统的物质资源基础长期以来实际上依赖于诉讼费用的情况下，尽量在更短的时间内办更多的案件有利于增加法院整体的经济利益以及相关的审判资源[1]。这种利益分析的路径，即使是在2009年以后政法经费得到相关制度保障的情况下也是适用的。在现有的体制下，法院的政绩冲动不会因为政法经费保障制度的建立而消解。法院审理的案件越多，解决的纠纷越多，就说明法院在社会控制和国家治理中的作用越重要，在国家政治结构中的地位就越高。也许这个才是法院推动审判迅速化真正的、最大的动机。

一旦法院在推动审判迅速化的过程中揉进了自己的利益诉求，就不可能真正地做到以当事人为本位。当改革过程中，或者仅仅是实施已有的程序规定的过程中，法院的利益与当事人的利益发生冲突时，要求法院完全不考虑自己的利益不免有些天真，上文所提及的审判行为的扭曲以及审判权对当事人权利的侵蚀很好地说明了这一点。而长期以来的职权主义传统使得法官手上拥有几乎不受限制的程序控制权，当事人在制度上又不曾被赋予能与法官权力相抗衡的诉讼权利。在双方力量悬殊的利益博弈下，审判迅速化由应然的"以人为本"变为实然的"法院本位"也就不足为奇了。

5.2 既有审判迅速化的价值迷失

本书第2章已指出审判迅速化的价值基础在于其可以促进正义和提升效率，最高人民法院也把"公正与效率"确定为21世纪法院工作的主题。然而既有的审判迅速化进程似乎有意或无意地忽视了迅速化的正义价值取向，同时，强调其目的在于提高诉讼效率的种种迅速化措施却未能体现效率的真意，简单化地将迅速等同于效率的思维与观念使得审判迅速化过程未能正确运用效率机制，反而可能导致诉讼效率的降低。

5.2.1 被淡忘的正义价值

无论现代社会如何强调效率的重要性，正义永远是司法追求的价值目标。前文亦分析了审判迅速化的正义价值基础在于保障当事人平等行

---

[1] 王亚新. 我国民事诉讼法上的审限问题及修改之必要 [J]. 人民司法，2005，01：51-54.

使诉权以及有助于实现裁判正义，尽管前文的分析主要从克服诉讼迟延的角度出发，而我国并不存在大面积诉讼迟延情形，但这并不意味着我国的审判迅速化不需要考虑当事人诉权平等以及裁判正义问题，否则审判迅速化也许就失却了正义这一层面的价值基础。

5.2.1.1　忽略了诉权保护之比例平等：单一的迅速化模式

正如前文所指出的那样，无论正义的面貌如何千变万化，其核心内涵一直是"应得"与"平等"，也就是"各得其所"。这就要求每个人得到其应当得到的，或者在同等情况下得到同等的对待，不同的情况区别对待。审判迅速化所具有的"保障当事人平等行使诉权"的价值不仅仅是指司法对于所有当事人在理论上是可接近的，而且应该是在实质上可利用的。如果这个理论上可接近的司法只提供单一的诉讼程序，无论这种程序是精巧复杂还是简单迅捷，如果不适合于案件类型的审理需要，那么当事人也未必觉得这是一个可供利用的程序。

对诉权保护的比例平等之"比例"，要求法院提供的诉讼程序应与案件的解决需求相适应。一方面，从案件类型化及程序适配性的角度看，现代社会的民事法律关系具有多元性和多样性的特点，不同类型的案件性质、争议事项的重要性和复杂程度、争议金额大小等均有不同，这些案件的举证责任、审理原则、法律适用、判决形式等方面都有不同的要求，因而应当根据不同类型的案件设计不同的程序规则，使不同程序在功能设置、价值取向、结构模式、运作方式、救济途径等方面具有差异性以适用案件的类型化审理需要。另一方面，从司法资源配置的角度看，在司法资源有限的情况下，这些资源应该在所有寻求司法救济的人之间公正地分配，分配的过程必须考虑个案的特点，即司法资源的分配应当与案件的难度、复杂程度、价值、重要性大致相当[1]。如果不重要的或者价值低的案件可获得法院较多的时间和精力关注，而重要或价值高的案件却未能获得必要的司法资源投资，那么对于当事人而言，就

---

[1]　［英］阿德里安·A.S.朱克曼.危机中的司法/正义：民事程序的比较维度[A].［英］阿德里安·A.S.朱克曼.危机中的民事司法：民事诉讼程序的比较视角[C].傅郁林等译.北京：中国政法大学出版社，2005：16.

未能实现"得其所得"的诉权保护。

我国的立法，并没有对程序类型化予以足够的考虑。不论是邻里相争的传统民事案件还是新兴的现代型诉讼案件；不论是具有相对性的合同纠纷，还是涉及第三者尤其是未成年人利益的家事纠纷；无论是专业性、自治性突出的商事纠纷和医疗纠纷领域，还是政策性、行政性强的劳动纠纷领域，立法都没有予以类型化的区分，所有案件都是适用现有的普通程序或者简易程序所规定的程式、步骤和规则进行运作。而自1988年开始的审判方式改革先后朝着不同的方向进行，却始终没有脱离单一化的思维：改革的前一阶段是因为商事案件的增多逐步占据民事案件的重要地位而寻求适合商事审判特征的当事人主义诉讼模式，并覆盖到家事纠纷等传统民事诉讼，从而产生新的不适；当改革者意识到这一点时调整了改革的方向，开始重视和强调调解在所有类型纠纷解决中的作用[1]，并且以调解率作为法院考核的重要指标。这种单一化的思路和模式正是审判迅速化过程忽视给当事人提供多元化程序的重要原因。既有的审判迅速化基本上是整齐划一地沿着"加速与简化"的方向进行，即使在改革过程中添加了"辩论主义""处分权主义"等对抗性因素，也主要是基于将事实发现之负担从法官转移到当事人身上从而减轻法官负担的考虑，并没有辅之以规范的、专业化的取证保障机制和事实发现机制，其结果就是形成了几乎所有的案件都适用一种介于现有立法规定的普通程序与简易程序之间的"中间程序"的局面。这使得我国的民事诉讼既缺少针对真正简单小额案件的简便易行的、平民化的速裁程序，又缺乏针对重要复杂案件的符合现代诉讼理念的、专业化和规范化的正式程序，这种做法"无异于给不同年龄、不同性别、不同需求的人提供同一型号、同一款式、同一风格的鞋，在实务中不可避免出现削足适履的现象"[2]。

---

[1] 傅郁林. 迈向现代化的中国民事诉讼法 [J]. 当代法学，2011，01：8–15.

[2] 傅郁林. 分界·分层·分流·分类：我国民事诉讼制度转型的基本思路 [J]. 江苏行政学院学报，2007，01：108–113.

5.2.1.2 实体正义的退让：速度至上以及客观真实观念的淡化

如前所述，审判迅速化有助于实现裁判正义的价值原理在于：时间过长的诉讼往往会伴随着证据褪色、证人记忆力减退、重复交错举证与辩论导致判断迷失、法官心证模糊等弊端，从而导致事实认定不符合客观真实，影响裁判的正确性。合理的审判迅速化可克服诉讼迟延的这些弊端而更有效地接近真实。从这个意义上讲，实现裁判正义是目标，迅速化只是手段。如果盲目地迅速化，甚至将之作为第一位的追求目标，没有为收集证据、准备辩论和开庭审理提供充分的时间而仓促作出裁判，那么迅速化非但不会增加裁判的正确性，反而会出现牺牲案件的实体正义以换取迅速性的本末倒置之情形。令人担忧的是，既有的审判迅速化恰恰呈现了这种危险的倾向。

审判方式改革前的我国民事诉讼由于受到苏联和东欧的影响，长期以来一直坚持客观真实说[1]，非常重视案件真实的查明以及对实体正义的追求，以至于后来有了"超职权主义"以及"重实体轻程序"的批判。这种传统由法院大包大揽以及执着探求事实真相的审判方式耗费法院大量的审判资源，难以适应经济发展带来的案件数量日益剧增的现实，恰逢理论界关于当事人主义模式、辩论主义、举证责任、法律真实等诉讼理论逐渐流行，法院系统迅速地吸收了这些"有用"的理论作为改革的正当性基础，将事实发现的重担转移到当事人的身上，以节约法院的审判资源。本来强调当事人的举证责任无可厚非，但问题是法院从大包大揽走向了另一个极端，将其"应有的客观判断证据及事实的真实发现义务，片面理解为当事人通过证据证明自身主张的义务"[2]，强调当事人提供证据的责任及"举证不能"下败诉后果的承担，却没有在制度上提供其收集证据的手段，这种做法导致的结果就是法院对未能查清案情的容忍度扩大，因案件事实真伪不明适用证明责任分配法则来判决的案件增多。改革过程中一些过分追求审判的迅速性、处处节省法院审

[1] 张永泉. 客观真实价值观是证据制度的灵魂：对法律真实观的反思 [J]. 法学评论，2012，01：38–44.

[2] 刘荣军. 民事诉讼中"新职权主义"的动向分析 [J]. 中国法学，2006，06：181–187.

理时间的做法更是加剧了实体正义对审判迅速性的退让。

首先是节约法院的调查取证时间，在缺乏证据开示制度等取证手段的情况下，《证据规定》还过分地限缩了法院依职权调查取证的权限[1]，这不仅不当地限制了法官为发现真实所必需的心证权力[2]，更使得实践中当事人存在的取证困难难以得到法院的救济。尽管2015年《民事诉讼法解释》增加了身份关系案件、公益诉讼案件以及可能存在恶意串通情形下的法院依职权调查取证的规定，但由于缺乏兜底条款，加上新增情形适用范围的限定性，法院依职权调查取证的范围仍然过窄，这可能使得实践中当事人存在的取证困难难以得到法院的救济。

其次是节约庭前当事人沟通对话的时间。在设立举证时限制度的情况下，却不配备完善的审前程序，甚至在大多数情况下并不组织当事人交换证据，原告在开庭时才收到被告的答辩状以及证据是一种常态。这使得双方当事人失去了在庭审前理性、和平地对话与沟通的机会，失去了在庭前了解对方的主张和理由从而更冷静地分析案件的机会，导致所有的意见和争执只能在充满对抗意味的庭审场合中以攻击防御之姿态表达，民事诉讼程序的对话性价值难以有效地实现[3]。

再次是节约法院与当事人之间沟通对话的时间。在多数当事人没有律师代理的情况下[4]，并不给予当事人必要的举证指导，更不会在如何进行事实主张以及法律适用方面协助当事人。相反，法官在宣判前"通过言语、表情或者行为流露自己对裁判结果的观点或者态度"甚至是作

[1]　李浩．回归民事诉讼法：法院依职权调查取证的再改革 [J]．法学家，2011，03：113-129+179

[2]　肖建华．回归真实：民事诉讼法的真谛——对《关于民事诉讼证据的若干规定》的批判 [J]．河南省政法管理干部学院学报，2006，01：107-114.

[3]　刘荣军教授是我国第一位将对话性作为民事诉讼程序价值的学者。关于对话性价值的存在依据及诉讼程序中对话机制的论述，参见刘荣军．程序保障的理论视角．北京：法律出版社，1999 年版，第 149-155 页。

[4]　近年来我国律师代理民事诉讼数量仅占法院每年民事案件结案数的 25% 左右。详细数据请参见第四章第三节的相关注释。

为一种违反法官中立立场的行为而一度被明令禁止[1]，其后随着学界对释明权、法官心证公开和法官法律观点指出义务等理论研究的深入，最高人民法院2010年修订的《中华人民共和国法官职业道德基本准则》不再禁止法官在宣判前流露自己的观点和态度，但实务中依然鲜见有法官愿意公开心证，究其原因，恐怕还是与"顾虑与当事人进行法律上讨论的结果将加重法院的负担"[2]有关。

最后，节约开庭审理时间。这个在多数案件中作为当事人唯一可亲自口头向法官表达意见的机会，是最不应该吝啬时间的，但实践中不少法院甚至在开庭之初就指定庭审结束时间[3]，明确规定开庭不能超过指定的时间限制，这样一旦庭审发现当事人的举证或者辩论行为可能会致使庭审超过预定的时间，法官就会打断当事人或其代理人并要求"简洁说明要点"或者"庭后提交代理词"，以控制和压缩庭审时间。

客观地说，上述种种节省审理时间的做法只是审判迅速化改革过程中的一些具体表现，并非决策主体旗帜鲜明的改革主张。实际上，审判迅速化在制度上的改革更主要的内容应当是上文提及的强化审限制度这一旨在控制整个诉讼时间的措施（其他诸如扩大简易程序的适用范围以及建立小额诉讼程序实际上也是通过审限制度来控制诉讼时间）。但是近年来"案多人少"的矛盾在司法供需形势的变化下越发突出：一方面是民事案件数量的剧增，另一方面因法官员额制改革的推行使得办案法

---

[1] 最高人民法院 2001 年 10 月发布的《中华人民共和国法官职业道德基本准则》第 11 条规定：法官审理案件应当保持中立。法官在宣判前，不得通过言语、表情或者行为流露自己对裁判结果的观点或者态度。

[2] 肖建华. 回归真实：民事诉讼法的真谛：对《关于民事诉讼证据的若干规定》的批判 [J]. 河南省政法管理干部学院学报，2006，1.

[3] 王跃. 透视司法公正与效率：从分析民事诉讼中指定庭审结束时间入手 [J]. 西部法学评论，2009，5.

官的数量大幅减少了三分之一左右[1]。在法官案件负担不断加重的情况下，对审限制度的从严控制很容易反过来促使法官压缩审理时间。而对审理时间的压缩，体现了既有审判迅速化过程的一个价值倾向，即法院对未能查清案情的容忍度扩大，法官们不再执着于认定事实的客观真实，而是试图从程序正义或者法律真实等话语构建获得正当性支撑。或者更直接地说，既有的审判迅速化在一定程度上是以牺牲事实认定的正确性为代价的。殊不知，程序正义的核心仍然是寻求裁判的正当性，并且这种正当性体现为事实认定合乎真实以及法规的解释适用正确[2]，不以追寻建立在客观真实基础上的裁判正当性为目标的程序很难认为是符合正义的。而法律真实说最初也只是针对过去司法实践在客观真实理念指导下无限度地追求真实所产生的诸多弊端而提出，[3]并不意味着证据制度的设置以及司法实践的运作不需要以最大限度地发现客观真实为目标[4]。

也许有更多的人会从公正与效率的关系来看待这个问题，一些法官也承认在案件负担过重的时候"为了追求效率，工作来不及做得太深

[1] 在法官员额制改革之前，据最高人民法院党组成员、政治部主任徐家新2013年7月25日在北京召开的全国法院队伍建设工作会议上的介绍，中国法官人数约为19.6万人，参见欧阳开宇：《中国内地法官人数已达到19.6万人》，中国新闻网 http：//www.chinanews.com/fz/2013/07-25/5085883.shtml，2017-10-21。而在2017年7月法官员额制在全国法院全面落实后，全国法院共遴选产生12万余名员额法官，参见靳昊，李京：《我国法官员额制改革全面完成》，《光明日报》2017年7月4日。

[2] 刘荣军.民事诉讼中"新职权主义"的动向分析 [J].中国法学，2006，06：181-187.

[3] 陈端洪.法律程序价值观 [J].中外法学，1997，06：47-51；刘田玉.论"法律真实"的合理性及其意义 [J].法学家，2003，05：124-133.

[4] 张永泉教授对法律真实观提出了批判，认为法律真实说有悖于证据制度的根本价值目标，从而导致审判实践中适用证据规定的机械和错位，并且法律真实观有悖于现代诉讼中事实认定之自由心证原则。参见张永泉.客观真实价值观是证据制度的灵魂：对法律真实观的反思 [J].法学评论，2012，01：38-44.

入"或者存在"为了追求效率而牺牲办案质量"的问题[1]。这些观点建立在一个未经证实的假设上，那就是以牺牲裁判正确性为代价可以换取效率的提高。然而事实果真如此吗？如果把效率简单地理解为办案速度或者说单位时间内的办案数量而不考虑裁判是否带来效益的话，那么效率确实提高了。但正如上文所分析的那样，理解诉讼效率的核心不应脱离成本—收益的关系以及资源配置的有效性而进行。从当事人的角度看，无论裁判过程多么迅捷并且能有效节省当事人的诉讼成本，但如果裁判不正确，则该裁判对因权益受损而寻求司法救济的当事人而言没有任何效用可言；从社会的角度看，错误的裁判非但不能有效修复被破坏的社会秩序，还可能引发新的冲突产生，并且不正确的裁判可能会导致社会资源以无效率的方式重新配置，从而产生错误成本。正如波斯纳所言："既然在审判中准确的事实认定对于法律在传递有效的激励之效率至关重要，那么，裁判的准确性就不仅仅构成一种道德价值和政治价值，而且还是一种经济价值。"[2]

总之，我国的审判迅速化过程，非但没有致力于促进正义的实现，反而在有意无意中忽视或者淡忘了正义曾经是也应该一直是诉讼制度首要的价值导向，以至于司法实践中未能有效贯彻"应得"与"平等"的正义思想，不仅未在迅速化过程中考虑到资源配置和诉权保护的实质平等性，还为了追求迅速审理而在一定程度上牺牲了事实认定的正确性。

5.2.2 失之偏颇的效率追求

在官方话语中，我国审判迅速化的各项措施都是以提高诉讼效率为导向而展开的，这并无不妥，就我国不曾存在大面积诉讼迟延之国情而言，审判迅速化更重要的价值基础也是基于其具有增进效率之作用。然而在司法实践中，对效率的理解产生了偏差，以至于出现了"速度=效率"的观念，认为提高速度就是提高诉讼效率，其危害不仅在于容易出

---

[1] 张景义，李阳，杨叔朋．大连甘井子区法院的省级之"最"[N].人民法院报，2010-04-08（005）．

[2] ［美］理查德·A.波斯纳．证据法的经济分析[M].徐昕，徐昀译．北京：中国法制出版社，2004：40.

现过度追求速度以至于牺牲诉讼制度的其他价值（如上文所述实体正义的退让即因此而起），更会妨碍司法改革对真正效率的追求。

5.2.2.1　既有审判迅速化的价值取向：效率

我国审判迅速化的主导者最高人民法院所采取的各项迅速化措施，大多是在"提高诉讼效率"的口号下实施和推进的。

首先是以提高诉讼效率为名对审限制度的强化。最高人民法院2000年9月22日所颁布的《审限规定》开篇即表明了制定这一规定的目的是"为提高诉讼效率，确保司法公正"；此后最高人民法院在向全国人大会议所作工作报告中多次提及审限制度的效率价值，如"清理超审限案件、提高审判效率"[1]"强化审限意识、提高司法效率"[2]"审判效率进一步提高，一审案件在法定审理期限内结案的占95.19%"[3]，等等。

其次，举证时限制度的确立也是基于提高诉讼效率的考虑。最高人民法院领导主编的关于如何理解和适用《证据规定》的一书里提到"限时举证的目的就是要通过规定当事人在期限内提供证据，来实现庭审前固定争点和证据的目的，进而提高庭审效率和诉讼效率"[4]、"设立或执行举证时限制度有利于调动当事人举证的积极性，当事人举证集中于某一阶段能促使纠纷的快捷解决，降低法院重复开庭的成本，提高诉讼效率，尽快解决纠纷"[5]。

第三，简易程序的扩大适用也是打着"提高诉讼效率"的旗号进行的。在最高人民法院出台《简易程序规定》前后，多次在向全国人大

---

[1]　肖扬．最高人民法院工作报告：2001年3月10日在第九届全国人民代表大会第四次会议上 [R].

[2]　肖扬．最高人民法院工作报告：2002年3月11日在第九届全国人民代表大会第五次会议上 [R].

[3]　肖扬．最高人民法院工作报告：2007年3月13日在第十届全国人民代表大会第五次会议上 [R].

[4]　黄松有．民事诉讼证据司法解释的理解与适用 [M]. 北京：中国法制出版社，2002：179.

[5]　李国光．最高人民法院《关于民事诉讼证据的若干规定》的理解与适用[M]. 北京：中国法制出版社，2002：275.

会议所作工作报告中将扩大简易程序的适用范围作为证明其致力于提高诉讼效率的例证，如"依法扩大简易程序的适用范围，提高诉讼效率"[1]"依法扩大简易程序的适用范围，提高审判效率"[2]"依法扩大适用简易程序审理案件的范围，提高诉讼效率"[3]等。

第四，最高人民法院开展小额速裁试点工作以及力促立法确立小额诉讼制度同样是以提高效率之名。最高人民法院发布的《人民法院工作年度报告》（2011年）称"部署全国90个基层人民法院开展小额速裁试点工作，完善民事诉讼简易程序，合理配置审判资源，便利人民群众诉讼，提高办案效率""及时向立法机关提出有关……小额诉讼程序、司法确认等意见建议"[4]。

至于立法机关2012年修改民事诉讼法确立小额诉讼、激活督促程序、增设司法确认调解协议、实现担保物权程序等措施，由于我国向来没有公布立法理由书的传统，难以从公开的文件上直接窥见立法者设立这些制度的价值取向。不过全国人大法工委2011年10月公布的《民事诉讼法修正案（草案）条文及草案说明》对简易程序的完善建议中（包括扩大简易程序的适用范围、设立小额诉讼以及简化审理程序等）提到"完善简易程序，对于提高审判效率，降低当事人诉讼成本，合理利用司法资源，具有重要作用"，表明了立法者对完善简易程序方面也是以提高效率为价值取向的。

5.2.2.2　效率理解的偏差及其危害

1. 效率理解的偏差："速度=效率"观

审判迅速化以效率作为其价值取向并无不妥，但问题是在既有的审

---

[1]　肖扬.最高人民法院工作报告：2003年3月11日在第十届全国人民代表大会第一次会议上[R].

[2]　肖扬.最高人民法院工作报告：2005年3月9日在第十届全国人民代表大会第三次会议上[R].

[3]　肖扬.最高人民法院工作报告：2007年3月13日在第十届全国人民代表大会第五次会议上[R].

[4]　最高人民法院.人民法院工作年度报告（2011年）[R].北京：人民法院出版社，2012.

判迅速化过程中，对效率的理解过于狭隘，将审判的迅速性作为判断效率最重要的标准，甚至直接将迅速等同于有效率。这种理解不仅会导致对迅速审判的过度偏爱，更会妨碍司法改革对真正效率的追求。

将迅速等同于有效率的思想，突出地表现在最高人民法院所制定的案件质量评估指标体系中[1]。这一体系的效率指标共有10个，分别是法定期限内立案率、一审简易程序适用率、当庭裁判率、法定（正常）审限内结案率、平均审理时间指数、平均执行时间指数、延长审限未结比、法院年人均结案数、法官年人均结案数和结案均衡度。并且最高人民法院对这些指标的解释是"法定期限内立案率高，说明立案效率高""一审简易程序适用率高，说明办案效率高""当庭裁判率高，说明庭审效率高""法定（正常）审限内结案率高，反映审判有效率""平均审理时间指数高，说明案件审理周期短，反映审判效率高""平均执行时间指数高，说明案件执行周期短，反映执行效率高""延长审限未结比高，反映审判效率低""法院年人均结案数大，既说明法院人均办案的整体实力强，也反映审判效率高""法官年人均结案数大，反映法官办案能力强，审判效率高""结案均衡度高，反映法院审判工作良序运转的程度高"[2]。这10个指标中，仅结案均衡度这1个指标与审判速度没有直接关系，不过如前所述，这个指标实际上是为了遏制"年底不收案""年底突击结案"等因结案率、结案数（与审判的迅速性有关）考核导致的审判行为扭曲现象而创设的新考核指标，因此也归入效率指标中。其他9个指标都是指向审判及执行的迅速性，都是

---

[1] 最高人民法院于2008年发布《关于开展案件质量评估工作的指导意见（试行）》，并于2011年修订后发布《关于开展案件质量评估工作的指导意见》。根据指导意见指定的《人民法院案件质量评估体系》有1个1级指标（案件质量综合指数）、3个2级指标（公正指标、效率指标和效果指标）。其中效率指标下有10个3级指标。关于各级指标的名称及其评价目的等可参见张军，最高人民法院研究室.人民法院案件质量评估体系理解与适用[M].北京：人民法院出版社，2011：363-372.

[2] 张军，最高人民法院研究室.人民法院案件质量评估体系理解与适用[M].北京：人民法院出版社，2011：367-369.

与案件的处理时间有关。即使是"一审简易程序适用率"这个指标，尽管其计算公式并不直接以时间为计算因子，但由于简易程序的审限比普通程序的审限短，因此实质上也是在进行时间上的考察。

正如上文分析诉讼效率含义所指出的那样，效率的核心在于成本—收益之间的关系，对诉讼效率的理解也必须从诉讼成本与诉讼收益两个方面去把握。诉讼成本包括直接成本（公共成本和私人成本）及错误成本，诉讼收益则包括诉讼机制的恢复性功能和导向性功能在司法实践中的实现，前者包括对当事人之间平等（正义）的恢复和对社会秩序的恢复，后者则包括预防纠纷发生和引导当事人自行解决纠纷的作用。尽管合理的审判迅速化的确可以通过降低诉讼成本和提高诉讼收益来达到提高诉讼效率的目的（其原理分析详见本书第2章），但按照诉讼成本—诉讼收益的分析工具，与审判速度联结的时间仅仅是诉讼成本的其中一个要素，而不是全部的诉讼成本；与审判速度联结的纠纷解决的数量也仅仅是诉讼收益的一个部分，而不是全部的诉讼收益。因此，审判速度绝对不应该成为衡量效率的唯一标准。

2."速度=效率"观的危害

这种将速度等同于效率的简单化思维，将在司法实践中产生诸多不利的后果：

第一，直接导致对已有诉讼效率的错误判断。按照效率的"成本—收益"的核心含义，在考察现有诉讼制度的运行效率高低时，必须综合考察诉讼成本与诉讼收益。尽管诉讼成本与诉讼收益并不总是表现为可量化的经济指标，但这并不意味着我们可以忽视诉讼制度运行的成本与收益，忽视当事人的诉讼成本与收益，从而简单地以对速度的考察取而代之。由于速度并不能涵盖所有的诉讼成本与诉讼收益的要素，因此以速度快慢来作为判断诉讼效率高低的唯一标准必然导致对已有诉讼效率的错误判断。

第二，妨碍了对真正效率的追求。这是与对已有效率的错误判断紧密联系的。因为我国司法实践中民事审判的整体速度是不可谓不快的，按照"速度=效率"观，必然会得出我国诉讼效率高的判断。但按照"成本—收益"的分析，速度快很有可能只是降低了直接成本而增加了错误成本，速度快也未必能提高诉讼收益，因此民事诉讼制度的运行存在着"速度快而效率低"的可能性。认为我国诉讼效率高的判断掩盖了这一可能性的存在，这种自欺欺人的后果就是认为没有必要再去考察现有诉讼制度运行的成本与收益之间的关系，没有动力去研究有效的效率增长机制，从而妨碍了对真正效率的追求。

第三，不恰当地追求审判的迅速性。由于诉讼效率要通过诉讼成本与诉讼收益来判断，而成本与收益又各含有不同的变量，因此对于诉讼效率的衡量可能是多个维度的，从不同的角度进行考察可能会有不同的结果。例如我国学者艾佳慧就从事前还是事后、个案还是整体、长期还是短期三个维度将司法效率分为事前效率和事后效率、个案效率和制度效率、长期效率和短期效率[1]。鉴于诉讼效率考量的这种复杂性，在具体审理个案时，可能有时通过简捷、迅速的处理是符合效率要求的，但有时可能通过慎重而复杂的程序处理更有利于提高整体的诉讼效率。而一旦在观念上认为"速度=效率"，那么出于追求效率的观念就可能在所有案件中都强调审判的迅速性，这实际上使得个案中的迅速处理决策缺乏正当性之考量，并进而造成"速度快而效率低"的现实。

5.3 既有审判迅速化的路径偏差

出于减轻法院压力和法官负担的动机，既有的审判迅速化形成了简化程序、减少法官审理时间以及当事人准备时间的路径依赖。然而这样的路径却可能会超越案件合理的审判周期而迅速化，违背相应的诉讼规律，形成审判迅速化的路径偏差。

5.3.1 既有审判迅速化的路径依赖

5.3.1.1 减少法官审理时间和当事人准备时间

既有的审判迅速化主要是采取减少法官对个案的审理时间投入以及压缩当事人收集证据和准备辩论的时间来达到程序加速的目的。这种路径选择，在本书第4章第1节关于我国审判迅速化的实践状况描述以及第5

---

[1] 艾佳慧. 司法效率的三种维度 [N]. 人民法院报，2011–01–12（008）.

章第2节速度至上的反思中已经充分阐述。简而言之，减少法官对于个案的审理时间主要表现为节省法院的调查取证时间、节省法院组织庭前当事人沟通对话的时间、节省法院与当事人之间沟通对话的时间以及控制和压缩开庭审理时间；而减少当事人准备时间则主要体现在缺乏必要的举证指导、取证保障、争点整理等配套制度的情况下单一化地设定举证期限制度并辅之以较为严厉的举证失权后果。

5.3.1.2　既有审判迅速化的路径选择引发的质疑

主要通过减少法官的审理时间和当事人准备时间的路径选择引发了学者的质疑，并且由于这种路径选择与审判迅速化的表面联系是如此明显，以至于有学者将批判的矛头直指审判迅速化本身的正当性。李浩教授在《宁可慢些，但要好些：中国民事司法改革的宏观思考》一文中，主张我国不应像西方国家那样把提速作为改革的主要方向和目标，反而应当朝相反的方向进行，即适当地放慢速度，为当事人行使权利和法院审理案件预留充足的时间。李浩教授反对程序加速的主要理由就是担心程序加速影响司法公正。他认为，我国民事司法目前并不存在严重的迟延问题，却存在司法不公以及由此带来的司法公信力低下的问题。在目前"案多人少"的局面下，如果还提倡审判迅速化，可能导致法官为了加速案件审理进程不认真调查证据、不耐心听取当事人的意见，草率地审案判案，从而加剧司法不公，引发当事人对司法的不满，并损害司法权威。李浩教授还总结了程序高速运转已经带来的种种问题，包括扩大适用简易程序、答辩期满即安排开庭、审前准备程序很少适用、一些应当调查收集的证据未收集、合议庭严重变形、上诉率持续增长、更多的案件诉至法院，等等[1]。

李浩教授的呼吁发人深省，其论据也很有说服力。不过在李浩教授担心程序加速会导致司法不公的背后，实际上隐含着这样的逻辑推理过程：法官的工作负担已经很重，如果再要求审判迅速化，法官可能不得不压缩对个案的必要审理时间，致使当事人无法得到必要的程序保障，

---

[1]　李浩.宁可慢些，但要好些：中国民事司法改革的宏观思考 [J]. 中外法学，2010，06：928–943.

也可能会影响案件结果的正确性。因此，审判迅速化不具有现实可能性。

然而问题是：审判迅速化是否一定要通过压缩法官对个案的必要审理时间这一条路径来实现？如果不是的话，那么与其将李浩教授的观点理解为反对审判迅速化本身，不如理解为反对以压缩法官对个案的必要审理时间来推进审判迅速化的方法和路径。笔者认为，程序加速并不等于要法官压缩对个案的必要审理时间，既有的审判迅速化将压缩法官对个案的必要审理时间作为推进审判迅速化的主要方法不仅存在着路径上的偏差，也在一定程度上违背了审判规律。实际上，在不改变法官审理个案的工作时间投入的情况下，审判迅速化仍然是可能实现的。这其实涉及对审判迅速化目标以及审判周期构成要素的理解。

5.3.2 审判周期的构成理论

尽管审判周期一词经常被使用，但就笔者所掌握的资料而言，学界尚无关于审判周期构成要素的相关论述。笔者认为，通过分析审判周期的构成，可以更清晰地判断审判迅速化的完善进路以及民事司法改革的方向。

5.3.2.1 审判周期的构成要素

迅速审判所描述的对象及其涉及的时间过程，是指从案件起诉开始，到案件被审理终结为止，案件通过这个流程所需要的时间可称为审判周期。审判迅速化的目标是尽可能地缩短审判周期，而审判周期并不等于法官的审理时间。这一点从法官人均年结案数的分析可以很清晰地看出来，2014年度我国法官的人均年结案数为72件[1]，按照每年250个工作日计算，法官用于单个案件的平均时间约为3.5天（假设法官处于满负荷工作状态，且这3.5天时间全部用于审理该案件），但很明显，案件的审理周期并不是3.5天，而是远远大于这个时间。那么，审判周期是如何构成的？

---

[1] 最高人民法院. 人民法院工作年度报告（2014年）[M]. 北京：法律出版社，2015，4。

能否以审判程序所经历的阶段作为审判周期的构成要素呢？比如我国的民事诉讼程序要经过当事人起诉、法院审查及立案、送达、答辩、举证、证据交换、开庭审理、合议庭评议、宣判等主要的诉讼阶段。但是以这些诉讼阶段作为审判周期的构成要素并不具有普适性。首先，不同国家的民事审判流程阶段不尽相同，这包括由于民事诉讼程序规则规定的不同而导致的差异，例如美国民事诉讼程序中的证据开示程序、陪审团成员挑选程序等阶段在我国的民事诉讼程序中并不存在，也包括由于理念不同而导致的实际运行中的区别，如英美等国强调法官的独立审判权因此负责审判的法官可直接作出裁判决定，而我国强调的是法院的独立审判权因此在判决宣判之前还存在判决书的复核、核准与签发等阶段。其次，同一国家的民事诉讼适用不同的程序时案件所经历的阶段也不尽相同，例如我国的简易程序与普通程序分别由独任法官和合议庭审理，适用简易程序的案件就不需经过合议庭评议的阶段。最后，同一国家适用同一种程序审理也可能由于具体案情的不同而有所区别，例如我国法官可根据具体案情决定是否组织当事人进行证据交换，当事人在开庭之前达成和解协议从而撤诉的案件也不需经过庭审及后续的阶段。

那么，有没有可能从众多的、内容各异的诉讼阶段中抽象出一些共同的因素作为审判周期的构成要素，并且能适用于不同的审判流程呢？经济学领域中对生产周期的界定能够给予我们莫大的启发。生产周期是指产品从原材料（或半成品）投入生产到产成品检验入库所经历的时间。千差万别的产品背后有着截然不同的生产流程，其生产周期自然也各有差异。但这纷繁芜杂的背后，生产周期的构成却能被抽象成两个要素：工序时间和工序间隔时间。其中工序时间包括产品加工、检验、运输等时间，而工序间隔时间又称为等待时间，包括因技术原因造成的等待时间（如发酵时间、冷却时间）和因组织原因造成的等待时间（如保险储备时间、停工待料时间）等[1]。当我们把案件的审判流程比喻为产品的生产过程、把案件终结比喻为产品成品时，我们能发现生产周期与审判周期之间惊人的相似。案件终结（成品）需要由法院和当事人这两

---

[1] 刘树成.现代经济词典[K].南京：凤凰出版社；江苏人民出版社，2005：913.

部机器来共同生产，整个流程大致需要经过法院受理、审前准备、开庭审理、案件评议和宣判等几个主要的"法院工序"，还要经过起诉、答辩、调查取证、参加开庭等几个主要的"当事人工序"。"法院工序"和"当事人工序"有的是分别单独进行的（如当事人的取证、法院的评议），有的是共同进行的（如开庭审理）。在这些"工序"中，法院或者当事人以诉讼行为推动诉讼进程，因此我们可将之称为"诉讼行为时间"。诉讼行为时间是指为了实施诉讼行为而花费的必要时间，不仅仅指实施诉讼行为那个时间点或时间段，还包括诉讼主体为了实施诉讼行为的必要准备时间，比如法官为了开庭审理而在庭前阅读卷宗熟悉案情的时间，当事人为了举证而收集证据的时间。在法院或当事人以其行为推动诉讼进程之外，还存在不少法院和当事人都"无所作为"的时间，如等待送达、等待移送案卷、等待调查、等待开庭、等待评议、等待判决签发等时间段，在这些时间段案件处于"静止"状态，我们可称之为"等待时间"，这些等待时间是可以通过合理的安排缩短的。此外，还可能存在基于政策的调整或者不可抗力等因素而产生的"其他时间"，这些时间是难以通过审判迅速化来压缩的。由此可得到审判周期的公式：

审判周期=诉讼行为时间+等待时间＋其他时间

不过，由于政策调整或不可抗力等产生的其他时间并非在每个案件中都会出现，一般案件中的审判周期都是由诉讼行为时间和等待时间组成。作为对普遍性的一种考察，下文的分析将忽略其他时间对审判周期的影响，即认为一般情况下的审判周期公式是：

审判周期=诉讼行为时间+等待时间

其中，诉讼行为时间包括法院的诉讼行为时间和当事人的诉讼行为时间，当法院和当事人的诉讼行为是同时进行时，该时间就是重叠的。为避免重复计算，我们可把当事人诉讼行为时间限定为当事人独立进行诉讼行为的时间（即无须法院予以介入的时间）。因此审判周期的公式还可以表述为[1]：

审判周期=法院诉讼行为时间+当事人独立诉讼行为时间+等待时间

5.3.2.2 审判周期构成图示例

为了使读者有一个直观的印象，笔者根据北京市第二中级人民法院周晓冰对该院2006年的一审案件审理时间的统计数据[2]，并结合相关学者对于我国司法实践现状的描述以及笔者十余年的执业律师经验所获得的司法感知，绘制审判周期构成图示例如下。

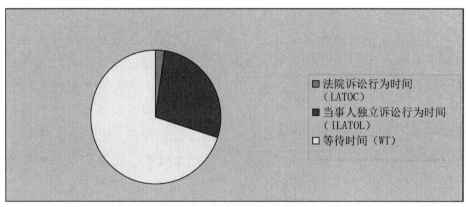

图 5-1 审判周期构成图

---

[1] 严格来说，这一区分并不是很严谨，因为当事人的独立诉讼行为时间仍然是有可能与法院诉讼行为时间重合的，例如在当事人自行收集证据的同时，法院也可以单方采取必要的审前准备工作。但为了能描述出法院诉讼行为时间在审判周期构成中的比例，笔者还是采用了这一区分。

[2] 需要说明的是，笔者借用周晓冰十余年前的调研数据实属不得已之下策。原因在于无论是最高人民法院还是各地方法院都极少统计和公布民事案件的平均审理时间，统计数据上只要求统计案件是否在审限内结案即可，并不涉及案件的平均审理时间。周晓冰的调研数据虽然相对较旧，但同时具备平均审理时间和法官投入审理时间的数据，因而可用于绘制审判周期构成图。此外，笔者绘制审判周期构成图的目的只是为了使读者对审判周期的构成能有一个直观的印象，而不是为了普遍性地说明和分析目前全国范围内的案件平均审理时间，因此较旧的数据应该不会对审判周期构成示例图造成过大的负面影响。关于周晓冰的调研情况，参见周晓冰.民事审判流程控制研究 [J].人民司法，2008（1）.

说明：①周晓冰对北京市第二中级人民法院2006年度审结的18345件民事一审案件的平均审理时间进行了统计，该院以判决方式结案的一审案件平均审理天数是127.08天。笔者将之作为审判周期天数。②周晓冰在北京市第二中级人民法院随机抽取了80名民事审判人员，对合议庭以普通程序审理一起民事判决案件投入的时间进行调查分析，结果是承办法官对于审查卷宗、询问及举证指导、开庭及宣判、诉讼调解、调查取证、合议庭评议、撰写法律文书等工作所投入的总工作时间是17.61小时，此外在撰写完判决书后，审判长审核还需要投入1.02小时，合计为18.63小时[1]。以一天正常工作时间为8小时计算，这需要2.33天。如果再加上立案庭的立案审查时间、书记员负责的送达、办公室的排期开庭等时间耗费，可按法院诉讼行为时间为3天计算。这占整个审判周期的2.36%。③当事人的独立诉讼行为时间一般是指被告的答辩时间和调查取证时间，按照当时适用的最高人民法院《证据规定》第33条的规定，普通程序中人民法院指定举证期限不得少于30日[2]，司法实践中法院为了能在审限内结案，一般都是按照最低限度的30天指定举证期限，并且一般都在举证期限届满后很快就安排开庭，以便于保证开庭后法院有充足的时间作出判决。因此我们可以假定当事人的独立诉讼行为时间为35天。这占整个审判周期的27.54%。④根据以上比例，余下的等待时间为70.1%。于是上面的审判周期构成图的法院诉讼行为时间、当事人独立诉讼行为时间、等待时间的比例分别是：2.36%、27.54%和70.1%。

尽管这个审判周期构成图只是个别法院特定时间段的一个描述，并不能准确地反映出当下中国民事诉讼案件审判周期的一般状况，但起码能就审判周期的各组成部分之间的比例传递给我们一些大致的信息。这些信息中特别重要的一点就是：法官用于审理具体个案的时间仅占整个

---

[1] 需要说明的是，周晓冰统计出合议庭三位法官的投入时间总和是27.75小时，但由于三位法官投入时间是有重合的，例如开庭、合议时间都是三位法官同时参加，这个重合时间已达8小时。

[2] 2015年的《民事诉讼法解释》第99条已将30日的最短期限进一步缩短为"不得少于15日"。

审判周期很小的一部分。法官的审理时间是法院诉讼行为时间的一部分，上述周晓冰的调查中，法官用于一审普通程序判决案件的时间是18.63小时（折合2.33天，扣除合议庭三个法官的重叠部分），仅占整个审判周期127.08天的1.83%。笔者可以大胆地推断，就全国范围而言，这个比例不会超过5%。因为周晓冰所统计的是北京市第二中级法院一审判决案件的法官审理时间，"中级法院一审"意味着案件标的额较大，也意味着只能用普通程序，而以"判决"方式结案意味着法官投入的工作时间较其他方式结案的时间更长[1]。故从理论上而言，这个2.33天的时间应该是一个比平均数要高的时间耗费标准。中级法院以其他方式结案（包括调解、撤诉等）的一审案件，基层法院以普通程序或简易程序审理的案件，法官所需投入的审理时间都应该比2.33天更低。即使考虑到北京市中级法院的法官可能比大部分法院的法官工作效率更高的因素，将全国的平均法院诉讼行为时间假定为3天也应该不属少估算了。至于全国范围内的一审案件平均审理时间，由于没有相关的统计因此无法获得。但从官方公布的审限内结案率为98%以上的数据来看，我们假定1个相对较短的审判周期为60天。这样，估算出来的法院诉讼行为时间占审判周期5%，而法官的审理时间则少于5%。

法官审理时间在诉讼周期中的比例之低，说明了审判迅速化并不必然需要压缩法院诉讼行为时间。审判迅速化的目标在于缩短审判周期，而法院用于处理案件的时间在审判周期中所占比例很小，因此增加或减少其时间都不会对审判周期造成明显的影响。换而言之，审判迅速化并不必然要通过缩短法官审理时间的方式来进行，甚至，与此相反，即使增加法院的审理时间，只要能缩短审判周期的其他组成部分所占时间，审判迅速化仍然是可能的。但既有的审判迅速化恰恰是通过缩减法官审理时间和当事人准备时间来进行，这种路径的偏差不仅不能有效合理地缩短审判周期，并且是违背诉讼规律的。

---

[1] 根据周晓冰对北京市第二中级人民法院2006年审结的18345件民事案件的平均审理时间进行的统计，全部一审案件的平均审理时间为103.10天，而一审判决案件时间为127.08天。

5.3.3 违背诉讼规律的迅速化

5.3.3.1 诉讼规律对审判周期的约束作用

所谓规律是指事物发展变化过程中的本质的联系和必然的趋势。规律是人类意识之外的客观存在，既不能创造也不能消灭。诉讼规律是社会规律的一种，是诉讼过程中不以人的意志为转移的本质性规定，是诉讼活动各要素之间稳定、必然、本质和反复出现的联系，是审判过程中起决定作用的基本准则。诉讼规律是一个宏观的、集合的概念，尽管对于诉讼规律具体包括哪些内容，学界尚未有一致的归纳和共识，但也无人会质疑诉讼活动应当遵循一定的客观规律这个命题的正确性。

周期是受到规律的制约的。在探讨诉讼规律与审判周期的关系之前，我们可以想象一下植物的生长周期和工业产品的生产周期。植物的生长周期受到生长规律的制约，从细胞发生分裂，到胚发育成胚芽和胚根，到幼苗破土而出，再慢慢形成茎、枝、叶和根，组成了植株并生长壮大，再到开花、结果、成熟、衰老、死亡，整个生长周期都是受到植物自身的生长规律的制约的，不同的植物有不同的生长周期。人们可以在尊重植物生长规律的基础上通过施肥或者增加光照条件等方式适当地缩短其生长周期，却不能通过简单粗暴的方式拔苗助长。工业产品的生产周期也受到生产规律的制约，不同的产品有不同的生产流程和生产周期，如汽车零件的制造一般要经过落料、冲孔、拉深、弯曲、翻边、修整等工序，其工序时间主要取决于设备及工艺等技术物质条件，而工序间隔时间（等待时间）则取决于同时在制产品的数量以及计划、管理工作的完善程度[1]。如果由于机器设备的产能不足就不顾产品加工工序时间的要求，在设备工艺技术未能提高的情况下强行压缩单个产品的工序时间，那就是违背生产规律之举，必然会生产出不合格的产品。

审判周期同样会受到诉讼规律的约束。审判活动本质上就是一个事

---

[1] 根据精益生产理论，生产周期与在制品的数量有关，在制品越多，等待时间就越长，生产周期就长；在制品越少，生产周期就越短。可参见肖智军. 尽力缩短生产周期 [J]. 企业管理，2010，04：59–60. 高鹏举. 生产与运作管理 [M]. 上海：东华大学出版社，2005.91–105.

实发现和法律适用的过程，对审判周期产生最重要制约作用的当属事实发现的规律。除了蒙昧时期的神明裁判之外，力图通过各种各样的证据信息来重现发生在过去的案件事实真相就是一个事实发现规律。不管案件性质、复杂程度、争议额大小有怎样的区别，都是要通过证据的收集、整理、提交、调查等活动来进行事实发现，这样证据信息展示的充分程度和事实发现的程序就会影响到审判周期。证据信息越是在诉讼早期得到全面的披露和交流，就越能缩短审判周期，因为当事人可能根据全面的信息尽早对诉讼结果作出预测从而通过和解终结诉讼，法官也容易认定事实而作出裁判。当然，不同类型、不同复杂程度案件的事实发现之困难程度是不同的，所需经历的诉讼阶段也有所不同。案件是否需要经过证据交换、要经过多少次证据交换、是否需要进行争点整理、是否需要由法院调查取证、案件取证需要花费多长时间、当事人准备辩论需要花费多长时间、开庭时间的长短等都由案件本身的具体情况、当事人的诉讼能力以及诉讼制度的配备等因素决定。如果不顾事实发现之规律，不是从证据发现的层面上完善取证制度，而是简单地强行给事实发现确定一个时间限制，压缩法官或当事人的诉讼行为时间，那就可能会影响事实发现之准确性，进而生产出"不合格"的裁判。

5.3.3.2　既有迅速化违背诉讼规律之表现

审判周期由诉讼行为时间和等待时间构成，那么，从理论上而言，审判迅速化的实现路径有两个方向：减少诉讼行为时间（包括法院诉讼行为时间和当事人独立诉讼行为时间）、减少等待时间。

正如生产周期的工序时间决定了能否生产出合格的产品一样，审判周期的诉讼行为时间也决定了案件的审判质量，因此减少诉讼行为时间必须非常谨慎，应该在尊重审判规律的基础上进行。如果减少诉讼行为时间是通过诉讼机能的调整（如有效的程序分化设置、完善的信息披露机制促进当事人和解、法官和当事人的诉讼促进义务体系等）来达到，那么就是符合诉讼规律的。但既有的审判迅速化采取的是另外一种更简单草率的方法直接缩减诉讼主体的诉讼行为时间。这就像生产工业产品时不是通过设备和技术的提高来缩减工序时间，而是在现有设备和技术水平的情况下直接减少产品在机器设备上的加工时间——这显然是不符合规律的。

等待时间占据了审判周期的很大一部分比例，通过减少等待时间而实现审判迅速化从理论上而言应该大有可为。但是既有的审判迅速化并未充分探索减少等待时间的可行途径，反而长期容忍辩论终结后迟迟不作出裁判的现象，这同样是不符合审判规律的。从审判规律来看，法官应该在心证鲜活的时候及时作出裁判。所谓心证，"乃指审理事实之人因证据作用而起信念之倾向"[1]。法官要对自己并未直接经历的过去事实是否存在作出判断，必须依赖于对各种证据资料的调查与审酌，不仅要审查书面的证据，还要直接考察当事人或代理人陈述的内容、陈述的态度、陈述的时间及非陈述的其他行为的态度，聆听证人证言内容及观察其言行举止，等等，正是在斟酌、整理、选择、取舍各种证据资料的过程中，法官在经历了一个"时而判断该事实存在，时而判断该事实不存在"的心理波动后[2]，逐渐形成关于事实判断的心证。法官根据庭审举证质证和辩论的情况形成心证后，如果不及时作出判决，其心证可能会随着时间的流逝而淡化，最后不得不依靠庭审笔录和残缺的记忆来进行评议和裁判，这样不但减损了庭审的价值，而且容易导致主观臆断。

总之，在审判周期构成中诉讼行为时间所占比例较小而等待时间所占比例较大的情况下，既有的审判迅速化一方面采取错误的方法来减少诉讼行为时间，另一方面却不注重减少等待时间，违背了诉讼规律，也会进一步造成审判周期构成的非合理化。

5.3.4 合理的审判周期应符合诉讼规律

显而易见，审判周期中的诉讼行为时间和等待时间对于民事诉讼的价值大为迥异，必要的诉讼行为时间是实现程序保障与裁判正义所必需

---

[1] 李学灯. 证据法比较研究 [M]. 台北：五南图书出版有限公司，1992：391.

[2] [日] 新堂幸司. 新民事诉讼法 [M]. 林剑锋译. 北京：法律出版社，2008：385.

的，而等待时间通常情况下并无意义[1]，并且如前文所述，我国既有的审判迅速化进程不恰当地减少法院审理时间和当事人准备时间的做法已经引发了不少问题，因此未来的审判迅速化应调整路径，主要采取减少等待时间的方法，并且保障必要的诉讼行为时间，使审判周期在符合诉讼规律的情况下合理化。

5.3.4.1　审判迅速化应保障必要的诉讼行为时间

必要诉讼行为时间是保障当事人听审请求权之所需。所谓听审请求权是指受法院裁判效力影响所及的当事人及关系人，对于足以影响裁判结果的重要事项（包括事实、证据或法律见解）应有充分陈述和辩论的机会，相对于此，法院对当事人的陈述及所提出的资料负有审酌义务[2]。在许多国家，听审请求权是当事人的一项宪法权利，尽管我国宪法尚未明确规定公民的听审请求权，但不少学者都认为听审请求权是当事人的一项程序基本权利，保障当事人的听审请求权是实现司法的程序公正和实体公正的要求，是裁判获得正当性的依据[3]。听审请求权包含了知悉权、证明权、陈述权、突袭性裁判禁止请求权、意见受尊重权等基本内容[4]。知悉权要求当事人对程序的进行、对方当事人的意见以及作为裁判基础的资料能充分认识；证明权要求保障当事人的证据收集制

---

[1]　在特殊情况下，对于因一时冲动而"愤然起诉"的案件而言，适当的等待时间有可能促使当事人冷静下来从而达成和解、化解矛盾。这种情况下的等待时间是具有一定价值的。但在大多数案件中，等待时间并无意义。司法实践中存在法官通过"拖"的手段迫使当事人和解的情形，也不能证明等待时间的正当性，因为由于"等不起"而和解通常是弱势一方当事人作出了不得已的让步而达成，这种情况下的和解不像当事人出于完全自主决定的和解那样具有较高的主观程序正义性。

[2]　沈冠伶. 新世纪民事程序法制之程序正义与权利救济：以民事诉讼及家事事件程序为中心 [A]. 沈冠伶. 程序保障与当事人 [C]. 台北：元照出版有限公司，2012：32-33.

[3]　刘敏. 论民事诉讼当事人听审请求权 [J]. 法律科学（西北政法大学学报），2008，06：105-112；任凡. 德国民事听审请求权及其借鉴 [J]. 西部法学评论，2011，04：113-118.

[4]　任凡. 听审请求权研究 [M]. 北京：法律出版社，2011：33-47.

度、保障当事人对事证资料的实质平等接近与利用，并要求法院在必要时依申请或依职权调查取证；陈述权要求法院在诉讼过程中要保障当事人就作为裁判基础的事实、证据材料和法律见解向法院充分陈述自己意见的机会；突袭性裁判禁止请求权要求法院负有阐明义务，使得当事人能知晓法官可能在事实上和法律上作出何种判断，从而合理地预测裁判的结果和程序进行的方向，并有机会补充或者提出原本所忽略的或者认为不重要的事实上或法律上的主张；意见受尊重权要求法官必须认真听取和充分考虑当事人就案件事实、证据材料和适用法律所提出的主张与抗辩。以上种种，要求法院应为当事人提供平等对话沟通的机会和平台，给予当事人必要的举证指导和充分的证据收集时间；要求法官在有发现真实之必要时不应为节省时间而不同意调查取证；要求法官公开其心证、进行诉审商谈与对话之审理模式，不应顾虑与当事人进行讨论将会加重法院负担；要求法官在庭审时耐心听取当事人意见，不应提前预设庭审时间长度并且为赶时间而匆忙打断当事人陈述甚至限制当事人发表意见。由此可见，法院和当事人为实施或准备实施诉讼行为的必要时间是保障当事人听审请求权之必需，审判迅速化原则上应在保障必要诉讼行为时间的基础上进行。如果确因司法资源供应不足（法官案件负担过重）的原因有必要减少法院的审理时间，也必须充分考虑民事诉讼的目的，在保障最低限度的程序正义的基础上，在不同的案件中合理地分配司法资源。

5.3.4.2 审判迅速化应注重减少等待时间

审判周期中的等待时间虽然无甚意义，但有时却是难以避免的。例如在英国的民事诉讼过程中就存在一段明显较长的等待时间，即从当事人向法院申请登记庭审到实际庭审开始之间的时间。从案件起诉到登记庭审前的阶段在一定程度上是由当事人控制的，这段时间是当事人用于为案件进行准备，在准备妥当后向法院提出登记庭审的申请；登记之后案件不能马上进行庭审，而是进入等候审判的清单列表之中根据登记顺序逐步前进轮候庭审或者由法院分配一个预定的庭审期日。在沃尔夫改革之前，这段等待时间往往很长，对英国民事诉讼迟延的指责也主要是指这段时间[1]。但我国的情况却与此不同，我国民事案件审判周期中的等待时间主要发生在庭审之后。有司法实务人士指出，无论是以简易程序或普通程序审理的一审民事案件，还是二审案件，从立案到开庭审理的阶段审判流程相对顺畅、紧凑，但开庭后的补充审理期、合议及宣判期的时间则拖延过长[2]。傅郁林教授参与的一项调查结果也显示一审案件从开庭到作出判决的时间一般要比从立案到开庭的时间长三分之一[3]。这种情形也与笔者十余年的执业律师经验所获得的司法感知是吻合的。

如果说英国的民事案件从登记庭审到开始庭审之间的等待时间是由于法院的案件负担以及尊重申请登记的先来后到顺序而无可避免需要一段等待时间的话，我国民事案件开庭之后的等待时间占审判周期大部分时间的情况则并非不可避免。根据傅郁林教授的调研，法官们对辩论终结后的等待时间过长的解释主要是需要等待其他合议庭成员调整时间和逐级请示汇报审批[4]，这些问题可以通过对合议制度和审批制度的改革以及恰当的案件管理制度加以解决。否则，庭审辩论终结后至作出裁判前的这段等待时间越长，法官受到外界不正当干扰的可能性会越大，甚至会引发司法腐败[5]，即使实际上未发生司法腐败情况，庭审后迟迟等不到裁判的当事人也可能会产生对司法公正的怀疑，从而影响司法公信力。

---

[1]　按照1997年的司法统计，高等法院从登记到庭审的平均时间为41周，郡法院为17～26周。参见[英]保罗·米凯利克.英格兰和威尔士的司法危机[A].[英]阿德里安·A.S.朱克曼.危机中的民事司法：民事诉讼程序的比较视角[C].傅郁林等译.北京：中国政法大学出版社，2005：133-137.

[2]　周晓冰.民事审判流程控制研究：以尊重司法实践的客观规律为视角[A].最高人民法院司法改革领导小组办公室编.司法改革与中国国情研究：征文获奖论文集[C].北京：人民法院出版社，2010：14-32.

[3]　傅郁林.繁简分流与程序保障[J].法学研究，2003，01：50-63.

[4]　傅郁林.繁简分流与程序保障[J].法学研究，2003，01：50-63.

[5]　葛治华，邓兴广.法院审判流程管理模式：反思与进路[J].政治与法律，2006，04：147-152.

不过，这一状况在法官员额制改革和司法责任制改革之后应当得到一定的改善，根据2015年9月21日《最高人民法院关于完善人民法院司法责任制的若干意见》第6条以及2017年4月12日《最高人民法院关于落实司法责任制　完善审判监督管理机制的意见（试行）》第1条的规定，独任法官审理的案件，独任法官有权直接签署裁判文书；合议庭审理的案件，由承办法官、合议庭其他成员、审判长依次签署完毕后，裁判文书即可印发。除审判委员会讨论决定的案件外，院庭长对其未直接参加审理案件的裁判文书不再进行审核签发。这一制度如能落到实处，原本案件因审批环节导致的等待时间将得以减少。

第6章 合理的审判迅速化的原则构建

我国审判迅速化过程中出现的种种问题意味着既有的迅速化进程存在一定的盲目性，这种盲目性在一定程度上是由于指导原则的缺位而引起的。在审判迅速化的过程中，坚持一定的原则、把握必要的限度是极为重要的。因为"迅速"本身并不是民事司法追求的终极目标，如果单纯求快的话，抽签或者掷硬币决定诉讼的结果也许是最快的，但是这样的迅速性本身并无意义。审判迅速化终究是为了实现正义与效率的价值，如果在审判迅速化的过程中没有把握好方向和限度，那么就会造成这样的结果：通过审判迅速化追求民事司法的正义与效率，却在追求过程中以正义和效率为代价获取审判之迅速性。

关于审判迅速化的原则，从不同的视角出发会有不同的认识。本章针对第5章关于理念错位、价值迷失的分析，提出3个原则：当事人程序主体性原则、效率原则和合理原则。

6.1 当事人程序主体性原则

既有的审判迅速化有鲜明的权力本位倾向，主要从法院的角度切入，法院对于诉讼进程有着绝对的掌控权并由此催生了相当多的审判权失范行为。当事人程序主体性原则注重当事人作为程序主体对诉讼进程的把握，并试图克服审判迅速化过程中的权力本位倾向以及规范法院对于诉讼进程的控制权，从而使审判迅速化真正体现"以人为本"的理念。

6.1.1 当事人程序主体性原则的内涵

对当事人程序主体性原则理解的关键在于"主体性"一词。"主体"是与"客体"相对应的一个基本范畴，"主体性"是相对于客体而言所特有的一些性质，是人以主体姿态出现时所具有的属性，是人性的体现。从哲学的意义上，人的主体性体现为自主性、自觉性与选择性。其中自主性是指人具有自由之意志，并按照自己的需要和意志去改造作为"客体"的外围世界，因此人只能是目的而不应该成为手段；自觉性是自主性扬弃的结果，指人作为主体具有认识能力，其是自身利益的最佳判断者，进行任何活动都有其明确的目的性，是自觉的而不是盲目的行动；选择性是自觉性扬弃的结果，指人的所有活动都是有选择性的活动，人作为主体在认识世界和进行实践时会选择对自己最有意义的方式和对象来进行，其体现了主体自由判断以及自由决断的能力与性质[1]。

就民事诉讼而言，民事诉讼法调整的是各个参加诉讼的主体在民事诉讼活动中的诉讼行为以及由此而产生的诉讼关系。但这并不意味着当事人是作为程序的客体而存在的，因为民事诉讼程序对主体恣意的限制是以保证主体的自由选择为前提的，民事诉讼程序以其明示、肯定和客观的规范为程序主体预设了行为模式及其客观后果，这就增加了主体行为的可预测性以及行为选择的自由度[2]。因此，民事诉讼程序之设计及运作最终是为人服务的，程序本身应该是人作用的客体。当事人程序主体性原则要求将当事人视为民事诉讼程序的主体，将他们作为程序的利用者对待，赋予其程序主体权，当事人在程序之中可发挥自主性、自觉性与选择性，可以根据自己的意志来实施相应的诉讼行为。我国台湾学者邱联恭在论述程序主体性原则时强调"程序主体性原则乃立法者从事立法活动、法官运用现行法及程序关系人（含诉讼当事人）为程序上行为时，均须遵循之指导原理。在适用此项原理之程序上，其程序之当事人及利害关系人，不应沦为法院审理活动所支配之客体。准此原理，应赋予对程序之进行有利害关系之人相当之程序保障"[3]，"司法裁判上，其裁判所涉及之当事人及利害关系人应受尊重为程序之主体，而不

[1] 黄娟 . 民事诉讼当事人之程序主体论 [J]. 湖南财经高等专科学校学报，2003，02：60-62.

[2] 肖建国 . 民事诉讼程序价值论 [M]. 北京：中国人民大学出版社，2000：97.

[3] 邱联恭 . 程序选择权之法理：着重于阐述其理论基础并准以展望新世纪之民事程序法学 [A]. 邱联恭 . 程序选择权论 [M]，台北：三民书局，2000：30.

应仅被当成程序之客体来处遇或支配"[1]。这样，当事人程序主体性原则至少有以下三个方面的基本含义。

首先，当事人在民事诉讼程序中是作为主体而不是客体而存在。无论是司法制度的构建还是司法权的运作，无论是立法者还是法官，都不应当将当事人视为程序的客体或者司法权运作的客体来处置或支配。相反，当事人是诉讼活动的实质参与者和主要支配者，能够对诉讼程序的运作产生相当的影响和决定作用。

其次，作为主体的当事人之自由与意志应当得到充分的尊重。程序主体的一个重要特征是意志自由与行为自由的统一，缺乏意志自由和行为自由的主体难以成为真正的程序主体[2]。强调当事人的程序主体性，关键就是承认当事人基于其自发性、自觉性与选择性的主体自由与意志应得到应有的尊重，承认当事人有权以自己的理性判断和管理自己的事务，承认当事人在合法的尺度之内有权自主参与、自主行为和自主负责，承认当事人有权根据自己的自由与意志决定实体利益和程序利益的取舍。这种承认与尊重要求立法者和司法裁判者更多地从当事人的立场考虑问题，要给予当事人必要的自由决定的空间。这种尊重对于摆正诉讼主体之间的相互关系极为重要，审判权主体与诉权主体不再是单纯的权威与服从的上下关系，而是能够通过对话与沟通实现平等与制约的平行关系。

最后，尊重当事人主体性的精神旨趣可具体化为权利义务的保障。把当事人视为程序的利用者或者程序主体予以尊重，不仅仅要求在诉讼观念上确立当事人主体性意识，更要求这种对当事人主体性的尊重能获得充分而有效的权利保障。这种权利保障要求在不同的诉讼关系中可能会有不同的体现。当涉及当事人与法官的关系时，对当事人主体性的尊重可表现为诉权主体与审判权主体对对方权限范围内事物的一种克制态度，尤其是应确保当事人的诉权不应受到来自审判权的侵蚀，这就往往

---

[1] [台]邱联恭.司法之现代化与程序法[M].台北：三民书局，1999：111.

[2] 廖中洪，林楚泉.关于当事人程序主体权的理论探析[J].西南政法大学学报，2002，01：20-24.

体现为赋予当事人一定的诉讼权利（如各种处分权）以限制法官权力。当涉及当事人之间的关系时，由于权利义务的相互性，一方当事人的权利保障往往有赖于对方当事人的义务履行，因此这时对当事人程序主体性的尊重既可能表现为诉讼权利的方式，也可能以诉讼义务的形式表现出来。

具体到民事审判迅速化问题，当事人程序主体性原则也相应地有三个方面的要求。

第一，在迅速化进程中，当事人并不是立法者或者司法机关采取迅速化措施中被处置和支配的客体。对于要不要迅速化、应该如何迅速化，当事人都应能发挥主体性的参与和决策作用。这就不仅仅意味着立法者或者法院在推进审判迅速化时要充分考虑民众或者当事人的意见，更要在司法观念上把当事人视为具有主体性的决策主体。

第二，审判迅速化中要充分尊重当事人的意愿。审判迅速化不应当仅仅成为法院减轻负担或者争取政绩的工具，也不应该不尊重程序利用者的意见而完全由法院来决断程序持续时间之长短。法院不应当独揽控制诉讼进程之大权，在能够维系公平的尺度范围内（不影响其他当事人或者潜在的当事人利用诉讼程序之机会的情况下），应当尊重当事人对于程序利益的判断与选择，使当事人对于诉讼进程之控制也有一定的自主权。

第三，应通过一定的权利义务规定来保障审判迅速化过程中当事人主体性原则的实现。一方面，我国长期以来的职权主义传统使得法官手上拥有几乎不受限制的程序控制权，如果不在制度上赋予当事人能与法官权力相抗衡的诉讼权利，当事人就难以真正实现对程序控制的参与权。另一方面，当事人的主体性还要求当事人对审判迅速化负有一定的责任和义务，当事人应致力于推进诉讼，因其行为导致诉讼不合理地拖延时应承担一定的后果。

总而言之，审判迅速化中的当事人程序主体性原则要求视当事人为迅速化的主体，尊重当事人的自由与意志，让当事人和法院共同分享与合理分配诉讼程序的控制权，并且通过权利义务的设定保障当事人主体性的实现。

6.1.2　当事人程序主体性原则的必要性

应该承认，审判迅速化过程中需要强调当事人的程序主体性并不是放之四海而皆准的原理，这只是基于我国长期的职权主义传统以及既有审判迅速化过程中的法院本位倾向而突显其重要性。实际上，有着对抗制传统的英美国家在以案件管理为主要措施的审判迅速化进程中是沿着相反的方向而行的：削弱当事人对程序的主导权与控制权。

审判迅速化中有没有必要强调当事人程序主体性原则，与当事人和法官在民事诉讼中的地位与作用分担有关。"毫无疑问，民事诉讼中法官与当事人的地位问题，是一切民事诉讼制度的中心问题，它揭示了民事诉讼与人类历史上对一些重要的政治、思想问题不断变化的解决方式之间的密切联系。"[1]英美国家所采行的对抗制的一个基本特征就是，诉讼过程中当事人及其代理人律师占据主导地位并且发挥决定性作用，法院或法官在两造对抗关系中处于消极的中立地位。当事人的主导地位主要体现在三个方面：诉讼对象选择上的决定权（处分权主义）、诉讼主张和证据提出上的确定权（辩论主义）以及程序的启动、推进、变更、终止上的主动权（当事人进行主义）[2], [3]。当事人对诉讼程序的主导与控制后来成了诉讼迟延指责的矛头指向。美国于20世纪70年代中后期由佛朗德斯和彻奇主持展开的两项重要的、针对诉讼迟延原因的调研结果[4], [5]以及英国20世纪末的沃尔夫研究[6]都不约而同地认为对抗制的

---

[1]　[意] 莫诺·卡佩莱蒂等. 当事人基本程序保障权与未来的民事诉讼 [M]. 徐昕译. 北京：法律出版社，2000：53.

[2]　张婷. "二战"后英美民事对抗制的演变 [D]. 华东政法大学，2012.

[3]　汪振林. 辩论主义研究 [J]. 淮北煤炭师范学院学报（哲学社会科学版），2002，05：67–69+108.

[4]　S. Flanders. Case Management and Court Management in United States District Courts. Washington，DC. Federal Judicial Center.，1977.

[5]　T. Church，A. Carlson，J. Lee，T. Tan. Justice Delayed：The Pace of Litigation in Urban Trial Courts[J]. State Court Journal，fall，1978：13–18；T. Church. Who Sets The Pace of Litigation in Urban Trial Courts，Judicature，August，1981：76–85.

[6]　Access to Justice：Interim Report，chapter 3，para 3–11；para 44–47.

法律文化、诉讼进程几乎完全由当事人主导和控制是诉讼迟延的最重要原因。根据这些研究结果的建议，美国和英国所开展的案件管理运动的核心都是通过让法院尽早介入案件管理、削弱当事人对诉讼程序的控制权同时加大法官对诉讼进程的干预和监督、强化法官的管理职责来加快民事诉讼的步伐。

尽管英美的研究结果和随后开展的案件管理运动表明适当加强法官对于诉讼进程的控制和管理可以推动审判迅速化，但这并不意味着我国要走相同的道路，更不意味着我们可以忽视当事人的程序主体性。在对诉讼进程的控制这个背景问题上，英美国家和我国的当事人与法官的地位有着极大的不同。在英美国家传统对抗制采取的当事人进行主义下，当事人对于诉讼程序尤其是审前程序有着几乎不受控制的主导权，这种主导权可能使得当事人及其律师为了自身的利益而不正当地、过度地使用诉讼程序（尤其是对证据开示程序的滥用），从而造成诉讼不合理地产生迟延。案件管理的目的是抑制当事人对诉讼程序的过度使用或者滥用，引导当事人合理地进行诉讼，案件管理并没有也不可能否定当事人在民事诉讼中的主体性地位。例如针对由于完全当事人自行安排证据开示的日期和次序所造成的混乱和迟延，美国1980年修改《联邦民事诉讼规则》时在第26条第6款规定了当事人应在证据开示程序开始初期召开当事人会议并制定证据开示日程计划[1]，其后《联邦民事诉讼规则》历经多次修改时又逐渐充实了该条的内容，包括对当事人会议举行的时间限制、会议的内容、当事人的责任、开示计划应包含的主题以及推进诉讼的计划，等等[2]。对于证据开示会议的召开和内容拟定，法官有权按照联邦民事证据规则的规定对当事人进行监督和管理，却不会替代当事人作出具体的决定。再如为了控制证据开示程序的使用限度，避免证据开示构成与案件需要不相称的负担，《联邦民事诉讼规则》1993年修改

[1] 韩波. 民事证据开示制度研究 [M]. 北京：中国人民大学出版社，2005：47-48.

[2] Fed. R. Civ. P. rule 26（f）. See http：//www.uscourts.gov/uscourts/rules/civil-procedure.pdf.

时对律师无须获得法院准许即可进行证据开示的次数进行了限制[1]，根据该规则第30条第1款和第31条第1款的规定，当事人需要向同一被询问人采用口头或者书面质询录取庭外证言超过10次的，须经法院许可方可进行；同时第33条也规定了向对方当事人送达的质询书不得超过25个问题，如符合规则第26条第2款的原则的，当事人可在获得法院允许后送达追加质询书[2]。可见美国的案件管理对法官控制诉讼程序权力的加强只是相对的，即使是在案件管理运动开展40年之后，美国民事诉讼案件当事人在控制诉讼进程方面的主体性特征依然非常明显。稍加对比即可发现，美国法官介入证据开示会议的目的是监督与管理当事人制订尽可能合理的开示计划，法官有权对当事人证据开示的次数进行限制的目的也是为了避免开示程序的滥用，而我国民事诉讼中的当事人非但不具有利用诉讼程序的规定从对方当事人或者第三人处收集证据或者录取证言的权利保障，也没有权利决定双方当事人之间是否进行证据交换，甚至当事人在庭审前是否有机会看到对方当事人的证据也要依赖于法官是否决定进行证据的送达。因此，如果因为英美通过案件管理加大法官对诉讼程序的控制权而对我国的审判迅速化是否应提倡当事人程序主体性原则而产生困惑是完全没有必要的。正如左卫民教授所指出的，我国"需要提升的是公民的主体性地位，而不是隆显法官本来就积极主动的职权"[3]。我国在长期的职权主义传统下，诉讼程序的推进与控制向来是由法官全盘掌控。在以法院为主导的审判迅速化进程中，由于强调以审限内结案率为核心的行政化考核，又进一步催生了法官在案件处理速度中的利益，这种利益导向加上传统上强大的程序控制权，非常容易导致法官忽视当事人的程序主体性。在缺乏必要的权利规定制约审判权的行使以及保障当事人的程序主体地位时，前述的种种审判权失范行为以及

---

[1] 韩波.民事证据开示制度研究[M].北京：中国人民大学出版社，2005：48.

[2] Fed. R. Civ. P. rule 30（a）、31（a）、33（a）、26（b）. See http：//www. uscourts.gov/uscourts/rules/civil-procedure.pdf.

[3] 左卫民，朱桐辉.谁为主体 如何正义：对司法之主体性理念的论证[J].法学，2002，07：11-21.

审判权对当事人权利的侵蚀情形便在审判迅速化过程中出现。因此，我国的审判迅速化必须强调当事人程序主体性原则，并且要在制度上实现诉权对审判权的约束机制以保障主体性的实现。

6.1.3 当事人程序主体性原则的具体化

对于长期强调司法权威和习惯于法院本位思维的我国而言，当事人程序主体性原则的落实涉及深层次的诉讼观念之转变，绝非单纯地确立这样一个原则即可实现。如果缺乏实在的改革措施和制度上的权利义务保障，这一原则也许只能和"以人为本"理念之口号一样成为空中楼阁。

6.1.3.1 迅速化改革决策中对民意的吸收

审判迅速化归根到底属于现有司法改革中不可分割的一部分，而司法改革由谁来推动，怎样进行改革，怎样确定改革的目标、战略和具体方案无疑是决定改革之得失成败的关键。前文对于我国审判迅速化理念错位的原因分析时已指出目前这种主要由法院推动的迅速化改革是导致改革游离民意的重要原因之一。当事人的程序主体地位不仅仅应该在现成的规定中得到体现，更应该使民众的意愿能在改革决策中得到充分的尊重。

在这方面，日本肇始于20世纪末的第三次司法改革进程成了一个可资借鉴的样例。为了"实现不辜负国民的期待和信赖的司法制度"[1]，日本的第三次司法改革采取了全社会动员、重视吸收民意的方式。1999年7月，日本内阁设立"司法制度改革审议会"作为司法制度根本改革的调查和审议机关。审议会委员由13人组成，其中法学家3人，法曹相关代表3人，经济团体代表2人，私立大学、女性研究者、劳动团体、消费者团体、女性有识之士各1人[2]。该审议会召开了超过60次的会议，通过信件、电子邮件和在多地多次召开听证会等不同方式听取民众的意见和要

---

[1] 张卫平，李旺. 日本司法改革审议会意见书：支撑21世纪日本的司法制度[J]. 司法改革论评，2002，01：305-409.

[2] [日]水野邦夫. 司法制度改革審議会はどのように設立されたか[J]. 月刊司法改革，1999，10：53. 转引自刘薇. 日本第三次司法改革研究[D]. 吉林大学，2006.

求，并特别实施了以民事诉讼当事人为对象的大规模民意调查。此后，审议会于2001年6月发表了《司法制度改革审议会意见书》[1]，随后日本政府立刻发表声明，表示"最大限度尊重审议会意见，竭尽全力推进司法改革的实现"[2]。这份意见书后来成了日本该次司法改革的纲领性文件。

在美国，作为审判迅速化的主要措施——案件管理运动也是由官民结合共同推进的[3]。其中来自民间的法律职业团体——美国律师协会是案件管理运动的先锋军，很多司法改革的最初设想都是由美国律师协会首先提出来的[4]。如前文所提及的1984年《关于减少法院迟延的标准》就是由美国律师协会所修订的，该标准不仅确定了民事案件的审结时间目标，还规定了案件管理的主要内容，如规定法院应从第一份诉讼文件提交至案件终结都要对所有案件的动向进行监督和控制；通过诉讼规则、审前会议或其他手段，为诉讼进程中包括证据开示在内的关键环节设置结束期限，等等[5]。同时由于美国律师协会是全国性的律师组织，这些标准的影响范围还超出了联邦法院的范畴，对于各个州的司法实践都产生了重大的影响[6]。

---

[1]　张卫平，李旺．日本司法改革审议会意见书：支撑 21 世纪日本的司法制度 [J]. 司法改革论评，2002，01：305-409.

[2]　[日] 大川真郎．司法改革 [M]. 东京：朝日新闻社，2007：214. 转引自曾尔恕，赵立新．面向 21 世纪的日本司法制度改革 [J]. 比较法研究，2009，03：21-33.

[3]　美国的案件管理运动中有三个最主要的推动主体，分别是美国律师协会（American Bar Association）、联邦司法中心（Federal Judicial Center）和美国司法会议（The Judicial Conference of the United States ）下属的法院行政和案件管理委员会（The Committee on Court Administration and Case Management）。

[4]　张婷．"二战"后英美民事对抗制的演变 [D]. 华东政法大学，2012.

[5]　American Bar Association, Judicial Administration Division, National Conference of State Trial Judges, Report to the House of Delegates recommending amendments to the ABA Standards Relating to Trial Courts, August. 1984.

[6]　Schwartz, Howard. Survey of the Members of the Conference of State Court Administrators. Williamsburg, Va.：National Center for State Courts, June, 1985.

"法律活动中更为广泛的公众参与乃是重新赋予法律以活力的重要途径。除非人们觉得那是他们的法律，否则就不会尊重法律。"[1]司法制度的服务对象和最终福祉都是面向民众的，民意缺位的司法改革推动机制已经使得本应致力于便利民众使用司法的审判迅速化进程反而出现了种种损害当事人利益的问题。因此未来的民事审判迅速化进程应当打破司法部门的利益樊笼，适当地增加民众参与的机制并且充分地尊重民意。具体来说，民意的吸收至少应通过三种形式来展开：一是设立统领司法改革并决定司法改革方向的国家权力机关（如司法改革委员会等），这些机关的委员不应局限于法院和检察院的人员，应该更多地吸收有广泛代表性的民众参与；二是鼓励支持民间组织（如律师协会）设立司法改革咨询机构，并且形成国家权力机构对这些改革咨询机构意见的常规反馈机制；三是应当定期开展真正面向民事诉讼当事人及其代理律师的民意调查，并且确保这些意见能得到真正的考量。总之，迅速化改革并不是司法体系的内部问题，如果本应成为改革主体和决策者的广大民众既无权参与改革决策又无权评价和衡量改革成效的话，那么民众就成了改革的看客或者被改革的对象，直接后果必然是司法对民意的游离，民众无法对改革产生认同感。

6.1.3.2 完善当事人的程序主体权

民事诉讼中当事人的程序主体权的内容极为广泛，但就完善审判迅速化中当事人的主体性权利而言，最重要的是程序选择权和适时审判请求权。

1. 扩大当事人程序选择权的范围

程序选择权是当事人根据自己的理性判断对其案件实体利益与程序利益进行衡量、评估后有权选择适用或拒绝适用一定的程序性事项的权利。选择性是人主体性的一个基本内涵，是主体性意志的反映，如果当事人在诉讼程序中处于客体地位，那么选择就因为缺乏主体意志而无法作出，从这个意义上讲，当事人程序主体性地位是其程序选择权的基

---

[1]　[美]伯尔曼.法律与宗教[M].梁治平译.北京：商务印书馆，2012.36.

础，而程序选择权是当事人主体性地位的一个表征，是程序主体在自身意志支配下的一种自由。要落实当事人程序主体性原则，程序的设计和运作就应当充分尊重当事人的主体地位，考虑当事人对于程序运作的意愿，满足当事人关于程序的合理要求。然而不同的当事人在不同案件中会有差异性的利益需求和程序偏好，不论程序之设计如何精密，如果遵循单一化统一化的路径，总会出现顾此失彼之情形，这就使得程序的多元化设置以及赋予当事人程序选择权成为必要。

现有的立法和司法解释中已有的关于当事人程序选择权的最重要的规定就是2003年的《简易程序规定》对当事人可合意选择简易程序的权利，2012年修订民事诉讼法时又把这一规定上升为法定权利，并且扩大了当事人合意选择案件的范围[1]。上文已经分析了司法实践中并不尊重当事人这一程序选择权的实务状况，但在审判迅速化中要完善当事人的程序选择权并不仅仅是要求法院改变观念，对当事人这一权利予以应有的尊重，更重要的是扩大当事人程序选择权的范围，使当事人能够基于实体利益和程序利益的考量通过选择适用不同的程序而实现对于审判迅速性的不同需求。

在民事诉讼程序中，当事人程序选择权的范围大致包括两类：一是对诉讼程序种类的选择权；二是对某一诉讼程序中具体的程序性事项的选择权。前一类程序选择权的实现前提之一就是存在可供选择的具有真正差异的、能适用不同利益需求的多种诉讼程序。尽管我国现有立法规定了普通程序和简易程序的区分，并且2012年的修法也新增了小额诉讼一审终审的规定，但一方面现有制度在程序分化层面本来就不能满足不同案件类型的当事人对于快捷性的多样化要求，另一方面即使是这样简单的二元化区分也在司法实践中被法院抹杀二者的区别，使得普通程

---

[1]　修订后的《民事诉讼法》第 157 条第 2 款规定，对基层人民法院和它派出的法庭审理前款规定（即事实清楚、权利义务关系明确、争议不大的简单的民事案件）以外的民事案件，当事人双方也可以约定适用简易程序。换而言之，案件是否简单，并不影响当事人约定适用简易程序。

序和简易程序在本质上趋同化，新增的小额诉讼亦因为种种原因极少适用，实践中在运行的几乎是一种介于简易程序和普通程序之间的"中间程序"。这种抹杀程序之间区别的实践做法比单纯地忽视当事人的程序选择权后果更为严重，因为当事人能够行使程序选择权的前提要件是要存在可供选择的、有着实质不同的程序。这就好比立法者设计了不同的道路，每条道路有对应的入口，如果法院在实际操作时已经把入口之后的道路合并，那么仅仅保留不同的入口并且给予当事人选择入口的权利是没有任何意义的，因为当事人终究都是走在同一条道路上。也有学者分析指出，适用简易程序和普通程序区别不大，选择简易程序而带来的程序利益有限导致当事人缺乏行使选择权利的内在动力是司法实践中当事人简易程序选择权虚置的重要原因之一[1]。因此完善当事人程序选择权的当务之急是要进行真正的程序分化，以"区分与多元"[2]理念为指导，构建三种程序：一是保留现有的、相对简便快捷的"中间程序"作为简易程序；二是建立和完善符合现代诉讼法治理念"对抗与判定"之诉讼结构的、原则上应有律师代理的专业化和规范化的、主要适合于商事案件或其他现代型案件的正式程序；三是将小额诉讼独立出来，构建具有操作更加简易、费用更加低廉、尽量排除律师代理、减少书面化、限制上诉条件等特征的速裁程序。只有在客观上形成了有实质差异的不同程序，当事人才能有真正的机会自行决定选择耗时较长的复杂程序还是更加快捷的简单程序，以实现不同

---

[1] 汤鸣. 放权抑或限权：民事简易程序选择权之反思与重构 [J]. 法学，2007，02：82-89.

[2] 蔡彦敏教授在《以小见大：我国小额诉讼立法之透析》一文中主张我国应以"区分与多元"理念为指导，在我国民事诉讼法中创新设置区别于正式审判程序的司法替代性解纷机制，并创设小额速裁庭、速裁庭和调解庭等分设机构解决大量小额债务案件、日常民事纠纷以及其他相宜的民事纠纷，同时立法上大幅度提升正式第一审程序的门槛和要求等来解决我国正式审判程序区分性能薄弱而带来的种种问题。见蔡彦敏. 以小见大：我国小额诉讼立法之透析 [J]. 法律科学（西北政法大学学报），2013，03：122-128.

当事人对审判迅速性的不同需求。

　　除了构建不同种类的程序之外，扩大当事人程序选择权范围的另一个重要思路是在选定特定的程序种类之后，在诉讼过程中扩大当事人对于程序性事项的选择权。因为即使实现了程序类型方面的分化，也不可能满足当事人千差万别的利益需求，这就使得程序内部的后续分化成为必要。并且，越是设计精密、完整、复杂的正式程序，当事人完全依照利用已有程序规定走完所有程序步骤才终结案件的比例可能就越低，于是在主干道上设置一定的岔口可供当事人选择，以便省略部分程序步骤或者改变特定的审理方式来加速程序的必要性就越高。

　　美国联邦民事诉讼程序在这方面的运作就是一个例子。美国联邦地区法院是联邦法院系统的初审法院，由于其管辖权的限制，除涉及联邦问题的案件外，因当事人分属不同州而在联邦法院起诉的争议标的金额必须在75000美元以上才能获得联邦管辖[1]，因此联邦地区法院并不像州法院系统那样存在小额程序与普通程序的区分。美国联邦民事诉讼规则围绕陪审团审判为中心构建了一整套包括诉答程序、证据开示、审前会议、开庭审判等主要步骤的复杂程序规则体系，但除了当事人自行和解或者通过司法ADR解决的之外，诉讼还可以驳回起

---

[1]　美国联邦法院的管辖范围包括：法律的合宪性问题；涉及美国联邦法律和条约的案件；涉及大使和公使的案件；海商海事案件；破产案件；涉及不同州公民之间或美国公民与其他国家公民之间的纠纷（异籍管辖，diversity of citizenship）。其中，异籍管辖需要争议金额在75000美元以上才由联邦法院管辖。并且异籍管辖的案件，不论金额是否超过75000美元，当事人都可在州法院提起诉讼。参见美国法院网站关于联邦法院管辖权的介绍，Jurisdiction of the federal court，http：//www.uscourts.gov/FederalCourts/UnderstandingtheFederalCourts/Jurisdiction.aspx，访问日期2013–12–10。

诉（dismiss）[1]、诉状判决（judgment on the pleadings）[2]和不应诉判决（default judgment）[3]，自愿撤诉（voluntary dismissal）[4]与非自愿撤销诉

---

[1]　诉答阶段的驳回起诉动议（motion to dismiss）由被告根据《联邦民事诉讼规则》12（b）的规定在答辩状（responsive pleading）中或通过单独的动议（motion）提出，其理由包括：（1）对诉讼标的无管辖权；（2）对人无管辖权；（3）审判不恰当；（4）传票有瑕疵；（5）传票送达有瑕疵；（6）未提出可供救济的主张；（7）未能按照本《规则》19 条的规定合并当事人。如果法院认为被告理由成立，则会驳回原告起诉从而终结案件。See Federal Rules of Civil Procedure，Rule 12（b）. http：//www.uscourts.gov/uscourts/rules/civil-procedure.pdf. 在可提起动议的几种理由中，《规则》12（b）（6）所规定的未能陈述主张的抗辩是应用最广泛的，即根据该规则，被告可以在动议中指出，基于原告诉状中所指出的事实，根据任何法律理论都不可能得到救济。而法院在确定动议是否成立时，应将原告诉状中的一切事实主张视为真实。因此，法院根据该规则作出的决定，并不涉及事实问题，而是纯粹的法律决定。关于驳回起诉动议的介绍，可参见李明诗. 美国民事诉讼案件的早期终结 [A]. 华中法律评论（第 2 辑第 1 卷）[C]. 武汉：华中科技大学出版社，2008：57-110.

[2]　诉状判决是在被告提交答辩状之后，任何一方当事人根据《联邦民事诉讼规则》12（c）的规定请求法院基于诉辩状而作出的判决。这种判决同样没有涉及证据的审查等事实争议问题，而是仅根据原被告双方的诉状和答辩状而作出判决。See Federal Rules of Civil Procedure，Rule 12（c）. http：//www.uscourts.gov/uscourts/rules/civil-procedure.pdf.

[3]　在被告未在规定的答辩期内提出答辩状，书记员可进行不应诉登记。如果原告在起诉书中清楚表明特定金额的，书记员可根据该金额作出不应诉判决，如果金额一时难以计算，法庭要举行听审来评估原告所提的证据以确定具体的赔偿金额。此外，在被告未出庭听审、未能遵守某些程序要求、期限或法院指令时，法院也可作出不应诉判决。关于不应诉判决的介绍，可参见 [美] 杰克·H. 佛兰德泰尔，玛丽·凯·凯恩，阿瑟·R. 米勒. 民事诉讼法 [M]. 夏登峻，黄娟，唐前宏，王衡译. 北京：中国政法大学出版社，2003：443-447.

[4]　原告通过自愿撤诉而终结案件的情形与我国因原告撤诉而终结诉讼相似。不过按照美国《联邦民事诉讼规则》41（a）的规定，原告的自愿撤诉根据撤诉时间有不同的要求，在被告答辩之前，原告可以自由撤诉；但在被告答辩之后，原告只有经过被告同意或者获得法庭许可才能撤诉。See Federal Rules of Civil Procedure，Rule 41（a）. http：//www.uscourts. gov/uscourts/rules/civil-procedure.pdf.

讼（involuntary dismissal）[1]和即决判决（summary judgment）[2]等方式以司法裁判形式早期终结，使得美国联邦法院只有1%左右的案件走到集中的庭审这个终点，约有99%的案件在诉讼流程的各个阶段中通过当事人程序选择权的运用而采取不同的形式终结[3]。这些不经庭审的早期终结形式，或者适用于原告起诉有瑕疵的案件，或者适用于仅根据诉辩状就能判决的案件，或者适用于被告不应诉的案件，或者适用原告不积极推进诉讼的案件，或者适用于没有事实争议的案件，这些案件都与走到诉讼终点（庭审）的案件历程不同，因此可视为特殊的程序分化形式，即对没有必要对案件事实通过庭审进行实质性调查的案件与需要经过庭审的案件进行程序的分化，其目的也是为了避免没有必要的庭审从而节约司法资源，推进诉讼迅速进行。只不过这种程序分化的适用，不是在案件进入诉讼程序之初就由法院或者由当事人决定非此即彼的程序，而是随着诉讼的推进，在各种不同的阶段经由当事人的运用程序选择权申请动议而适用。

尽管由于法系的差异和司法运作传统的不同，我国的民事诉讼程序不可能简单地移植美国的这些早期终结形式。但美国联邦民事诉讼程序的运作仍然能给予我们相当大的启发：程序选择权不仅仅是针对程序类型而言，还可以针对程序的终结形式。总而言之，要扩大当事人程序选

---

[1]　当原告不积极推进诉讼或者不遵守诉讼规则或法庭指令时，被告可根据《联邦民事诉讼规则》41（b）的规定请求法院撤销诉讼。See Federal Rules of Civil Procedure, Rule 41（b）. http：//www.uscourts. gov/uscourts/rules/civil-procedure.pdf.

[2]　即决判决是在证据开示程序开始之后，原告或被告申请法院不经过庭审而作出的判决，法官作出即决判决的标准在《联邦民事诉讼规则》56（c）中规定："所有的诉辩状、记录在案的开示和披露文件以及宣誓书都显示案件不存在关于要件事实的真正争点，并且提出动议的当事人有权获得关于法律问题的判决。"与驳回起诉不同，即决判决是实体判决，但其以没有事实争议为前提，目的是将没有事实争议的案件排除在庭审之外。See Federal Rules of Civil Procedure, Rule 56（c）. http：//www.uscourts. gov/uscourts/rules/civil-procedure.pdf.

[3]　相关数据来源可见美国联邦法院网站 http：//www. uscourts.gov/sites/default/files/data_tables/jff_4.10_0930.2016.pdf.

择权的范围，不仅要构建具有实质区别的程序种类，更要在特定的程序种类内赋予当事人选择适用特定程序性事项的权利。

2. 确立适时审判请求权制度

我国现有的审限制度并不是一个基于当事人程序主体权而构建的制度。尽管《民事诉讼法》明确规定了普通程序和简易程序的审理期限，2000年最高人民法院出台的《审限规定》也对立案、结案时间及审理期限的计算，案件延长审理期限的报批，上诉、抗诉二审案件的移送期限，对案件审理期限的监督、检查，对违反规定的制裁等作了详尽的规定；并且全国法院通过"审限内结案率"对审限制度的执行进行严格的考核也是法院内部管理的一个重要任务。但无论法院系统如何强调审限制度的重要性，这都是一个与当事人权利无涉的制度，因为无论是关于审理期限的计算与考核，还是案件审理超审限的法律后果，当事人都没有任何的参与权与发言权；即使诉讼拖延多年严重影响到当事人的切身利益，当事人也没有任何异议权和救济途径[1]。这种状况就是审判迅速化中法院本位的思维在司法实践中忽视当事人程序主体性地位的体现。

因此要贯彻当事人程序主体性地位就必须从当事人权利的角度来对审判速度提出要求，一些国家和地区以及国际条约所承认的当事人适时审判请求权就是这种思维的产物。所谓适时审判请求权是指当事人有权要求法院在适当期限进行审判并作出适正裁判的权利。1950年签署的《欧洲人权公约》（*European Convention for the Protection of Human Rights and Fundamental Freedoms*）第6条规定："在判断人民的民事权利与义务或决定对个人刑事指控时，每个人都有权在合理期间内受到一

---

[1] 蔡彦敏教授在《中国民事司法案件管理机制透析》一文中描述了一个其亲身经历的案件，该案件历时10年却仍未了结，且法院以被告属港商企业参照涉外案件审理不受审理期限限制为由使得诉讼拖延有了以司法解释为依据的"正当化"根据。这一例子也说明了法院执行审限制度的动力来自审限制度的考核而非对当事人权益的保护。参见蔡彦敏. 中国民事司法案件管理机制透析[J]. 中国法学，2013，01：131–143.

个依法设立的独立且公正的裁决机关公平与公开审判"[1]。并且基于该条规定，欧洲人权法院在2000年Kulda v. Polen一案中表示当事人可对违反该条适时审判请求权的情形提出责问，而要求受诉法院应在适当时期内进行审理[2]；目前当事人基于适时审判请求权受到侵害而提起的这类诉讼迟延案件已是欧洲人权法院的主要案源[3]。德国《基本法》虽然没有明确规定当事人的适时审判请求权，但近年来联邦宪法法院受欧洲人权法院的影响亦在判例中承认，基于法治国原则下安定性之要求，民事诉讼应于适当时期内终结属于"权利有效保护请求权"之内容[4]。日本《宪法》第37条所规定的当事人受迅速裁判之权利虽然在文义上是以刑事案件为对象[5]，但日本学界通常认为民事诉讼当事人的受迅速裁判权亦属于宪法上的要求而应予以保障[6]，2003年的《关于裁判迅速化的

---

[1]　英文原文如下：In the determination of his civil rights and obligations or of any criminal charge against him, everyone is entitled to a fair and public hearing within a reasonable time by an independent and impartial tribunal established by law.

[2]　吴从周. 民事法官懈怠案件之进行与当事人之权利救济：从德国《不作为抗告法》（Untätigkeitsbeschwerdengesetz）之制定思考我国法之出路 [J]. 台湾本土法学杂志，2007，11：34-57.

[3]　在欧洲人权法院于2007年作成的1503件判决中，有384件涉及适时审判权利，超过1/4之多。参见 Grabenwarter, Das Recht auf effective Beschwerde gegen überlange Verfahrensdauer, in: Ennöckl/Raschauer/Schulev-Steindl/Wessely（Hrsg.），Über Struktur und Vielfalt im Öffentlichen Recht-Festgabe für Bernhard Raschauer, 2008, S.19. 转引自沈冠伶. 民事诉讼之适时审判与案件管理 [A]. 程序保障与当事人 [C]. 台北：元照出版有限公司，2012：61.

[4]　BVerfGF 55, 349（369）；BWerfG, NJW 2000.797; NJW 1997, 2811. 转引自沈冠伶. 诉讼权保障与民事诉讼：以大法官关于"诉讼权"之解释为中心 [A]. 诉讼权保障与裁判外纷争处理 [C]. 北京：北京大学出版社，2008：6.

[5]　日本《宪法》第37条规定："对于一切刑事案件，被告人均有接受公正的法院迅速公开审判的权利。"

[6]　日本学者中野贞一郎、三个月章、新堂幸司、小岛武司、兼子一、竹下守夫等人持此观点。参见许士宦. 民事诉讼上之适时审判请求权 [J]. 台大法学论丛，vol. 34, no.5.

法律》第1条亦表明，不论刑事民事案件当事人皆有请求迅速审判的权利[1]。我国台湾地区的"司法院"大法官也数次表明，诉讼权的保障内涵包含了适时审判请求权[2]。

从当事人的程序主体性以及诉权对审判权的角度看，承认当事人的适时审判请求权等于课以法院或法官诉讼促进义务。诉讼促进义务与对审限制度的遵守不同，在审限制度的规定下，法官享有极大的自由裁量权，即使案件在诉讼开始后1个月内已经辩论终结，但法官拖延至6个月的审限届满时才作出裁判也不违反审限规定因而不会受到指责。但诉讼促进义务则要求法官应在可期待的范围内采取适当而必要的方法毫不拖延地推进诉讼，包括及时确定各种期间或期日（包括举证期限、证据交换或争点整理期日、开庭审理期日等）、及时送达裁判文书、对当事人进行适当适时的阐明、尽可能合并诉讼或辩论、督促鉴定人尽速处理、视情形斟酌驳回当事人逾期提出的攻击防御方法等。如果受诉法院违背其上述诉讼促进义务或者由于司法机关之国家行为导致诉讼迟延（如法官变动频繁或者法官案件负担过大），都可能造成诉讼程序未能在适当期限内终结，从而侵害当事人的适时审判请求权[3]。

---

[1] 该法第1条为立法目的的宣示，表明该部法律认为迅速审判是司法在公正适当程序之下所不可欠缺的权利，随着国内外社会之变化，国民请求有迅速审判之权利系越重要，而国家之责任，即在于从第一审开始的诉讼程序进一步迅速化，如此有助于司法制度之目的实现，以回应国民之期待。参见刘建甍.刑事妥速审判之研究：以上诉审为中心[D].铭传大学，2011.

[2] 台湾地区"司法院"释字第446号解释理由书认为："诉讼权，乃人民在司法上之受益权，不仅指人民于其权利受侵害时得提起诉讼请求权利保护，尤应保障人民于诉讼上有受公正、迅速审判，获得救济之权利，俾使人民不受法律以外之成文或不成文例规之不当限制，以确保其诉讼主体地位。"释字第482号解释理由书："诉讼权，乃人民司法上之受益权，即人民于其权利受侵害时，依法享有向法院提起适时审判之请求权，且包含听审、公正程序、公开审判请求权及程序上之平等权等。"参见邱嘉祥.论被告迅速审判的权利：刑事妥速审判法重点评释[Z].2010年第十八届国防管理学术暨实务研讨会论文.

[3] 沈冠伶.诉讼权保障与民事诉讼：以大法官关于"诉讼权"之解释为中心[A].诉讼权保障与裁判外纷争处理[C].北京：北京大学出版社，2008：7.

无救济即无权利。除了法院相应地负有诉讼促进义务之外，当事人的适时审判请求权的另一方面的重要内容即是该权利受到侵害时应存在有效之救济途径。从欧洲各国的司法实践来看，救济方式大致可以分为三种：一是可提起宪法诉讼，宪法法院可在诉讼程序的进行因不合比例地过长时宣告诉讼之进行期间违宪，德国、马耳他国均存在此类救济方式；二是在案件进行过程中向受诉法院提出异议或者向上级法院提出抗告，以促使受诉法院自我检视或者上级法院敦促受诉法院加速程序之进行，德国、奥地利存在此类救济方式；三是在诉讼程序严重迟延时当事人可要求获得补偿（Entschädigung），丹麦、瑞士、马耳他及德国均承认当事人的此项救济权利，其中德国法院组织法第198条规定此补偿金额为每年1200欧元[1]。就我国的情况而言，提起宪法诉讼的方式显然不具有借鉴的现实可能性。较为务实的方式是考虑以下两种救济方式：一是赋予当事人异议权，允许当事人对法官懈怠进行诉讼、违反诉讼促进义务之行为提出向受诉法院提出异议，受诉法院必须予以答复并且采取恰当措施推进诉讼，否则可允许当事人向上级法院提出异议。实际上现行《民事诉讼法》第226条关于执行法院6个月内不执行可申请由上级法院执行的规定已经确立了类似的精神。二是赋予当事人补偿请求权，即案件存在明显不合理的诉讼拖延时，当事人可请求获得经济上的补偿，这一补偿请求应以原程序中提出过迟延异议为前提，其补偿标准可参照国家赔偿标准根据具体情况适当调整。

6.1.3.3　完善当事人的诉讼促进义务

当事人的程序主体性不仅仅体现在其主体性权利上，也体现在其义务性上。这是因为权利和义务是相对的、统一的，既然当事人是诉讼程序的主体，能在一定的程度上掌握和控制着程序推进的节奏和步伐，那么审判的迅速化自然也依赖于当事人能够尽自己最大的努力和善意推动程序的进行。如果一方当事人怠于推动诉讼或者刻意拖延诉讼，那么就可能会影响对方当事人适时审判请求权的实现。

---

[1] 沈冠伶. 民事诉讼之适时审判与案件管理 [A]. 程序保障与当事人 [C]. 台北：元照出版有限公司，2012：89-97.

民事诉讼中当事人的诉讼促进义务是随着自由主义的诉讼观向社会的诉讼观转变而确立的。在自由资本主义时期，政治上强调"最小国家"和"有限政府"，国家和政府应保护个人的自由，较少地干预社会和市场的运作。反映到司法理念上，"从最弱意义的国家自然引申至最少管事的法院，即除中立性裁判权能之外再无其他功能的法院"[1]。在这种背景下，自由主义的诉讼观盛行，无论是英美法系还是大陆法系的民事诉讼程序都体现了程序自治的特征，强调当事人个人自由的保护和对诉讼程序的绝对控制权。随着19世纪末20年代初垄断资本主义的兴起，古典自由主义开始衰落，强调国家干预的凯恩斯主义开始盛行，与之相对应的，是司法领域中自由主义的诉讼观向社会的诉讼观的转变。社会的诉讼观认为，民事诉讼作为国家为当事人提供解决纠纷的公力救济机制，不仅仅是自力救济的替代品，也是社会福利国家的一个代表，应该具有社会的意义、社会的功能，应该为整个社会的人谋福利[2]。社会的诉讼观关注民众利用司法资源的公平性、强调法院发现案件真实的责任，并关注当事人的实质平等。这种民事诉讼观念的转变为立法对当事人的诉讼行为进行规范和控制提供了契机，不少国家都规定了当事人在诉讼中有推动程序进行的义务。

当事人的诉讼促进义务不仅仅要求当事人在单纯的时间层面上要适时从事相应诉讼行为（如适时地提出主张和抗辩、适时地提出证据或者适时地参与庭审等），还要求当事人应依诚实信用原则在事实发现的层面上实质推动诉讼之进行。如德国、日本及我国台湾地区的民事诉讼规定的当事人的陈述义务、真实义务、主张具体化义务、文书提出义务、

---

[1]　徐昕. 程序自由主义及其局限：以民事诉讼为考察中心 [J]. 开放时代，2003，03：85–100.

[2]　关于社会的诉讼观的介绍，可参见 [德] 鲁道夫·瓦瑟尔曼. 社会的民事诉讼：社会法治国家的民事诉讼理论与实践 [A]. [德] 米夏埃尔·施蒂尔纳. 德国民事诉讼法学文萃 [C]. 赵秀举译. 北京：中国政法大学出版社，2005：76–99；邱联恭. 当事人本人供述之功能 [A]. 民事诉讼法之研讨（三）[C]. 1990：636–639.

勘验检查协力义务等[1]都属于当事人诉讼促进义务的内容，当事人履行这些义务不仅可明确争议焦点、缩小审理范围，使法庭辩论和法院的调查活动更加有的放矢，更有助于发现案件事实真相，从实质层面上推动诉讼进程，节约法院审理和调查证据的时间。当然，当事人的诉讼促进义务与法院的诉讼促进义务是相辅相成的，为使当事人能恰当地履行诉讼促进义务，法院可以命令当事人将其所掌握的事实、证据及相关诉讼资料，尽可能于诉讼程序的早期阶段提出，以便法官及当事人能尽早了解案情并整理、确定和简化争点。法官应尽早地向当事人阐明事实上和证据上的争点问题，使当事人可以避免没有意义的举证，并得以在适当的时期提供攻击防御方法或者为事实上或法律上的陈述。此外，当事人的诉讼促进义务往往与失权制度联系在一起，法院及时的、恰当的阐明一方面可以促使当事人履行其未尽的诉讼促进义务从而免受失权制裁，另一方面在当事人不履行诉讼促进义务时也可增加失权制裁的正当性。

我国目前对当事人诉讼促进义务规定的主要问题是缺乏体系化的视角，《证据规定》对于当事人举证时限及失权后果规定的冒进和实践的失灵，其原因就是没有配套地规定当事人的适时答辩义务及失权后果，没有规定当事人的真实陈述义务以及具体化义务，没有给予当事人必要的取证保障，没有配之以法院适当的阐明义务，从而使得证据失权制裁缺乏正当性，因而在实践中遭到遗弃。2012年《民事诉讼法》的修改只是在逾时举证的法律后果方面作了变通的规定，对于当事人的诉讼促进义务仍然缺少一种系统化的思维。因此，在未来的审判迅速化改革中不能仅仅从时间层面上关注当事人进行诉讼行为的时限及其失权后果，还要从事实发现的层面上规定当事人的事案解明义务从而在实质上保障双方当事人的武器平等，更要完善法官的阐明义务以指导当事人正确履行诉讼促进义务。

---

[1]　关于当事人在事实发现层面的证据协力义务，可参见占善刚. 证据协力义务之比较法研究 [M]. 北京：中国社会科学出版社，2009.

6.2 效率原则

既有的审判迅速化虽然是在提高诉讼效率的口号下实施和推进，但究其实质却是追求结案数量和结案速度，并且这种"速度=效率"的错误观念不恰当地影响了对真正效率的追求。强调效率原则就是要在审判迅速化中树立正确的效率观念，遵循效率的增长机制，以效率最优而不是速度最快为审判迅速化的目标。

6.2.1 效率原则的内涵

关于效率内涵中的成本/收益及资源配置的核心要义，本书第2章第2节中已经有了充分的阐述。以效率原则作为合理的审判迅速化的指导原则，就是要通过司法资源的有效配置，获取最多的诉讼收益，最大限度地解决民众的司法需求。对这一原则的理解，需要把握以下几点。

首先，强调效率原则并不意味着贬低正义的重要性。强调资源配置的效率本身就具有正义的伦理价值取向。著名经济学家萨缪尔森等人对于效率的定义已经强调了效率的伦理考量："效率就是最有效地使用社会资源去满足人们的欲望与需要。"[1]在这里，主体的欲望与需要是成本/收益关系中的"收益"部分。就司法制度的运作而言，诉讼收益自然也是与民众的需求息息相关。正如前文在分析审判迅速化的效率价值时指出的那样，诉讼收益既包括对当事人平等的恢复和社会秩序的恢复，也包括通过判决的威慑力实现对民事主体的引导功能，而无论是诉讼制度的恢复性功能还是导向性功能的实现，都必须依赖裁判的正确性。这就使得效率原则内在地包含了对正义的追求。从这个意义上讲，"效率与正义"并不是相互矛盾而是相辅相成的关系。对此，波斯纳也认为"正义的第二种含义——也许是最普遍的含义——是效率。……只要稍作反思，我们就毫不惊奇地发现，在一个资源稀缺的世界里，浪费是一

---

[1] 原文是"Efficiency denotes the most effective use of a society's resources in satisfying people's wants and needs." [美]保罗·萨缪尔森，威廉·诺德豪斯. 经济学（双语教学版 原书第18版）[M]. 萧琛，蒋景媛等译注. 北京：人民邮电出版社，2011：4.

种不道德的行为。"[1]因此，审判迅速化中的效率原则并不意味着可以为了追求效率而牺牲正义，实际上，如果无视正义的重要性，效率也无从获得。

其次，效率原则要求重视司法资源的有效配置。为了使有限的司法资源能最大限度地解决民众的司法需求，诉讼程序的设置应与案件的需要保持平衡。如果对于所有的案件都适用单一化的程序，就可能会在小额简单案件中出现程序过度浪费司法资源而在重大复杂案件中出现程序不足司法资源投入不够的情况。为克服这种不平衡的状况，沃尔夫在《接近正义》正式报告中提出案件处置与司法资源配置的"比例原则"（the principle of proportionality）[2]，该原则被后来生效的《英国民事诉讼规则》采用，该规则第1条确定的基本目标就是要使法院能够以与案件需要成比例的成本公正地处理案件（deal with cases justly and at proportionate cost），而比例原则要求案件的处理应采取与案件涉及的争议金额、案件的重要程度、争议事项的复杂性、当事人各方的财务状况相适应的审理方式[3]。我国台湾学者邱联恭也提出了一个与之相似的"费用相当性原理"，即"在使当事人利用诉讼程序或由法官运作审判制度之过程中，不应使法院（国家）或当事人（人民个人）遭受期待不可能之浪费或利益牺牲，否则，显受如此浪费或牺牲之人即得拒绝使用此种程序制度，此即费用相当性之基本原理，应为制定或运作程序制度

---

[1]　[美]理查德·A.波斯纳.法律的经济分析[M].蒋兆康译.北京：中国大百科全书出版社，1997.31-32.

[2]　Access to Justice—Final Report，chapter 2.19. "My proposals for proportionality for the system of civil justice overall are underpinned by Rule 1 of the new rules which requires the court to deal with cases in ways proportionate to the amount involved，the importance or complexity of the issues，and the parties' financial position." See http: // webarchive. nationalarchives. gov.uk/+/ http: //www.dca.gov.uk/civil/final/sec2a.htm.

[3]　CPR1.1（1）（c）dealing with the case in ways which are proportionate：（i）to the amount of money involved; （ii）to the importance of the case; （iii）to the complexity of the issues; and （iv）to the financial position of each party; See http: //www. justice. gov.uk/courts/procedure-rules/civil/rules/part01.

时所遵循"[1]。我国学者刘敏亦提出了一个与比例原则极为相似的"程序相称原理",指程序的设计应与案件的处理需求相适应[2]。可见司法资源的有效配置,与扩大当事人程序选择权一样,对诉讼程序的分化或者类型化提出了同样的要求。

民事审判迅速化中确立效率原则的必要性在于近年来我国面临的较为严峻的司法供需形势的变化。引起西方各国诉讼迟延的一个重要的原因就是民事司法制度难以满足社会的需求,而我国自2007年以来案件数量的剧增亦使得法官的案件负担大为加重。2007年全国法院共审结、执结各类案件885万件[3],同期法官人数约为18.9万人[4],则法官人均年结案数约为47件;而至2017年,由于法官员额制改革在全国法院全面落实,法官人数已降至12万[5],办案法官已经大幅减少,2017年全国法院审结了2275.4万案件[6],平均每个法官审结190件案件,是2007年的4倍之多。

不断上升的民事诉讼案件数量以及大幅减少法官数额将给法院处理案件带来严峻的挑战,并且这个问题不太可能通过大幅增加司法辅助人员来解决。首先,法院的政法编制人员总额不会增加。根据中央编办发布的《关于政法专项编制内部挖潜和创新管理的若干意见》(中央编办发〔2015〕8号)的精神,"严控机构编制是原则,编制总量只减不增是

[1] 邱联恭. 司法之现代化与程序法 [M]. 台北:三民书局,1999:111.

[2] 刘敏. 论我国民事诉讼法修订的基本原理 [J]. 法律科学(西北政法学院学报),2006,04:147-154.

[3] 数据来源于最高人民法院 2007 年全国法院司法统计公报。

[4] 数据来自最高人民法院 2009 年的《人民法院工作年度报告》,该报告会公布 5 年来法院审执案件数量与法官数量走势图,因此可获得 2007 年的法官人数。

[5] 靳昊. 我国法官员额改革全面完成 [N]. 光明日报,2017-07-04(004).

[6] 2017 年审结案件数据来源于 2018 年第 4 期《最高人民法院公报》中的《2017 年全国法院司法统计公报》。

要求，挖潜创新和盘活存量是方向"[1]。在编制总量不增加的情况下，司法辅助人员的增加只是使用了原来的法官、司法行政人员的编制，按照首批试点的几个省份的员额比例，司法辅助人员与法官的比例大约为1.2:1，不可能出现一个法官配备两个以上司法辅助人员的情况。其次，司法辅助人员不具有法官资格，不能独立处理诉讼案件。诉讼案件的开庭、合议、裁判文书制作等核心审判工作必须仍由法官完成。若诉讼案件过多，数量少的法官可能难以承受过重的案件负担。

由此可见，司法供需形势的变化以及法官案件负担的加重已经对审判迅速化中司法资源的有效配置提出了新的要求。前文在审判周期构成理论部分指出，法官是否有必要减少对于个案的审理时间，并不是由审判周期之长短来决定的，而是由其案件负担决定的。在不改变现有的司法资源配置方式的情况下，法官在面对案件负担加重的情况下可能会采取减少个案审理时间的方式来应对，而这又可能进一步加剧案件审理质量低下和司法不公的状况。案件审理效果差意味着诉讼收益低，意味着司法资源的浪费和诉讼机制运行的不效率。因此，在民事案件数量增长与司法规模难以扩大的形势下，如何优化司法资源的配置以最大限度地满足人们的司法需求就成了一个无法回避的问题。

6.2.2　效率原则的具体化

6.2.2.1　效率观念的纠偏

在审判迅速化中落实效率原则的首要任务是纠正"速度=效率"的错误观念，审判迅速化的目标应该是达到效率最优，而不是速度最快。从资源的合理配置的角度看，对审判速度的追求应遵循"能快则快，当慢则慢"的准则。

既有的审判迅速化主要是通过简化程序和减轻法院负担的方式来达到快速结案的目的。然而这并不一定符合效率的增长机制。美国经济学家考特和尤伦在其名著《法与经济学》中对生产效率是这样界定的：无

---

[1]　湖北省武汉市编办．武汉市积极贯彻落实政法专项编制内部挖潜和创新管理培训研讨会议精神 [DB/OL]. http://www.scopsr.gov.cn/bbyw/dfjgbzxxkd/qtgz/201506/t20150617_277615.html，2015-06-25.

论如何变动投入都不可能以更低的成本生产出同等数量产品，或者在现有投入组合下不可能生产出更多数量产品[1]。可见效率的增长有两种方式：一是通过减少投入来达到既定水平的收益，投入越少效率就越高，当不可能再通过减少投入来达到既定水平的收益时，就是最有效率的；二是在投入固定的情况下通过优化投入的配置来获得更多的收益，收益越多效率就越高，当同样的投入不可能再获得更多的收益（即收益已最大化）时，就是最有效率的。简化程序和减轻法院负担总体上是一种缩减成本的思路，然而这种方式是否能有效增进效率还要取决于其他因素：首先，诉讼总成本是否真的减少了？诉讼成本除了公共成本之外还包括私人成本，除了直接成本之外还有错误成本。减轻法院负担可能只意味着成本的转移而不意味着成本的减少。例如审判方式改革缩减和节约了法院收集、调查证据的成本，但当事人却不得不加大证据收集成本的投入，因此案件中证据收集的总成本并没有随之减少，只是降低了法院在证据调查程序成本中所占的比重而加大了当事人投入的比重而已。此外，错误成本是否增加了呢？上诉率的增长已经在一定的程度上说明了判决案件的质量问题。其次，改革后是否能维持原有的诉讼收益？尽管最高人民法院制定了包括31个3级指标、不可谓不细致的案件质量评估体系，并且官方公布法院案件质量评估综合指数一直呈上升势头，从2008年的85.56上升到2014年的90.55[2]，但实际上司法公信力并不高，这些数字也容易给人一种不真实的感觉。

总之，审判迅速化本身并不是目标，追求速度是为了赢得效率。如果不关注成本与收益之间的关系而盲目地追求速度不仅不能提高效率，反而可能会降低效率。因此我们不仅仅只着眼于直接成本的节俭，也要

---

[1]　[美]罗伯特·考特，托马斯·尤伦.法和经济学[M].史晋川等译.上海：格致出版社，上海人民出版社，2010：15.

[2]　2008年—2014年的人民法院案件质量评估综合指数分别为：85.56、85.72、87.26、88.79、89.34、90.75、90.55。其中2008年—2012年的数据来自最高人民法院.人民法院工作年度报告（2012年）.北京：人民法院出版社，2013.7；2013年—2014年的数据来自严戈，袁春湘.2014年全国法院案件质量评估分析报告[J].人民司法，2015（09）：82-84.

关注错误成本的避免；一味地简化程序或者减轻法官负担可能会导致诉讼收益的降低。统一地以严格的审限来限定结案时间也是非科学的做法，案件的适用程序既要考虑案件本身的复杂性和重要性，也要在一定程度上尊重当事人的选择，能快则快，当慢则慢。

6.2.2.2 资源配置的优化

既然一味地简化程序或减轻法官在个案中的负担可能会导致案件质量下降，而司法供需形势的变化又迫使我们不得不以现有的司法资源去解决更多的司法需求，唯一可行的路径就是调整、优化和重新组合现有的司法资源配置。司法资源的优化重组可以从以下几个方面考虑。

第一，是诉讼与非讼程序的重新定位。过去的审判迅速化主要是着眼于在诉讼程序内部挖潜，忽视了外部分流的重要性。其实非讼程序能在很大程度上起到预防、过滤与化解诉讼纠纷的作用[1]，如德国每年因督促程序而过滤掉的民事案件是实际进入诉讼程序的一审民事案件的三四倍之多[2]。可喜的是，我国2012年《民事诉讼法》对督促程序的修改、新增担保物权实现程序等已经显示了立法者对非讼程序的重视，不过未来应进一步完善和扩充非讼程序。

第二，是诉讼程序的内部分化和区别对待。司法资源的配置应当与诉讼案件可能存在的诉讼收益具有适配性。案件标的额大、法律关系复杂、社会关注程度高、对法律的发展有意义的案件往往也是对当事人具有重要性和对社会秩序具有较大影响力的案件，这些案件的正确处理无论对当事人还是对社会而言，都能获得较大的诉讼收益，因而应当配之以较为正式而规范的程序加以审理；而案件标的额较小、法律关系简单的或者争议不大的案件可能获得诉讼收益较少，应配之以简单的程序加以处理。

第三，可按比例原则来规范当事人程序选择权的行使。当事人作为

---

[1]　本书将在第7章详细阐述非讼程序的功能，在此不再赘述。

[2]　参见周翠.电子督促程序：价值取向与制度设计[J].华东政法大学学报，2011，02: 67–82；周翠.德国司法的电子应用方式改革[J].环球法律评论，2016，38（01）: 98–114.

程序主体虽然应当享有广泛的程序选择权，但当事人行使程序选择权时应当遵守一定的原则，以免影响公益。如果一律允许小额简单案件的当事人选择复杂程序，那么就可能会致使潜在的当事人无法利用诉讼程序。因此可要求当事人对于程序的选择应符合比例原则，同时允许标的额高的当事人可合意选择简单程序，而标的额小的当事人合意选择复杂程序的需要经过法院准许。

第四，司法资源的配置应有利于促使案件早期终结。我国的案件无论是判决还是调解撤诉，多数发生在庭审之后，主要原因就是审前缺乏一个完善的信息交流程序，当事人只有通过庭审才能与对方进行对话和沟通，才能获取案件的相关证据信息，才能对案件的裁判结果作出一定的预测。裁判结果的可预测性是当事人达成调解或者和解协议的重要因素。如果法官不公开心证，当事人预测结果困难，也会降低调解或者和解的比例。因此资源配置应适当地向审前倾斜，使得当事人能够在审前获得必要的和解信息，以促使案件能够不经过庭审而早期终结。

最后，要重视诉讼的社会引导功能之实现。我国的诉讼制度实践比较重视诉讼制度的恢复性功能（恢复当事人之间的平等以及恢复社会秩序），却忽视了诉讼的导向性功能。即通过判决的威慑力发挥对民事主体的引导作用，既包括引导民事主体在社会交往时遵守法律和一般社会规范从而预防纠纷的发生，也包括在当事人纠纷发生之后根据公开的判决样本进行协商从而自主地解决纠纷。导向性功能所发挥的预防纠纷与解决纠纷作用实际上减少了进入诉讼的案件，自然有利于审判之迅速化。而诉讼案件的导向性功能之发挥首先要使司法资源的配置有利于形成具有真正指导意义的案例。最高人民法院目前正在推行的案例指导制度是一种很好的尝试，然而指导性案例的形成机制可能需要进一步完善，其范围也可进一步扩大。例如学界讨论的三审终审制可以作为形成指导性案例的机制之一，即对于具有法律重要性的案例，可通过许可上诉的方式二次上诉或者飞跃上诉到最高人民法院，由其来承担司法统一之功能[1]。此外，案例的导向性功能之发挥与司法公开尤其是判决书的公开有莫大的关系。最高人民法院于2013年11月21日发布的《关于人民法院在互联网公布裁判文书的规定》要求各级人民法院的生效法律文书除涉及国家秘密、个人隐私、涉及未成年人违法犯罪、以调解方式结案及其他不宜在互联网公布的之外，都应当在互联网公布。裁判文书公开制度对于实现诉讼案件的社会引导功能将产生重要的作用。

6.2.2.3 效率标准的运用

既然效率在于资源的配置，那么如何判断不同的资源配置的优劣，如何判断在所有可能的资源配置方案中的最优配置方案（即有效率的配置方案）呢？美国著名经济学家萨缪尔森的经典著作《经济学》中对经济效率（economic efficiency）的定义是："要求在给定技术和稀缺资源的条件下，生产最优质量和最多数量的商品和服务。在不会使其他人境况变坏的前提下，如果一项经济活动不再可能增进任何人的经济福利，则该项经济活动就被认为是有效率的。[2]"可见，经济效率描述的是一种特殊的均衡点，即资源配置达到最优状态的结果，任何偏离这种状态的方案都不可能使部分人受益而其他人不受损。这种经济最有效率的状态是由意大利经济学家帕累托（Vifredo Pareto，1848—1923）提出的，所以也称为帕累托最优（Pareto optimum）。利用帕累托标准对资源配置方案进行判断的方法是：如果对一种既有的资源配置方案的改进可以使至少一个人的福利增加，而没有减少其他任何一个人的福利，那么这种重新配置就称为"帕累托改进"（Pareto improvement），帕累托改进意味着整体社会福利的增进。如果在一种资源配置的状态下，任何帕累托改进都不存在，即任何重新配置的改变都不可能增加至少一个人的福

---

[1] 当然，正如傅郁林早在2002年即在《审级制度的建构原理：从民事程序视角的比较分析》一文中主张的那样，最高法院不应当承担二审功能。见傅郁林. 审级制度的建构原理：从民事程序视角的比较分析 [J]. 中国社会科学，2002，04：84-99+205.

[2] [美] 保罗·萨缪尔森，[美] 威廉·诺德豪斯. 经济学（第19版）[M]. 萧琛等译. 北京：人民邮电出版社，2012：7.

利并且没有减少其他任何人的福利时，这种状态已经达到帕累托最优状态，也就是最有效率的状态[1]。

对于社会中的变革而言，帕累托改进是最理想、受到阻力最小的改革，因为没有任何人的利益受到损害；但帕累托改进的实现条件很苛刻，因为几乎所有的制度下都有利益既得者，改变现有的制度安排就意味着利益既得者受损。为此，英国的两位经济学家卡尔多和希克斯提出了另一种效率标准：尽管一项改革会使一部分人的利益受损，但只要受益者的得益大于受损者的损失时，社会的整体福利还是增加了，因此这种改进还是有效率的[2]。可见卡尔多-希克斯效率标准是一种总量最大化标准。在卡尔多-希克斯改进中，如果利益受损的人通过某种机制得到补偿，那么这一改进就成了帕累托改进，因此也可以说卡尔多-希克斯改进是潜在的帕累托改进[3]。

关于法律制度和法律活动中效率的判断标准，波斯纳考察了帕累托效率和卡尔多-希克斯效率后认为，帕累托最优效率的概念"现在看来已非常苛刻，而且对现实世界的可适用性很小，因为大多数交易……都会对第三方产生影响……在本书中适用不太苛刻的卡尔多-希克斯概念"[4]。

审判迅速化所涉及的改革措施可以通过这些效率标准来加以衡量。例如针对审判周期中等待时间过长尤其是开庭审理之后的等待时间过长问题的改进。开庭之后迟迟不判的主要原因可能是适用普通程序的合议时间不好确定或者是由于案件需要层层审批而引起[5]，其中对于由审批引起的迟延，取消这种审批制度所能带来的审判周期缩短最起码是一个卡尔多-希克斯改进，甚至可能是一个帕累托改进。审批制度的积弊长

[1] 高鸿业.西方经济学[M].北京：中国人民大学出版社，2011：250-252.

[2] 侯锡林.微观经济学原理[M].北京：中国经济出版社，2011：271-272.

[3] 张维迎.博弈与社会[M].北京：北京大学出版社，2013：25-27.

[4] [美]理查德·A.波斯纳.法律的经济分析[M].蒋兆康译.北京：中国大百科全书出版社，1997：16.

[5] 当然也不排除法官是习惯问题或者利用这段时间进行权力寻租的可能，但这里主要针对制度上或者政策上的变革而言，因此不予讨论这些原因。

久以来一直受到学界的批判[1]，由院长、庭长审批增加了裁判作出的环节，既提高了法院的诉讼成本又延误了当事人解决纠纷的时间，并且由未曾经历当事人言词辩论的院长、庭长行使案件的审判权有违直接言词原则。有疑问的是，取消审批制度是否会增加错误成本？如果增加了错误成本但增加的错误成本低于减少的直接成本，那么这就是一个卡尔多-希克斯改进，如果没有增加错误成本，那这就是一个帕累托改进。笔者认为，审批制度尽管能在一定的程度上起到监督判决质量和避免冲突判决的作用，但同时也为司法干预提供了土壤，因此并不一定会减少错误成本。而且这种监督并不符合司法规律，应由审级制度或其他制度而不是审批制度来承担这一功能。因此取消审批制度应该是一个符合效率原则的改进措施。

审判迅速化过程中涉及一些利益冲突的问题也可以用卡尔多-希克斯效率标准来考量。比如审判迅速化过程中强化当事人的举证责任问题，将事实发现的责任从法院转移到当事人身上无疑是一种诉讼成本的转移，法院的诉讼成本降低而当事人的诉讼成本增加了，按照卡尔多-希克斯效率原理，应当在当事人承受增加的诉讼成本的同时使其能获得一定的补偿，那就是错误成本的降低或者说是获得正确判决的可能性增大。但是由于取证保障制度的缺乏以及举证指导等法官阐明义务的缺位，增加了举证成本的当事人反而可能更容易败诉，从而取得了诉讼收益的负增长。在这里，这种事实发现的责任转移就因为没有考虑到应当给予当事人必要的制度补偿而不足以成为一个有效率的改进。此外，在具体的诉讼程序运作中的利益冲突也可以将卡尔多-希克斯效率原理作为考量标准。如对逾期举证的制裁措施问题，采纳逾期一方当事人所举证据能增加该方当事人的利益，但损害了另一方当事人的利益。这时可以对采纳证据的得益（证据对案件事实查明的重要程度及对诉讼公正的影响）和受损（采纳逾期举证对诉讼迟延的影响、对方当事人因此需要增加的经

[1] 李红辉．反思与出路：改革院庭长审批案件制度[J]．求索，2012，06：228-230；张民．按照司法规律改革案件审批制度[J]．人民司法，1999，10：26-27；周晓笛．还审判权于合议庭：废除案件审批制度的思考[J]．法律适用，1999，09：35-38.

济成本等）进行衡量，如果得益大于损失并可以通过某种机制对受损者予以补偿，那么采纳逾期举证就是符合效率的。

6.3 合理原则

在审判周期构成中诉讼行为时间所占比例较小而等待时间所占比例较大的情况下，既有的审判迅速化一方面采取错误的方法来减少诉讼行为时间，另一方面却不注重减少等待时间，违背了诉讼规律，造成了审判周期构成的非合理化。故未来的审判迅速化应当强调合理原则，促使民事审判在合规律性和合目的性的情况下实现迅速化。

6.3.1 合理原则的内涵

合理即合乎理性（Reason），审判迅速化的合理原则就是要求审判迅速化应当具有合理性（Ratinoality）。理性是西方哲学和法学的一个经典概念，合理性则是基于理性而派生出来的概念。对于合理性的解释，西方学者们有不同的理解，如黑格尔认为合理性就是合乎规律性，"合理性按其形式就是根据被思考的即普遍的规律和原则而规定自己的行动。这个理念乃是精神度绝对永久的和必然的存在"[1]；而马克斯·韦伯虽然继承了黑格尔关于理性是一切现实事物的内在规律和本质之思想，其对于合理性与非合理性的判断却加入了主观目的的因素[2]，认为是否合理是关于行动（手段）与既定目的之间的因果逻辑关系的判断[3]。哈贝马斯则提出交往合理性的概念，不再从关于整个世界的整体

[1]　[德]黑格尔.范扬.法哲学原理[M].张企泰译.北京：商务印书馆，1961：254.

[2]　韦伯在《新教伦理与资本主义精神》中认为：事物本身从来不是非理性的，只有从一个特殊的角度上看才是非理性的。对于一个不信宗教的人来说，任何一种宗教的生活方式都是非理性的，对于一个享乐主义者来说，任何一种禁欲规则都是非理性的。[德]韦伯.新教伦理与资本主义精神[M].于晓，陈维纲译.北京：生活·读书·新知三联书店，1987：194.

[3]　苏国勋.理性化及其限制：韦伯思想引论[M].上海：上海人民出版社，1988：226-227.

知识的角度来解释合理性，而是把合理性问题限定在人类的行为领域，是从知识的获取和运用的意义上来理解合理性[1]。他认为"合理性更多涉及的是具有语言能力和行为能力的主体如何才能获得和使用知识，而不是对知识的占有"[2]。尽管西方学者对合理性的理解不同，但都将合理性作为一种观念形态，是人类对自身活动反思和评价，其重点是对事物之存在或人的活动及其结果是否可取、正当或应当的认识和评价，并由此确定主体对客体的取舍态度[3]。

　　总之，合理性主要是一个评价概念，我们说某个事物是合理的，必然是相对于某一评价标准而言的，因此对合理性的界定就不能脱离合理的判断标准。于是合理性可界定为：某一对象（包括人的实践活动、社会行为、社会建树、认识成果等）是合理的，指的是它符合或者不违背某些统一的且为社会成员所普遍认可的原则和标准，这些原则和标准不仅体现和反映客观规律，更重要的是也表征了主体的必然性和规律。根据这一界定，合理性的一般评价标准有两个：一是看是否符合客观规律，符合客观规律或者具有现实客观必然性的是合理的，否则便是不合理的；二是看是否符合主体之目的和利益，并且主体的目的和利益越是带有广泛的长远性和社会性，就越能成为可靠的评价标准。就这两条标准而言，由于合理性是人活动的特征，具有浓厚的价值性，故符合主体的必然性和规律比符合客观规律更重要。但归根到底符合客观规律又是合理性之根本所在，如果主体目的不符合现实客观必然性或者客观规律，那么它在根本上就是不合理的。因此尽管第二条标准是更直接、更常用的评价标准，但在涉及二者关系时，客观规律标准是更根本的，它

[1]　王艳华，庞立生. 论哈贝马斯的交往合理性观 [J]. 吉林广播电视大学学报，2001，01：34-36.

[2]　[德] 尤尔根·哈贝马斯. 交往行为理论（第1卷）：行为合理性与社会合理化 [M]. 曹卫东译. 上海：上海人民出版社，2004：8.

[3]　蒋先福. 法治的合理性 [D]. 湖南师范大学，2006.

决定了第二条标准[1]。

据此界定和标准，审判迅速化的合理原则就是要求迅速化的目的、手段和对象都应当符合体现了社会发展客观规律的、被普遍认可的原则和标准；应当符合广泛的社会成员的目的和价值需要，能够得到民众的内心认同。简而言之，审判迅速化应当是合规律性和合目的性的统一。

6.3.2 合理原则的具体化

由于合理性是对人的活动的评价，故审判迅速化的合理原则可根据活动的要素相应地具体化为迅速化目的的合理、迅速化手段的合理和迅速化结果的合理等三个方面。

6.3.2.1 迅速化目的的合理

迅速化目的的合理性是合理原则中最重要的要素，是合理性内涵结构的中心部分，是其他形式的合理性的决定因素。可以说，审判迅速化的目的决定了迅速化的手段和结果，如果目的不合理，手段和措施再怎么合理也不能产生合理的结果。审判迅速化的目的是否合理取决于多种主客观因素，其中最根本的就是视乎该目的是否符合司法实践总的客观必然性以及诉讼规律。如果仅仅承认审判迅速化的目的性而不追究该目的本身的客观必然性，就容易落入实用主义合理性思想的窠臼。

西方各国推动审判迅速化的主要目的是为了克服诉讼迟延，我国虽然未曾出现大面积的诉讼迟延现象，但是也在新世纪伊始通过司法改革加入了审判迅速化的世界潮流。尽管司法改革的主导者推动审判迅速化的最初动因可能是为了减轻法院日益增长的案件负担和压力，并且这一动机也无可厚非。但是减轻法院压力绝不应该是审判迅速化的唯一目的，审判迅速化还有一个重要的目的是为了尽可能满足民众的司法需求。毫无疑问，审判迅速化应当力求容纳减轻法院压力与满足民众需求的目的，容纳各种目的的合理性也是正确的合理性观念。但是各种目的不能等量齐观，审判迅速化只有将满足民众的司法需求作为根本目的与

---

[1] 杨耀坤.科学发现理性论 [M].长沙：湖南出版社，2001：30-32；杨耀坤.理性、非理性与合理性——科学合理性的概念基础——科学合理性问题系列论文之三 [J].科学技术与辩证法，1999，05：34-38.

终极追求，迅速化的目的才是合理的。否则，如果将减轻法院负担作为第一位的迅速化目的，那么当法院或者法官利益与满足当事人司法需求之间出现利益冲突时，迅速化进程就可能会偏离应有的轨道而出现违背司法规律之问题。本书第5章所描述的审判迅速化中的权力本位倾向就是目的不合理的体现之一。

6.3.2.2　迅速化手段的合理

审判迅速化的目的与审判迅速化的手段之间的关系需要辩证地看。一方面，审判迅速化目的的合理性在一定程度上取决于它的可实现性，而可实现性取决于是否采用了恰当的方法和手段进行迅速化，这体现为手段的合理性对目的合理性的贡献。另一方面，审判迅速化目的的合理性又在一定程度上决定了手段的合理性，离开了目的的考量，对实现目的不具有实际效用的手段是没有任何意义的，即使手段再强有力、再灵巧也是不合理的。不过手段的合理性也不是完全由目的所决定，否则就意味着只要目的合理，就没有什么不合理的手段，就可以为了达到目的不择手段。因此审判迅速化手段的合理性除了取决于其目的的合理性之外，还要考察迅速化的手段和方法的应用带来的其他后果，看这些后果是否有违其他更一般的目的。

为了达到迅速审判的目的而强制性地为所有的案件设定一个固定审理期限的审限制度以及法院系统以审限内结案率作为核心指标进行行政化考核就属于非合理性的手段。尽管规定审理期限并且对审限内结案率进行考核对于保证案件能在一定的期限内审结是一个"强有力"的手段，但是这一手段本身是不符合审判规律的，因而是不合理的。类型不同、复杂程度不同、重要性不同、争议强度不同的案件，其审理历程、审理方法和程序的具体适用都应有各自不同的要求，正如万物生长各有其生长规律和生长周期一样，不同案件的审理也应有不同的审判规律和审判周期，强行要求所有的案件在一个固定的审理期限内审结就像要求世间万物必须在相同的期限内成长成材一样不符合规律，一样不合理。这一手段的不合理带来了一系列的负面后果，这些负面后果不仅影响了当事人的权利（如仅仅因为审限的要求而将简易程序转换为普通程序、积极动员当事人撤诉、为了满足审限的要求而拒绝调查取证等），也在一定程度上影响了法官的身心健康（如案件负担重的法院的法官为了能在审限内结案不得不忍受长期加班的工作状态）。由此可见，审判迅速化必须注意手段、措施的合理性，不能为了实现审判的迅速性而不择手段，不顾后果。

6.3.2.3 迅速化结果的合理

审判迅速化的合理原则不仅要求迅速化的目的合理、手段合理，还要求迅速化的结果应该是合理的。审判迅速化的结果合理性与目的、手段合理性之间的关系也需要辩证地看。一方面，只有审判迅速化的结果是合理的，迅速化的合理目的才能够得到实现；另一方面，只有迅速化的目的和手段都是合理的，才可能取得合理的结果，因此结果是否合理又是检验迅速化目的和手段的标准，如果迅速化的结果不合理，我们就应当反思迅速化的目的以及手段是否合理，应当如何改进。

对于审判迅速化结果的合理性检视可从两个方面进行：首先，应当考察迅速化目的本身是否得到实现。迅速化的手段和措施是为了实现迅速化的目的，但这些手段和措施不一定都能实现迅速化的目的。正如学者对美国案件管理的批评那样，本来案件管理是作为迅速化的手段，但是当案件管理规则越来越繁杂和僵化时，案件管理本身却反而成了导致诉讼迟延的新因素[1]。不能实现迅速化本身目的的结果不具有合理性，迅速化手段的合理性亦需要重新审视与检讨。其次，应当考察审判迅速化的结果是否会影响其他重要价值的实现，是否具有合规律性和合目的性。例如，如果仅仅从审结案件的平均期间来考察我国审判迅速化的结果，似乎能得出审判迅速化目的已经实现的结论。但是如果考虑到既有的审判迅速化对于案件的实体公正、对于当事人权利保障所造成的负面影响，就会发现审判迅速化的结果不具有合理性。

总之，审判迅速化的目的、手段和结果三者之间的合理性是紧密相连的，合理的审判迅速化应当坚持合理原则，并从迅速化的目的、手段和结果三个方面保障合理原则的贯彻实施。

---

[1] 闫春德. 美国民事诉讼案件管理制度研究 [D]. 北京师范大学，2010.

第7章 合理的审判迅速化的路径调整

本章内容是对第5章关于既有审判迅速化的路径偏差的回应。第5章的分析指出既有的审判迅速化形成了简化程序和减少法官审理时间的路径依赖，然而这种单一化的方式容易造成对当事人程序保障的不足。笔者认为审判迅速化应保障法官和当事人在个案中的必要诉讼行为时间，并且应注重减少等待时间。

因此构建合理的民事审判迅速化的路径之一应当是考虑如何保障法官和当事人在个案中的必要诉讼行为时间。

首先是法官必要诉讼行为时间的保障。如果是在"案少人多"的年代，要求法官对所有的案件都投入足够的时间以达成"慎重而正确的裁判"似乎并不是难以实现的目标。但目前的司法供需形势恰恰相反，一方面是法院民事案件受理量的逐年攀升，另一方面是员额制改革致使法官数量的减少，"案多人少"的矛盾越发突出，这就迫使我们不得不以现有的司法资源去解决更多的司法需求。因此唯一可行的路径就是调整、优化和重新组合现有的司法资源配置。司法资源的优化重组可以有多方面的考虑，然而最重要的当属程序分化与诉讼分流。程序分化是诉讼程序的内部分化和区别对待，使司法资源的配置与诉讼案件可能存在的诉讼收益具有适配性，即对案件标的额大的、法律关系复杂的、社会关注程度高的、对法律的发展有意义的案件配之以较为正式而规范的程序加以审理；而案件标的额较小、法律关系简单的或者争议不大的案件配之以简单的程序加以处理，这样就使法官的时间能在不同的程序中得到优化配置。而诉讼分流是通过建立非诉讼纠纷解决机制，把一部分原本可能通过诉讼解决的纠纷分流出去，从而减少实际进入诉讼程序的案件数量。诉讼分流与保障法官必要诉讼行为时间的关系在于：审判周期中法官对个案审理时间的分配取决于其案件负担，案件负担过重，法官可能会减少对个案的审理时间从而影响案件质量；案件负担轻，法官对个案的必要审理时间就能得到保障。

其次是当事人诉讼行为时间的保障。当事人在诉讼中的必要准备时间需要靠期间制度来保障，而我国的期间制度存在一个较为严重的缺陷就是规定太少，不够细致，也不能充分保障当事人的必要准备辩论时间，这种立法方式往往使得当事人在诉讼中受到突袭，也使得法院在审限制度的压力下压缩当事人的必要准备时间有了可实现的空间。为了保障当事人的必要准备时间，一方面应该尽可能地细化诉讼主体实施各种诉讼行为的期间规定，另一方面应该减轻法官在审限方面承受的压力，这就使得审判迅速化的路径指向了合理的案件管理制度。

构建符合审判周期规律的民事审判迅速化的路径之二是尽可能减少审判周期中的等待时间。减少等待时间的路径有两个思路：第一是减少法官同时处理的案件数量，这个思路同样指向了诉讼分流。因为审判周期中的等待时间与法官同时处理的案件数量有关，同时处理的案件数量多，等待时间就越长，同时处理的案件数量少，等待时间在合理控制之下能尽可能缩短。而法官同时处理的案件数量又与其案件负担成正比关系。诉讼分流通过减少进入诉讼程序的案件数量从而减轻法官负担，因而可对审判迅速化之合理化产生积极的作用。第二个思路是改进案件管理，有效控制审判流程节点时间，尽量剔除审判周期中不必要的等待时间。这就需要从期间制度、诉讼指挥制度以及考评制度来综合构建科学的案件管理制度。

由此可见，审判迅速化路径调整主要归结为三个方面的内容：一是有效的程序分化，二是恰当的诉讼分流，三是科学的案件管理。

7.1 有效的程序分化

程序分化是司法资源优化配置的要求。关于程序分化问题，是指"将来的民事诉讼立法中应当有哪些种类的一审程序，这些程序之间有何关系并构成什么样的体系"[1]的问题。学理上民事一审程序可分为诉

---

[1] 王亚新.民事诉讼法修改中的程序分化[J].中国法学，2011，04：181–190.

讼程序和非讼程序，但基于非讼程序的性质，笔者认为非讼程序对于审判迅速化而言属于诉讼分流措施，因而将在下一部分论述。

7.1.1　程序分化的类型

诉讼程序的分化根据不同的标准可划分为不同的程序类型：根据案件类型的不同可分为一般民事诉讼程序、家事诉讼程序、劳动诉讼程序、海事诉讼程序等；根据当事人人数的多寡可分为个体诉讼与群体性诉讼；根据是否涉及公益可分为私益诉讼与公益诉讼，等等，但这些分类更多的是影响到审判中职权的干预程度、当事人的处分权范围、举证责任的分配、当事人资格等问题，却不一定会影响诉讼案件的审判周期。与案件的审判周期有最密切关系的程序分化还是基于程序繁简程度的分化，我国现有民事诉讼中的普通程序与简易程序（内含了小额诉讼）的分化即属此类。但由于实践中简易程序普通化与普通程序简易化的相反趋势已使得二者基本趋同，而附属于简易程序内的小额诉讼之适用又极为有限，故实务中出现诉讼程序单一化的局面。而不论是从当事人程序选择权的角度还是从司法资源的优化配置的角度，都要求这三种程序应当具有实质性的区别。要在实质上对程序进行分化，使其能够适应处理不同案件时对程序简化程度的多层次要求，笔者的观点是在维持现有的关于普通程序和简易程序区分的基础上，将小额程序从简易程序独立出来，同时，基本保留现有简易程序的设置，而对普通程序和小额程序分别向"繁""简"两个方向改造。

具体来讲，就是普通程序应当朝着贯彻处分权主义、辩论主义、对审、言词辩论和集中审理等现代诉讼程序原理的方向实行专业化和规范化的改造，通过更加精致完善的设计来发展能够引导"秩序形成的一般规则"的程序规范。从这个角度考虑，现有的普通程序最迫切需要的就是构建包括具有收集证据、交换证据、争点整理及促进和解功能的较为完善的审前程序。审前程序的收集证据功能是指当事人能够利用程序的规定自行或者通过法院协助向对方当事人或者其他人收集证据，不负证明责任一方当事人亦应在一定的条件下承担事案解明协力义务，以保障当事人平等接近和利用证据资料的权利；交换证据不应仅限一次，当事人可通过交换证据发现信息并据此进一步收集证据；法官或者其助手应当通过审前会议组织、指挥和协助当事人补充、变更诉讼请求、固定证据和整理争点；审前程序应该通过较为充分的信息发现机制以及较多的沟通交流机会使得当事人能对案件结果作出较为稳妥的预测，从而促进当事人之间的和解。

而小额程序则应当从简易程序中独立出来，并且相对于现有的简易程序而言应进一步简化，以构建更为经济、便捷的解纷方式。简化之处包括：首先是诉答程序的简化，原告提起诉讼只需填写由法院提供的表格式的诉状，简述其诉讼请求和事实理由；法院受理后应及时将格式化的小额诉状以及便于被告简述答辩意见和依据的表格式答辩状。其次是证据方法应适当变通，可对鉴定意见、勘验等加以限制，也可允许书面证言；最后是庭审程序可适当简化，除了庭审不拘于法定方式和顺序之外，当事人发言相对自由，原则上一次开庭并且尽可能当庭裁判；小额程序鼓励当事人自行参加诉讼，并且为便利当事人可设置夜间或休息日法庭；裁判文书也可适当简化，可采用表格式的裁判文书，裁判认定的事实和理由可适当简化甚至省略。

7.1.2 程序分化与审级制度

审级制度与案件的整个处理周期有很大的关系，审级越多，案件的处理周期就越长，因而为了达到审判迅速化的目的，立法可能会对某些程序中当事人的上诉权作出一定的限制。如我国台湾地区于2010年通过的"刑事妥速审判法"第8、9条就对无罪判决案件中的上诉权利作出了限制[1]，尽管这是针对刑事案件，但也能看出立法者通过审级制度的变化推动审判迅速化的思路。

---

[1] 该"法"第8条规定：案件自第一审系属日起已逾六年且经"最高法院"第三次以上发回后，第二审法院更审维持第一审所为无罪判决，或其所为无罪之更审判决，如于更审前曾经同级法院为二次以上无罪判决者，不得上诉于"最高法院"。第9条规定，除前条情形外，第二审法院维持第一审所为无罪判决，提起上诉之理由，以下列事项为限：一、判决所适用之法令抵触"宪法"。二、判决违背"司法院"解释。三、判决违背判例。"刑事诉讼法"第377条至第379条、第393条第一款规定，于前项案件之审理，不适用之。

为了达成小额诉讼经济、迅速地解决纠纷的目的，很多国家和地区都对小额诉讼中当事人的上诉权作出一定的限制，以使其诉讼成本不至于反而超过可能的诉讼收益。不过从域外的立法例来看，也罕见有国家对小额诉讼程序采用绝对的一审终审制，而是在限制当事人上诉权的同时，也设置了一定的救济途径，这些救济方式主要有四种：一是撤销原判动议的方式。例如美国加州小额诉讼程序和英国民事诉讼规则都赋予了缺席的当事人提出撤销原判动议的权利，如果缺席的当事人没有诉讼代理人，而且其未出庭具有合理且充分的理由，同时判决对其不利或者其具有胜诉的可能性，那么其动议就可能会被法院接受且由原审法院重新审理案件[1]。二是特殊上诉方式。美国加州还允许小额诉讼案件的被告可向高等法院提出特殊上诉，不过上诉后的审判可由法官灵活处理，即实行非正式审理[2]，不适用预审程序（pretrial discovery procedure）规定，当事人也不能要求陪审团审判[3]。我国台湾地区的"民事诉讼法"第436条之24也规定小额诉讼案件的当事人可向原审法院提出上诉，由原审法院以合议庭审判[4]。三是裁判异议的救济方式。根据日本《民事诉讼法》第378、379条的规定，当事人可在小额诉讼判决送达后2周

---

　　[1]　关于美国加州小额程序中的撤销原判动议规定可参见《美国加州小额诉讼程序指南》第八章"判决后的诉讼程序"中 [§8.2]"向小额索赔法院提交的撤销原判决之动议"的规定。见美国加利福尼亚州法院行政办公室司法教育和研究中心．美国加州小额诉讼程序指南［M］．蒋惠岭，黄斌等译校．北京：人民法院出版社，2011：222-226. 关于英国小额诉讼程序中撤销原判动议的规定可参见《英国民事诉讼规则》第 27.9 条和27.11 条的规定。CPR 27.9 Non- attendance of parties at a final hearing；CPR 27.11 Setting judgment aside and re-hearing. See http：//www.justice.gov.uk/courts/procedure-rules/civil / rules/part27#27.11.

　　[2]　美国加利福尼亚州法院行政办公室司法教育和研究中心．美国加州小额诉讼程序指南［M］．蒋惠岭，黄斌等译校．北京：人民法院出版社，2011：240.

　　[3]　邓振球．美国小额诉讼制度之研究：兼论我国立法上之得失 [M]. 台北：司法院秘书处，京美印刷企业股份有限公司，2000：206.

　　[4]　台湾学者姚瑞光认为这种由原审法院而不是上级法院来审理上诉案件的做法违反了法院组织法的规定。见姚瑞光．民事诉讼法论 [M]. 北京：中国政法大学出版社，2011：416.

内向原审法院提出异议，法院认为合法时，诉讼将恢复到口头辩论终结前的程度，依照通常程序进行审理及裁判，对异议后的诉讼裁判，当事人不能再提起控诉[1]。四是许可上诉[2]的方式。德国的民事诉讼法虽然没有设置专门的小额诉讼程序，但在《民事诉讼法》第495a授权法官决定其具体程序，该条规定"争议额没有超过600欧元的案件，初级法院可以自由裁量来决定审理的程序"[3]。此外，不论是否一审的争议金额大小，只要是当事人不服争议额低于600欧元的案件，都实行许可控诉，只

---

[1]　[日]新堂幸司.新民事诉讼法[M].林剑锋译.北京：法律出版社，2008.879-885.此外，需要说明的是，日本《民事诉讼法》将对判决的上诉分为控诉和上告，根据该法第281条、311条和326条的规定，控诉是指对地方法院或简易法院的终局判决提起的第一次上诉；而上告主要包括三种情况：一是对控诉审的结果不服提起的二次上诉；二是对高等法院作为第一审作出的终局判决的上诉；三是对地方法院或简易法院的终局判决不提起控诉而越级上诉的。

[2]　许可上诉与权利上诉不同。我国目前的两审终审制采用的是权利上诉，只要当事人的上诉符合上诉条件即可启动上诉程序；而采取许可上诉的，当事人的上诉只有在取得原审法院或者上诉法院的许可方可启动上诉程序。《英国民事诉讼规则》第27.12条原本规定了小额诉讼的许可上诉制度，即当事人可针对严重的程序违法和法院适用法律错误问题提交上诉通知书，是否启动上诉程序由法院决定。参见徐昕译.英国民事诉讼规则[M].北京：中国法制出版社，2001：138-139.但后来该规定被废除。CPR Rules 27.12 and 27.13 are revoked.See http：//www.justice.gov.uk/courts/procedure-rules/civil/rules/ part27#27.11.

[3]　被决定的程序不受形式的限制，法院决定是书面审理还是口头审理，决定是否公开审理，决定证据调查的形式等；不过如果当事人提出了口头审理的申请，法院应采取口头审理。参见周翠.中国与德国民事司法的比较分析[J].法律科学（西北政法大学学报），2008，05：124-133.

有在一审法院在判决中明文予以许可控诉[1]，当事人方可提起控诉[2]。

根据我国《民事诉讼法》第162条的规定，小额诉讼案件实行一审终审，此外，再没有规定任何其他的救济方式。对此我国学者们有不同的看法。王亚新教授认为，可允许缺席审判的被告在判决确定后一定时期内向作出判决的法院申请复议，由法院考量被告缺席原因是否合理而决定驳回复议申请或者对本案同样按小额程序重新审理[3]；蔡彦敏教授设计的小额速裁程序是区别于正式审判程序的一种司法替代性解纷机制，她认为当事人对小额速裁书有异议的可于15日内提起正式的一审程序[4]；廖中洪教授则认为我国应借鉴日本的裁判异议制度，允许原被告双方就程序违法和适用法律错误问题向原审法院提出异议，法院认为异议成立的可恢复至辩论终结前状态，改由合议庭以通常程序进行审理[5]。笔者认为，民事诉讼法简单地规定一审终审而没有任何救济措施确实欠妥，这种规定不仅在对当事人的权利保障方面有考虑不周之嫌，并且由于法官对于剥夺当事人的救济权利心存顾虑，以至于该条规定已经在实践中成了法官轻易不愿意适用小额诉讼的阻碍性因素。但笔者也认为上述几位学者的观点有待商榷。第一种方式将复议的权利限于缺席的被告且补救措施是按照小额程序重新审理，在救济对象与救济范围上过于狭窄，这种方式排除了适用法律错误的救济；第二种方式只要当事

---

[1]　德国《民事诉讼法》也将对判决的上诉分为控诉（Berufung）和上告（Revision），控诉是指对初审法院的终局判决提起的第一次上诉，控诉审可从事实和法律两方面纠正一审判决。上告是指针对控诉审的终局判决提起的二次上诉，但上告的提起必须获得控诉法院或者上告法院的明确许可，法院衡量是否准许上告的标准是：案件是否具有根本性的重大意义，是否对法律研修或统一判决有意义。

[2]　周翠. 中国与德国民事司法的比较分析 [J]. 法律科学（西北政法大学学报），2008，05：124-133.

[3]　王亚新. 民事诉讼法修改中的程序分化 [J]. 中国法学，2011，04：181-190.

[4]　蔡彦敏. 以小见大：我国小额诉讼立法之透析 [J]. 法律科学（西北政法大学学报），2013，03：122-128.

[5]　廖中洪. 小额诉讼救济机制比较研究：兼评新修改的《民事诉讼法》有关小额诉讼一审终审制的规定 [J]. 现代法学，2012，05：155-161.

人不服即启动第一审正式程序的救济范围又似乎过宽，并且重新启动一审程序后还存在上诉的问题，这反而使得小额诉讼案件在实际上有享有二次上诉的权利了；第三种方式的思路笔者大体上是赞成的，只是异议成立后又交由原审法院审理恐怕还是难以令当事人信服，无论是从监督制衡的角度还是从民众传统上认为应当由上级进行复审的观念看，异议成立后应由上级法院启动二审程序为妥。这样就相当于规定小额程序的案件采用许可上诉而非权利上诉的方式，即当事人不服一审判决的，并非当然有权提起上诉，而是应该经原审法院或者上级法院许可后才能提起启动上诉程序。许可上诉的规定可由一审法院直接在判决中许可，也可由当事人在判决后向原审法院提出，原审法院驳回许可申请的，当事人还可向上级法院提出许可申请，上级法院驳回的，当事人不得再提异议。

除了限制小额诉讼案件当事人的上诉权之外，还可以考虑在一些特别的案件中扩充当事人的上诉权。如对于一些可能涉及全国范围内有关法律统一适用的案件，可规定无论是案件原本适用哪种程序以及终审法院为哪级法院，都允许当事人就法律适用问题向最高人民法院提出"特别上诉"或者"特别上告"。"设置这种制度的目的主要不是给不服终审判决的当事人提供救济渠道，而在于让最高人民法院有机会通过直接审理具有法律适用普遍意义的案件，为全国范围内法律的统一解释适用提供标准和尺度"[1]，因此最高人民法院并不审理案件的事实问题，并且是否受理以及进行审理也由最高人民法院自行判断和定夺，也属于许可上诉。为减轻最高人民法院审核过滤这类上诉申请的负担，可规定除各高级人民法院终审的案件外，其他两级法院终审的案件应先获得高级人民法院的许可才上报最高人民法院审核。这种制度并非与审判迅速化反其道而行之，因为这些案例通过最高人民法院的审理可体现为指导性案例或司法判例，其对于全国范围内统一法律适用的作用将有助于整体效率的提高。

---

[1] 王亚新.民事诉讼法修改中的程序分化[J].中国法学，2011，04：181–190.

7.1.3 程序分化与审判组织

与程序分化相关的一个问题是普通程序与合议制的捆绑式关系问题。如前所述，在既有的审判迅速化进程中，简易程序的扩大化适用很大程度上是由于普通程序与合议制的捆绑有关。实践中对一些明显不符合"事实清楚、权利义务关系明确、争议不大"条件的案件，为了达到由独任法官审理的目的而不得不适用简易程序。而在基于法律明确规定不能适用简易程序因而也不能适用独任制的案件中，也普遍出现"名合实独"的合议庭空洞化现象。对于司法实践中擅自突破立法规定扩大适用简易程序或者无视法律规定虚化合议制的情况，最高人民法院并非不知道，但却采取了一种默许甚至鼓励的态度，其于2003年的《简易程序规定》本身就是超越法律规定扩大简易程序适用范围的样本。这种无奈之举的根本原因就是普通程序与合议制的捆绑关系。如果严格按照法律的规定限制简易程序的范围或者严格要求合议制度名副其实，都可能会带来积案增多以及诉讼严重迟延的后果。但是从立法上大幅度扩大简易程序的适用范围也不是一个可行的选择，因为这样"意味着一些重要的一审案件将在审判组织和审判程序双重简约的状态下获得裁判，风险太大"[1]。

其实无论实践中扩大简易程序的适用范围也好，合议制的虚化现象也罢，法院都是出自同一个强烈的动机——节约审判力量，适用独任制。在案件数量不断增长的司法形势下，这一动机具有现实必要性，无可指责。于是我们面临的问题就是：简易程序的适用范围不应扩大，但独任制的适用范围应扩大。解决这一矛盾的思路只能是解除普通程序与合议制的捆绑关系，使得普通程序中也能适用独任制。事实上，从域外一些立法例来看，普通程序由独任法官来审理也是常见的。英美法系国家的初审程序一律由一名法官主持，尽管陪审团审判中审判权力由法官与陪审团共同行使，可视为"陪审合议制"[2]，但目前民事案件中陪审团审判的比例极低。英国已取消了民事案件中的陪审团审判，而美国只

---

[1] 傅郁林.小额诉讼与程序分类[J].清华法学，2011，03：46-55.

[2] 左卫民，汤火箭，吴卫军.合议制度研究：兼论合议庭独立审判[M].北京：法律出版社，2001：21.

有1%左右的案件进入庭审阶段，进入庭审的案件又只有约一半选择由陪审团审判[1]。德国的普通程序与简易程序的区分是根据法院级别来划分的，德国普通法院系统的4级法院中[2]，初级法院和州法院都有初审权，其中《民事诉讼法》所规定的州法院诉讼程序即为第一审普通程序，普通程序中审判组织传统上采用合议制，但由于合议制造成州法院法官的工作负担过重，德国多次颁布法案逐步扩大独任法官的适用范围及权力，尤其是2001年7月27日颁布的《民事诉讼改革法》极大地扩展了独任法官在州法院中的运用。此后，州法院独任法官的适用比例有了较大的提高[3]。日本的4级法院中[4]，一般民事案件由简易法院或者地方法院作为一审法院[5]。日本的普通程序与简易程序的区分与德国相似，地方法院适用普通程序审理一审案件，在简易法院进行的诉讼案件适用《民事诉讼法》中"关于简易法院诉讼程序的特则"一章的规定，即简易程序的规定。地方法院适用普通程序审理一审案件时，除了特别作出以合议庭审判之决定的案件外，其他案件都是由1名法官独任审判[6]。

当然，解除普通程序与合议制的捆绑关系并不意味着普通程序不能适用合议制，只是意味着普通程序可以根据需要选择适用合议制或者独任制。这样，从审判组织与审判程序的对应性来看，程序分化之后形成的几类诉讼程序就包括：独任制小额程序、独任制简易程序、独任制普

---

[1] 参见美国联邦法院的年度司法统计. http://www.uscourts.gov/statistics-reports/federal-court-management-statistics- december-2017。

[2] 德国普通法院划分为初级法院（Amtsgericht）、州法院（Landgericht）、州高等法院（Oberlandesgericht）和联邦最高法院（Bundesgerichtshof）4级。

[3] 王聪. 审判组织：合议制还是独任制？——以德国民事独任法官制的演变史为视角 [J]. 福建法学，2012，01：76-81. 周翠. 中国与德国民事司法的比较分析 [J]. 法律科学（西北政法大学学报），2008，05：124-133.

[4] 日本的法院系统分为4级，分别是简易法院、地方法院、高等法院和最高法院。

[5] 日本的法院级别管辖以及各级法院的审判组织构成不是由民事诉讼法规定，而是由裁判所构成法规定。参见 [日] 新堂幸司. 新民事诉讼法 [M]. 林剑锋译. 北京：法律出版社，2008：53，70.

[6] [日] 新堂幸司. 新民事诉讼法 [M]. 林剑锋译. 北京：法律出版社，2008：53.

通程序、合议制普通程序。此外，从审判程序与法院级别的对应性来看，我国的普通程序不应像德日那样仅限于基层法院的上级法院即中级法院。因为尽管民事诉讼法以案件性质、繁简程度和影响力大小作为划分级别管辖的标准，但由于繁简程度和影响力大小的因素在立案时难以判断，因此除了海事案件、知识产权等案件可根据案件类型确定级别管辖外，法院对于一般的民事案件都是以争议金额为标准来确定。而从现有的级别管辖确定的诉讼标的金额标准来看，基层法院受理案件的争议金额上限在经济发达地区可高达5000万元[1]，对争议金额如此巨大的案件一律适用简易程序进行审理显然不妥当。因此，基层法院审理民事案件也应可以适用普通程序，至于基层法院的普通程序是否需要适用合议制则可根据案件需要来决定。

此外，为了快速、经济地处理小额案件，在经济较为发达地方案件负担较重的法院可以借鉴美国小额诉讼的经验引入临时法官制度。美国多数州都设有由律师协会推荐当地优秀律师担任临时法官的制度，这些法官名称不一，有的州支付薪酬，有的州无薪酬[2]。各州对临时法官有不同的要求，如加州要求临时法官在接受任命前，必须具有至少5年律师协会成员资格，参加并完成法院为临时法官提供有关司法伦理道德、实体法、小额索赔程序以及小额索赔审判行为的培训课程[3]。这一制度对于案件负担较轻的法院而言没有必要实施，但经济发达地区已出现了"案多人少"的矛盾，基于供求关系的原理，这些地区的执业律师数目往往也较多，可以按照"律师自愿+律协推荐"的方法产生临时法官，以帮助化解或缓解当地案多人少的矛盾。

---

[1]　《最高人民法院关于调整高级人民法院和中级人民法院管辖第一审民商事案件标准的通知》（法发〔2015〕7号）。

[2]　这些法官有的称为judge，有的称为protem judge，有的称为abitrator，有的称为magistrate，有的称为comissioner. 参见邓振球. 美国小额诉讼制度之研究：兼论我国立法上之得失 [M]. 台北："司法院"秘书处，京美印刷企业股份有限公司，2000.70–71.

[3]　美国加利福尼亚州法院行政办公室司法教育和研究中心. 美国加州小额诉讼程序指南 [M]. 蒋惠岭，黄斌译. 北京：人民法院出版社，2011：19–21.

7.1.4 程序分化与案件分配标准

按照上述设想进行程序分化后，基层法院审理案件时就可能会用到小额程序、简易程序和普通程序。那么应当依据什么标准将案件分配到不同的诉讼程序中去呢？

王亚新教授对不同程序适用对象的案件作了一个类型化的区分，他把一审民事案件大致划分为四种类型：A类是"一般的简单案件"，主要指案件简单、争议不大的案件，诉讼标的金额大小则不限；B类是"复杂案件"，主要指在案件事实的认定或者法律关系的梳理及法律适用上有较大难度的案件，不过这类案件实体及程序在现行法律框架内都能够找到答案，一般无须过多考虑法律外因素；C类是"难办案件"，主要指法院在进行处理时不得不更多地考虑诸如政治的、社会的、经济的、道德的等诸多法外因素的案件；D类是"法律上有特殊意义的案件"，主要指法律的适用有新意或者可能涉及法律统一解释适用的案件类型。王亚新教授认为，上述A类一般简单案件可以适用小额程序或者简易程序，B类复杂案件应当适用普通程序，但应当根据复杂程度分别适用独任制审理或者合议制审理，即中等疑难复杂程度的案件可由独任法官适用普通程序进行审理，只有证据众多繁杂、案件事实难以认定、法律关系多重且相互纠结等疑难复杂程度更大的案件才需要由合议庭适用普通程序进行审理。而C类难办案件无论是采取独任制还是合议制都难以处理，一般都要层层请示汇报或者与法院外相关方面交涉等复杂的过程才能真正解决。D类法律上有特殊意义的案件应当适用合议庭进行审理以发挥集思广益的效果[1]。

王亚新教授的这种类型化区分在理论上极具启发意义，但是如果在司法实务中需要在案件的处理初期进行程序分配时，这一理论还是难以得到运用。正如民事诉讼法对级别管辖所规定的以影响程度为区分标准最终却被最高人民法院和各省高级人民法院确定的金额标准代替一样，原因就在于与案件实体及法律适用有关的标准大多是在案件审理过程中

---

[1] 王亚新. 民事诉讼法修改中的程序分化 [J]. 中国法学，2011，04：181-190.

才能体现，不如以金额作为标准来得简单明快易于适用。正是因为这个原因，多数国家以金额作为分配案件程序的标准。如根据1999年《英国民事诉讼规则》确立诉讼争议金额标准，小额程序一般适用于争议金额在5000英镑以下的案件，快捷程序主要适用于争议金额在5000～15000英镑的案件，争议金额超过15000英镑的案件一般适用多轨制。该标准实施10年后，适用快捷程序的争议金额上限于2009年4月6日起从15000英镑提高为25000英镑[1]。美国加州的小额索赔法院管辖自然人索赔金额不超过7500美元、其他人及实体索赔金额不超过5000美元的案件[2]。在德国，根据2001年《民事诉讼法改革法》修订后的规定，从2002年1月1日开始，所有超过5000欧元的金钱或者金钱价值请求权纠纷一律由州法院管辖，适用普通程序审理；争议额在5000欧元以下的由初级法院管辖，适用简易程序进行审理[3]；争议额没有超过600欧元的案件，初级法院可以自由裁量来决定审理的程序，且实行许可上诉制度，相当于小额程序。日本也是按诉讼标的价额来区分简易法院和地方法院的管辖，价额在140万日元以上的案件由地方法院管辖，适用普通程序进行审理，140万日元以下的案件由简易法院管辖，适用简易程序进行审理[4]；而简易法院在处理诉讼标的额为60万日元以下支付金钱请求案件时可以根据原告的请求适用小额诉讼程序进行审理[5]。

我国在2012年《中华人民共和国民事诉讼法修正案》通过之前，对于小额诉讼标的额的确定是存在争议的。最高人民法院于2011年3月17日发布的《关于部分基层人民法院开展小额速裁试点工作的指导意见》规定，在确定试点的基层法院，对于当事人起诉的案件法律关系单一，

[1]　参见英国政府网站，Judicial and Court Statistics，2011. https：//www.gov.uk/government/publications/judicial-and- court- statistics-annual.

[2]　美国加利福尼亚州法院行政办公室司法教育和研究中心．美国加州小额诉讼程序指南 [M]．蒋惠岭，黄斌译．北京：人民法院出版社，2011：1-5.

[3]　[德]罗森贝克，施瓦布，戈特瓦尔德．德国民事诉讼法（上）[M]．李大雪译．北京：中国法制出版社，2007：195-197.

[4]　[日]新堂幸司．新民事诉讼法 [M]．林剑锋译．北京：法律出版社，2008：71.

[5]　[日]新堂幸司．新民事诉讼法 [M]．林剑锋译．北京：法律出版社，2008：879.

事实清楚，争议标的金额不足1万元的特定类型给付之诉的案件[1]，可以适用小额速裁；在经济发达地区，小额速裁案件的最高受案标的可以适当放宽至不高于5万元。其后在全国人大常委会于2011年10月29日公布征集意见的《中华人民共和国民事诉讼法修正案（草案）》中，拟规定标的额为5000元以下的民事案件实行一审终审。不过在2012年4月24日全国人大常委会二次审议民事诉讼法修正案草案时，二审稿将小额诉讼的标的额上限从5000元提高到1万元[2]。然而无论是5000元、1万元还是5万元的标准，最高人民法院或者全国人大常委会都没有公布确定这些标准的计算依据或者理由，从这些数额之间本身的巨大差异也能看出数额确定可能具有随意性。实际上，尽管英、美、德、日等国普遍采用确定数额的立法表现形式，并且这种规定便于法院立案受理的具体操作以及保证小额诉讼程序适用上的统一，但由于我国地域辽阔且各地经济发展不平衡决定了同样的数额在不同地区社会经济生活中具有不同的意义，因此客观上是不可能确定一个可以适用于全国范围内的具体金额标准的。加之近年来我国社会经济的发展带来了较为严重的通货膨胀问题，任何确定的金额标准对民众生活的影响力及重要性都可能在5年之内发生巨大的变化。值得庆幸和称道的是，立法者意识到这个问题，最后通过修改的《民事诉讼法》第162条将争议标的额是"各省、自治区、直辖市上年度就业人员年平均工资30%以下"作为适用小额诉讼的标准。这一标准尽管不如确定金额标准那样便于民众知悉和运用，但却具有照顾各地经济发展差异的优点，并且以上年度就业人员的平均工资作为确定基数能有效消解由于通货膨胀导致货币实际价值变化带来的影响，因而使

---

　　[1]　这些案件类型包括：（1）权利义务关系明确的借贷、买卖、租赁和借用纠纷案件；（2）身份关系清楚，仅在给付的数额、时间上存在争议的抚养费、赡养费、扶养费纠纷案件；（3）责任明确、损失金额确定的道路交通事故损害赔偿和其他人身损害赔偿纠纷案件；（4）权利义务关系明确的拖欠水、电、暖、天然气费及物业管理费纠纷案件；（5）其他可以适用小额速裁的案件。参见《关于部分基层人民法院开展小额速裁试点工作的指导意见》（法〔2011〕129号）。

　　[2]　庄永廉．民诉法修正案草案第二次审议 提高小额诉讼标的额 [[DB/OL]．http：//news.jcrb.com/jxsw/201204/ t20120 424_848888.html.2018-4-22.

得这一标准具有可持续适应性。这种立法思路和技术也应该运用到简易程序和普通程序的区分中去。具体的标准应该是年均工资的多少倍可以作为区分适用简易程序和普通程序的标准，笔者不敢妄言，也没有足够的资料可供参考以作出一个估计。但可以肯定的是，这个标准的确定不应该导致法官的工作负担超出合理的负荷，因此必须有相关的司法统计数据能够反映出各年度各金额段的案件数量及其比例，金钱给付案件与非金钱给付案件的数量及其比例，审理各类型案件的法官工作负担量化统计数据，等等，根据这些数据先大致确定各类程序适用的比例[1]，再据此确定划分案件分配程序的数额标准。然而可惜的是这些数据要么不列入司法统计的范围，要么虽然列入但是官方不予公布，总之无法从正式公开的渠道获取。真实精细的司法统计数据是作出科学的司法决策的基本前提，我国当下的司法统计似乎更多的是为考核法院与法官服务，并因为考核与奖惩挂钩导致一些数据有失实的危险，从而失去了司法统计真正的意义，这是需要警醒和反思的[2]。

当然，除了确定数额外，诉讼程序的案件分配标准还要适当考虑其他因素。例如小额程序应仅限于请求给付金钱或其他代替物或有价证券的案件，非金钱请求案件不能适用小额程序。而简易程序和普通程序的区分还应适当考虑案件性质或类型，可采用列举排除的方式将不宜适用简易程序的案件排除在简易程序的适用范围之外（或者规定这些类型的案件应当适用普通程序进行审理），如涉及较为专业的知识产权纠纷及与公司、证券、票据等有关的民事纠纷等可规定为适用普通程

[1] 张晋红教授提出小额程序、简易程序、普通程序在基层法院的适用比例应该为20%：40%：40% 的思路与建议。见张晋红. 完善民事简易程序适用范围的立法分析 [J]. 广东商学院学报，2005，03：74-79. 由于没有实证数据支撑，笔者无法断言这一比例是否合理。

[2] 对于我国司法统计应朝精细化发展的问题，李浩教授在《司法统计的精细化与审判管理：以民事案件平均审理期间为对象的考察》一文中通过对比日本的司法统计数据已提出建议。见李浩. 司法统计的精细化与审判管理：以民事案件平均审理期间为对象的考察 [J]. 法律适用，2010，12：31-35. 实际上不止日本，英美等国的司法统计也相当精细，且都可以在网上直接查询。

序进行审理。

7.1.5 程序分化与程序选择权

当事人程序选择权的实现模式有两种：一是自治模式，即通过当事人单方意思表示或者双方之间意思表示一致的合意而实现；二是"请求—裁定"模式，由当事人一方或双方向人民法院提起请求，要求法院确定程序选择内容的一种方式[1]。当事人自治选择程序事项的情形学界常有论述，《简易程序规定》第2条以及现行《民事诉讼法》第157条关于当事人自愿选择适用简易程序的规定就属于此种情形。但"请求—裁定"模式则较少见有介绍，实际上前文所提及的美国通过司法裁判形式进行的早期终结案件的诉状判决、不应诉判决、非自愿撤销诉讼、即决判决等都属于程序选择权实现的"请求—裁定"模式，在这些情形中，当事人提出相应的动议，法官通过审查后认为案件可以不需经过庭审程序即可终结，也是当事人程序选择权行使的结果。

程序分化是当事人程序选择权行使的前提，因而程序分化的设计也应当非常重视当事人的程序选择权。首先是对诉讼程序类型的选择，在存在诉讼程序的案件分配标准的情况下，当事人还能否自行选择诉讼程序呢？如果可以，其权限范围多大呢？笔者认为，案件分配应遵循以下几个规则：第一，当事人没有合意选择的，由法院根据诉讼金额标准或者案件性质依职权分配案件所适用的诉讼程序；第二，当事人合意选择更简单程序的，应当尊重当事人的选择。即应当允许按金额标准原本适用简易程序的当事人合意选择小额程序（限于金钱给付案件），允许按金额标准原本适用普通程序的当事人合意选择简易程序。第三，当事人

---

[1] 关于程序选择权的实现模式，王伟博士认为包括双方当事人合意的程序选择契约模式和当事人无法达成合意时的请求裁定模式。参见王伟. 民事程序选择权研究 [D]. 西南政法大学，2008：153-162. 笔者持有不同意见，对于一些专为某方当事人利益设置的程序性事项规定，当事人可通过单方放弃的形式实现程序选择权，因此程序选择权的自治模式不一定需要当事人达成合意；至于"请求—裁定"的模式也不一定需要以双方无法达成合意为前提，对于需要由法院监控或者决定选择的程序性事项，即使当事人达成合意也需要经过法院许可方可实现。

合意选择或者一方当事人申请适用复杂程序的，应由法院审查后决定是否同意。即按金额原本适用小额程序的当事人合意选择或一方申请适用简易程序，或者按金额标准原本适用简易程序的当事人合意选择或一方申请适用普通程序的，都要经过法院准许方可。这是出于司法资源合理配置的考虑，程序的运作不仅要考虑本案当事人的利益，还要考虑其他案件当事人或者潜在当事人的利益，如果允许简单案件占用复杂程序的司法资源，可能会致使其他当事人难以利用法院资源。

其次是对一些程序性事项的选择。王亚新教授在《民事诉讼法修改中的程序分化》一文中提出了在目前的普通程序和简易程序两分法的基础上，进一步将简易程序分化为小额程序、速裁程序和狭义简易程序的方案。他对速裁程序的设计就是要引入以当事人选择的重要因素，即对除了小额案件和适用普通程序的案件，允许双方当事人选择立法为小额程序设计的简化方案，最主要的选择对象包括庭审方式的简化（包括被告放弃或缩短答辩期）、归纳式笔录方式、判决内容的省略和一审终审等；而狭义简易程序的适用范围就是既不适用小额和速裁程序又非普通程序的案件[1]。笔者认为，引入当事人选择因素不足以使"速裁程序"成为一类独立的诉讼程序。允许当事人对程序作出简化的选择应该适用于所有的程序，例如被告放弃或者缩短答辩期的选择在小额程序、简易程序或者普通程序中皆可作出。对于归纳式笔录方式、判决内容的省略和一审终审等问题，如果当事人能达成合意均放弃上诉权的，那么当事人对于归纳式笔录或者判决内容省略的合意自然应当得到尊重，但当事人不放弃上诉权的，那么归纳式笔录或者判决内容省略则未必可由当事人合意决定，因为这影响到二审法院审查的便利性问题。此外，当事人对于程序事项的选择权范围可更为广泛，如我国台湾地区的"民事诉讼法"于2003年修订之后，从当事人适时审判请求的法理出发，大大扩充了当事人程序选择权的对象范围：双方当事人可合意不公开审判或者由法院进行书面审理；可容许当事人放弃审级利益，在符合法定的发回重审情形时由当事人合意选择由二审法院继续审理，以免造成程序之延

---

[1] 王亚新．民事诉讼法修改中的程序分化 [J]．中国法学，2011，04：181-190.

误；允许双方当事人合意使证人在庭外以书状陈述替代到庭陈述；容许当事人在确认一审认定事实无误的情况下放弃二审而直接向第三审法院提起上诉；容许当事人在和解意思相当接近但又无法达成一致的情况下，合意由法院在当事人以书状表明的范围内依衡平法理确定和解方案并送达当事人后视为和解成立，等等。台湾学者许士宦认为，上述种种允许当事人合意选择程序事项的规定是旨在强调当事人的程序主体权，将"适时审判"的具体所指委诸当事人两造自律性判断和决定，使当事人依合意行使程序选择权，积极参与程序形成，以平衡追求实体利益及程序利益[1]。台湾的这些规定值得我们参考与借鉴，在以后修法时进一步扩大我国当事人的程序选择权范围。

至于审判组织形式和法官能否纳入程序选择权的范围，学界有不同的意见。在江伟老师等人的《民事诉讼法修改建议稿（第三稿）》中，建议对于应组成合议庭审理的案件可由当事人合意选择适用独任制[2]。而台湾学者邱联恭更是主张在一定的范围内当事人得合意选择职业法官或非职业法官审理案件[3]，该主张后来成为台湾地区司法改革会议的一项提案，2003年5月20日由"立法院"通过"民事诉讼合意选定法官审判暂行条例"，同年6月5日公布，其后于2004年6月9日进行部分修订，修订后进一步扩大当事人选定法官的范围[4]。而张晋红教授则对此持相反意见，她认为将审判组织和法官作为当事人程序选择权的客体是民事

　　[1]　许士宦.民事诉讼上之适时审判请求权[J].台大法学论丛，vol. 34，no.5.

　　[2]　该建议稿第39条规定：基层人民法院审理第一审民事案件，实行独任制。对于重大疑难的案件，应当组成合议庭审理，但当事人合意选择适用独任制的除外。合议庭的成员人数，必须是单数。第40条：中级以上人民法院审理一二审民事案件，应当实行合议制。但适用简易程序、小额诉讼程序审理的上诉案件以及当事人合意选择适用独任制的除外。江伟等.《中华人民共和国民事诉讼法》修改建议稿（第三稿）及立法理由[M].北京：人民法院出版社，2005：8.

　　[3]　邱联恭.程序选择权之法理：着重于阐述其理论基础并准以展望新世纪之民事程序法学[A].邱联恭.程序选择权论[M].台北：三民书局，2000.42.

　　[4]　沈冠伶."民事诉讼合意选定法官审判暂行条例"之评析[A].沈冠伶.诉讼权保障与裁判外纷争处理[M].北京：北京大学出版社，2008：150–151.

诉讼程序泛民主和非理性的表现，"当事人处分权在诉讼程序上的民主性应当主要及于直接涉及当事人实体利益和程序利益的事项，审判组织的适用并不具有这种效应"，而法官的资格及尊严决定法官的使用只受法院内部的调派而不受当事人的调遣[1]。德国也认为法官事务分配不属于任意规范性质，亦非属授权性规范，且与司法资源分配有关，一般并不认可当事人合意选任法官的合法性[2]。

按照笔者上述关于程序分化类型与审判组织的构想，合议制或者独任制能否由当事人选择的问题只有在普通程序中才会出现。因此首先可以确定的是合议制或者独任制的选择并不影响诉讼程序类型的确定。笔者认为，审判组织形式的选择并非与当事人的程序利益无涉，前文的分析已指出实践中开庭后迟迟不判决的原因之一就是法官的合议时间难以确定，因此如果当事人为尽快了结案件而合意选择独任制似乎并无不可。当然，如果原本确定适用独任制的案件当事人合意或者一方申请适用合议制，由于涉及司法资源的配置问题，应当由法官审查后作出是否准许的决定。至于能否合意选定法官，笔者赞同张晋红教授的意见。法官的选定确实与当事人的利益并无直接关系，如果当事人认为法院指定的法官不适宜审理本案的，完全可以通过申请法官回避来保障自己的权益；此外法官的案件负担应大致均衡，这需要靠法院适当地进行案件分配，如果委由当事人选择，在理论上有可能会出现众多当事人选择某些法官而另外一些法官无人选择的尴尬情形[3]。

不过，如果是在小额诉讼中引入由律师充当临时法官制度的话，应

---

[1]　张晋红. 关于独任制与合议制适用范围的立法依据与建议：兼评当事人程序选择权之客体 [J]. 法学家，2004，03：40-43.

[2]　姜世明. 对于民事诉讼中合意选任法官制度之评估 [A]. 黄松有. 民事诉讼论坛（第 1 卷）[C]. 北京：知识产权出版社，2006：47.

[3]　不过由于实践中当事人达成选定法官的合意并不容易，因此此等尴尬情形未必会真正出现。台湾由当事人合意选定法官的制度实施两年多后，姜世明在法院信息系统搜寻法院判决结果只有一例有运作成效，足见该制度实施效果不佳。参见姜世明. 对于民事诉讼中合意选任法官制度之评估 [A]. 黄松有. 民事诉讼论坛（第 1 卷）[C]. 北京：知识产权出版社，2006：51.

当允许当事人合意选择是否由临时法官对小额案件进行审理。因为当事人起诉到法院原本是可期待由具有法官资格的人员对案件进行审理，而临时法官尽管具有必要的法律知识，却没有正式的法官资格。因此是否由临时法官进行审理，应当交由当事人自行决定。

7.2 适当的诉讼分流：以非讼程序为中心

所谓诉讼分流就是通过建立非诉讼纠纷解决机制，把一部分原本可能通过诉讼解决的纠纷分流出去，从而减少实际进入诉讼程序的案件数量。诉讼分流与审判迅速化的关系体现在两个方面：第一，审判周期中法官对个案审理时间的分配取决于其案件负担，案件负担轻，法官对个案的必要审理时间就能得到保障；案件负担过重，法官可能会减少对个案的审理时间从而影响案件质量[1]。第二，审判周期中的等待时间与法官同时处理的案件数量有关，同时处理的案件数量多，等待时间就越长，同时处理的案件数量少，等待时间在合理控制之下能尽可能缩短。而法官同时处理的案件数量又与其案件负担成正比关系。诉讼分流通过减少进入诉讼程序的案件数量从而减轻法官负担，因而可对审判迅速化之合理化产生积极的作用。

诉讼分流的方法多种多样，有通过在法院内设立解纷机制分流的，包括非讼程序和法院附设ADR等；也有通过法院外的行政机构或者民间机构分流的，包括调解和仲裁等；还有通过一定的信息沟通交流机制以

---

[1] 尽管审判迅速化并没有要求法官减少对个案的审理时间，但法官的案件负担却决定了法官有没有必要减少对于个案的审理时间。这是一道简单的算术题，法官在一定时期内的正常工作时间总量为TT（Total Time），假设其在这个时期内需要审结的案件数量为Q（Quantity），那么可分配于每个案件的平均审理时间为AT（Average Time）=TT/Q。在Q增大的情况下，如果法官不想加班，即保持TT不变，那么就只能通过减少AT来应对，在Q减少的情况下，法官可以增加AT。

达到分流效果的，如英国的诉前议定书[1]和日本的提诉预告通知[2]等。我国的诉讼分流措施对于人民调解这种解纷机制已经有了足够的重视，但是却忽视了非讼机制对于纠纷预防和纠纷过滤的分流作用。由于诉讼分流的方式多样，涉及面极广，为了限定研究范围，本部分仅选取与诉讼程序关系最为密切、我国在立法体例上与民事诉讼程序置于同一部法典中的非讼程序进行探讨。

7.2.1 非讼程序的性质

非讼程序是一个集合性概念，指法院处理非讼事件所适用的各类程序的总和。传统上非讼事件仅指没有民事争议性的事件，但目前有些国

---

[1]　诉前议定书的设计贯穿了沃尔夫改革的几个理念：诉讼应是最后的选择、当事人应当开诚布公地合作以解决争议、当事人的行为应当适当、尽可能在诉讼前减少争点。诉前议定书要求当事人在起诉之前必须向对方当事人发出诉因声明书，简洁但全面地说明其诉求的法律和事实依据，如果未发出诉因说明书而直接起诉会被认为是很不合理的举动，将几乎无可避免地遭到法院的惩罚。收到诉因说明书的当事人应当回复完整的答辩状，双方应进行文件披露和谈判。参见齐飞．英国民事审前程序的改革与发展 [J]．时代法学，2009，05：112-121．诉前议定书的运作良好，促进了诉前和解，理由不充分的案件数量有所减少。参见徐昕．英国民事诉讼与民事司法改革 [M]．北京：中国政法大学出版社，2002：481．

[2]　提诉预告通知制度是以在诉讼提起前扩充证据收集程序为目的而制定的，要求当事人在起诉前必须以提诉预告书的形式予以通知对方，通知者和被通知者可以相互要求照会、可以申请证据收集处分。这些信息收集机制被认为可以促进当事人和解。参见唐力．有序与效率：日本民事诉讼"计划审理制度"介评 [J]．法学评论，2005，05：136-141．

家的立法将小部分民事争议事件纳入非讼事件的范围[1]。

我国民事诉讼法上没有非讼程序和非讼事件的概念，也缺乏诉讼与非讼区分的传统观念和立法样本[2]，但现行《民事诉讼法》规定了几类审理非讼事件的程序，这些程序自然也应属于非讼程序。具体体现在《民事诉讼法》第15章"特别程序"规定的宣告失踪、宣告死亡案件；认定公民无民事行为能力、限制民事行为能力案件；认定财产无主案件；确认调解协议案件；实现担保物权案件（同在第15章规定的选民资格案件属于公法性质的案件，一般不认为是非讼事件）；第17章规定的督促程序和第18章规定的公示催告程序。相较于德日等国而言，我国《民事诉讼法》规定的非讼程序的审理对象仅限于传统的无争议性的非讼事件，且种类较少，适用范围狭窄。如果希望非讼程序能充分发挥诉讼分流之功能，我国的非讼程序必然需要继续完善以及扩大审理对象范围，下文的讨论也是以此为前提加以展开。

非讼程序的发展，对于审判迅速化而言究竟是属于程序分化还是诉讼分流，其界限具有模糊性，这种模糊性是因为非讼程序的性质模糊而引起的。如果非讼程序属于审判程序之一种，那么非讼程序本身就属于审判迅速化的客体范围，则非讼程序与诉讼程序只是审判程序的两种分化形式而已，这种情况下本书关于非讼程序的论述应该归入上一部分"程序分化"的范畴。如果非讼程序不属于审判程序，则因该程序的疏减讼源作用而可归入诉讼分流机制之列。

对于非讼程序的性质，我国多数学者认为非讼程序是民事审判程序

---

[1] 是否具有争议性是传统上对诉讼与非讼的区分标准，但随着近代以来非讼程序的适用范围不断扩大，很多具有争议性的事项也纳入了非讼程序的审理范围，因此已不能简单地断定非讼事项一定没有争议性了。见赵蕾. 诉讼与非讼的再区分：以诉讼与非讼基本模式的差异为研究进路 [J]. 比较法研究，2012，04：99-112；郝振江. 德国非讼事件程序法的新发展 [J]. 河南省政法管理干部学院学报，2011，02：96-104. 但从整体上而言，大部分非讼事项还是没有争议性的，台湾研究非讼事件的重要实务人士林洲富也仍把有无讼争性作为诉讼事件与非讼事件的重要区别之一。见林洲富. 实用非讼事件法 [M]. 台北：五南图书出版股份有限公司，2012：6-7.

[2] 陈桂明，赵蕾. 中国特别程序论纲 [J]. 法学家，2010，06：71-82+176.

的一种，诉讼程序与非讼程序是民事审判程序的基本分类[1]，并有学者从司法权的二元性出发，认为民事审判（裁判）权包括诉讼审判权和非讼审判权[2]。但在最早制定《非讼事件法》且非讼程序相对发达的德国[3]，观点却没那么统一，对于非讼的本质有行政性质、部分行政部分审判性质、审判性质等几种学说[4]。日本学者兼子一也认为，"诉讼的裁判是适用法规预先抽象地规定下来的内容以解决纠纷。与此相对，在非讼案件中，国家就是直接介入私人之间的生活关系而作出命令、进行处分。前者是民事司法，而后者是民事行政。"[5]其实，非讼程序究竟是否属于审判程序之一种，关键还是对审判程序的定义，或者更切确地说，关键取决于对审判的界定。如果从狭义上理解审判，认为审判是由中立的第三方对两造间争议事实进行审理和作出有拘束力的裁判过程，那么由于大多数非讼事件都缺乏争议性以及对立的双方当事人，则大多数非讼程序不能归入审判程序。如果从广义上理解审判，只要是法院对非讼事项加以确认或确定都可认为是审判权的行使，那么非讼程序也可归入审判程序的范畴。笔者认为，"审判"之"判"代表裁判、判断之意，作为中立者对纷争进行居中裁判应该是审判的应有之义。按照日

[1]　持这类观点的文献，参见江伟.民事诉讼法学原理[M].北京：中国人民大学出版社，1999：703-737；陈桂明，赵蕾.比较与分析：我国非讼程序构架过程中的基本问题[J].河北法学，2010，07：28-36；蔡虹.非讼程序的理论思考与立法完善[J].华中科技大学学报（社会科学版），2004，03：24-29；章武生.非讼程序的反思与重构[J].中国法学，2011，03：82-90；吴杰.能动司法视角下民事审判权运作机制定位与反思[J].现代法学，2011，03：135-141等。

[2]　赵蕾.非讼程序论[M].北京：中国政法大学出版社，2013：310-312.

[3]　德国的《非讼事件法》制定于1898年5月17日，是大陆法系第一部非讼事件程序法典，其后该法典的诸多内容为日本和我国台湾地区法典所继受。

[4]　Vgl. Keidel, Der Grundsatz des rechtlichen Gehörs im Verfahren dea Freiwilligen Gerichtsbarkeit, 1964, S. 5ff.m.w.N. 转引自姜世明.非讼事件法新论[M].台北：新学林出版股份有限公司，2011：14.

[5]　[日]兼子一.新修民事诉讼法体系（增订版）[M].东京：酒井书店，1965：40. 转引自王亚新.社会变革中的民事诉讼[M].北京：中国法制出版社，2001：245.

本宪法学者的归纳，具有"法律上的争讼性"也是审判权的基本界限之一[1]。因此，没有争议性的非讼事项之审理程序不具审判程序的性质，而应归入司法行政的范畴，仅少数具有争议性的非讼事项才具有审判性质。可见对于非讼程序并不能一概肯定或否定其审判性质，而是应根据具体非讼事项来判断。正如台湾学者姜世明所言"基本上，非讼程序系介于行政及狭义审判程序之中间类型程序，依其事件性质，对于行政或审判法理之借用，仍呈现变化之可能"[2]。尽管近几十年来非讼程序较为发达的德国、日本和我国台湾地区的非讼事件范围都在不断地发展变化，但以无争议性的事项为主要适用范围仍然是非讼程序的一个重要特征，故笔者倾向于在总体上不将其视为与诉讼程序并列的审判程序的一部分。

7.2.2 非讼程序诉讼分流的机理

既然非讼案件也是由法院审理，被非讼程序分流的案件仍然需要进入法院通过非讼程序处理，因此法院受理案件的数量从整体上而言未必是减少的，随着非讼程序的完善及其调整范围的扩大，诉讼分流之后法院受理案件的数量可能不降反升，那么通过非讼程序分流诉讼案件的意义何在？如何能缓解法院"案多人少"的矛盾？如何有助于实现审判迅速化呢？下面，笔者将通过分析非讼程序的本质及其特征，来说明非讼程序诉讼分流的机理。

7.2.2.1 大部分非讼案件可由不具法官资格的司法人员处理

按照我国现有的民事诉讼制度设置，非讼案件与诉讼案件一样，都是由法官来审理。这种做法会让非讼程序分流诉讼案件的意义大打折扣，因为分流之后的案件负担依然是由为数不多的法官来承受。然而从非讼程序的本质来考虑，最起码大部分非讼案件应可由不具法官资格的司法人员来处理。

根据我国《中华人民共和国法官法》对法官的定义，"法官是依法行使国家审判权的审判人员"，那么非讼案件是否需要由法官来处理就

---

[1]　[日]兼子一，竹下守夫.裁判法[M].东京：有斐阁.1978：68-80.转引自王亚新.社会变革中的民事诉讼[M].北京：中国法制出版社，2001：255-257.

[2]　姜世明.非讼事件法新论[M].台北：新学林出版股份有限公司，2011：13.

取决于非讼程序的本质是否属于审判程序，如果非讼程序属于审判程序，涉及审判权的行使，就必须由法官来审理；如果不属审判程序，则可由其他司法人员处理。

如前所述，笔者认为非讼程序并不能一概肯定或否定其审判性质，而是应根据具体非讼事项来判断。我国现行《民事诉讼法》所规定的非讼程序均是针对非争讼性事件，即使将来随着非讼程序的完善及其审理范围的扩大，仍然会有大部分非讼案件是无争讼性的或者讼争性非常小的事件，不涉及审判权的运用[1]，可由不具法官资格的司法人员来处理。这种做法在大陆法系国家和地区已有相关立法例。在"二战"以后，随着社会的变迁，法院的案件负担日益繁重，德国出于诉讼经济的考虑扩大了非讼程序的适用范围，并且于1969年通过了《司法辅助官法》，设置了专司非讼事务的司法辅助官制度[2]。我国台湾地区亦于2007年"法院组织法"修订时，为集中处理非讼事件，仿效德国和奥地利的法务官制度，在地方法院或其分院设置司法事务官制度，将非讼事件移由司法事务官处理[3]。

7.2.2.2 非讼程序比诉讼程序更加简易和快捷

诉讼与非讼的区别，实质上涉及根据案件的不同类型及性质分别给予不同程度的程序保障问题。关于诉讼案件与非讼案件的区别，日本学者上田彻一郎归纳如下：其一，诉讼案件存在实体权益争议对立的当事人，而非讼案件的当事人没有实体权益争议或者争议不明显；其二，诉讼案件要求法官对当事人之间的实体权利义务作出判断，而非讼案件只要求法官根据裁量发布命令来形成某种具体的法律关系；其三，诉讼案件一般属于私人之间的纠纷，可由当事人意思自治，但非讼案件往往涉

---

[1] 尽管近几十年来非讼程序较为发达的德国、日本和我国台湾的非讼事件范围都在不断地发展变化，但以无争议性的事项为主要适用范围仍然是非讼程序的一个重要特征。

[2] 刘初枝．论非讼法务官之制度：评非讼法务官草案 [J]．辅仁法学，1992：11.

[3] 姚瑞光．民事诉讼法论 [M]．北京：中国政法大学出版社，2011：229-230.

及公益，当事人的处分权受到限制[1]。

与这些区别相联系，诉讼程序更侧重于强调当事人的程序保障，而非讼程序则更注重程序上的弹性和便捷性。体现在程序的基本原则和制度上，诉讼程序奉行辩论主义，法官受到当事人事实主张和诉讼资料的约束，而非讼程序职权主义色彩较浓，法官可依职权进行事实探知；诉讼程序坚持对席审理的口头辩论，以保障当事人诉讼攻击和防御的权利，非讼程序则可采行书面审理主义；诉讼程序以公开为原则，非讼程序则不要求公开；诉讼程序要求有严格的证明程序，而非讼程序采用自由的证明；诉讼程序以需要写明理由的判决形式终结程序，而非讼程序则采用裁定或决定的形式，不需要说明理由[2]。由此可见，非讼程序更注重程序设置的灵活性和法官的裁量性，相对于诉讼程序而言具有经济、快捷、便利的特点。

然而在我国，非讼程序这些优点并没有体现出来。我国关于非讼程序的理论研究和立法曾经长期被忽视。诉讼与非讼的区分不明确，由此不仅导致非讼程序的立法滞后，非讼程序利用率低，而且产生了以下两个问题。

其一，非讼程序审理诉讼化倾向。现行《民事诉讼法》并没有规定非讼程序特有的基本原则与制度。尽管第15章第1节的"一般规定"明确了特别程序施行一审终审、一般案件独任审理，但这仅仅是立法者通过限制审级和简化审判组织来实现非讼事件快速审理的需要，并没有一般性地规定非讼程序区别于诉讼程序的原则与制度。同时，《民事诉讼法》第177条规定了"本章没有规定的，适用本法和其他法律的有关规定"这一条款，使得诉讼程序的基本原则和制度可能在非讼程序中准用，导致非讼事件的审理出现诉讼化倾向，非讼程序缺乏独立性和自足性，只能作为民事诉讼的一种附随程序。

---

[1]　[日]上田彻一郎.民事诉讼法（第二版）[M].东京：法学书院，1997：17–18.转引自王亚新.社会变革中的民事诉讼[M].北京：中国法制出版社，2001：244.

[2]　参见[日]三月章.民事诉讼法[M].汪一凡译.台北：台湾五南图书出版公司，1997：21.姜世明.非讼事件法新论[M].台北：新学林出版股份有限公司，2011：14–38.

第二，非讼事件诉讼化倾向。这是由于非讼程序的适用范围过窄，不能适应实体法的发展需求决定的。与民事诉讼程序可统一适用于不同的纠纷类型不同，非讼程序遵循"程序特定主义"，每种具体的非讼事件对应特定的非讼程序，而且各种具体程序之间相互独立，不能交替适用。因此，未设置非讼程序的非讼事件，就无法通过非讼程序来处理。目前我国《民事诉讼法》第15章、17章、18章仅规定了7类非讼事件的审理程序，远远不能满足实体法的发展以及司法实践的需求。例如，《中华人民共和国公司法》（以下简称《公司法》）规定了许可查阅公司会计账簿[1]、公司解散[2]、指定清算组成员[3]等非讼事件，但仅规定了由人民法院许可、确认或指定，无论是《公司法》还是《民事诉讼法》都没有规定法院应当遵循什么程序。基于非讼程序的"程序特定主义"，这些争讼性小、时效要求高的案件在司法实践中不能适用非讼程序处理，只能作为诉讼案件来审理[4]，不仅增加了法院的诉讼案件负担，而且往往出现原告虽然获得胜诉但其利益却在冗长的民事诉讼程序

---

[1]　参见《公司法》第33条：股东有权查阅、复制公司章程、股东会会议记录、董事会会议决议、监事会会议决议和财务会计报告。股东可以要求查阅公司会计账簿。股东要求查阅公司会计账簿的，应当向公司提出书面请求，说明目的。公司有合理根据认为股东查阅会计账簿有不正当目的，可能损害公司合法利益的，可以拒绝提供查阅，并应当自股东提出书面请求之日起十五日内书面答复股东并说明理由。公司拒绝提供查阅的，股东可以请求人民法院要求公司提供查阅。

[2]　参见《公司法》第182条：公司经营管理发生严重困难，继续存续会使股东利益受到重大损失，通过其他途径不能解决的，持有公司全部股东表决权百分之十以上的股东，可以请求人民法院解散公司。

[3]　参见《公司法》第183条：有限责任公司的清算组由股东组成，股份有限公司的清算组由董事或者股东大会确定的人员组成。逾期不成立清算组进行清算的，债权人可以申请人民法院指定有关人员组成清算组进行清算。人民法院应当受理该申请，并及时组织清算组进行清算。

[4]　股东要求查阅公司相关文件和会计账簿的案件在司法实践中一般将其案由定位为"股东知情权纠纷"。笔者在中国裁判文书网上查询案由为"股东知情权"的案件（查询日期为2018年4月1日），返回结果6109个，其中经过二审的案件为2322件，经过再审或再审审查的为125件。

消耗殆尽的情形。

上述分析可以说明，如果立法上能更好地区分诉讼与非讼的程序特征，合理界定非讼事件以及非讼程序审理对象的范围，那么通过非讼程序分流诉讼案件就是有价值的，即便分流过来适用非讼程序的案件仍然是由法院处理，但由于非讼程序比诉讼程序简易和便捷，并且大部分非讼案件均可以由不具有法官资格的司法人员处理，仍然能在一定程度上缓解"案多人少"的困境。

7.2.3 非讼程序诉讼分流功能的类型化分析

按照非讼程序的功能划分，非讼程序诉讼分流的方式主要有三种：一是纠纷预防，这是间接的诉讼分流方式，即通过预防纠纷的发生从而减少可能进入诉讼程序的潜在纠纷数量；二是纠纷过滤，即通过非讼程序快速解决不具有真正争议的纠纷，只有在非讼程序中发现真正争议的纠纷，才转由诉讼程序处理；三是纠纷解决，即基于纠纷解决的迅速化要求或者合目的性的要求，通过非讼程序解决部分具有实质权益争议的案件。鉴于非讼事件类型的复杂性，这三种诉讼分流功能很难一一与具体的非讼程序对应起来，不过可以根据审理对象是否具有争议性，大体上加以区分。其中，没有争议性、没有对立双方当事人（表现在非讼程序上可能是当事人只有一方或者虽然有双方当事人但双方不存在实体权益争议）的非讼程序主要发挥纠纷预防功能；争议不明显、程序初始双方当事人的对立没有表现出来，但随着非讼程序的展开可以确定双方当事人是否具有实质性争议的非讼程序主要发挥纠纷过滤功能；而审理双方当事人之间具有实体权益争议的"真正诉讼事件"的非讼程序则发挥纠纷解决之功能。以下将分而述之。

7.2.3.1 非讼程序的纠纷预防功能

预防纠纷的发生是非讼程序的基本功能[1]，在非讼事件与非讼程序滥觞的古罗马时期，对于非讼事件的界定就是"当事人对于案件，双方并无争执，仅在利用法官的权力，完成合法手续，确认某项事实或行为的

---

[1] 郝振江. 论非讼程序的功能 [J]. 中外法学，2011，04：808-818.

法律效力，以免日后发生纠纷的事件"[1]。即使是在非讼程序的审理对象范围不断扩张之后的现代，我国台湾学者林洲富对非讼事件的界定仍然是从其预防纠纷发生功能入手的，"其性质乃国家为保护人民私法上之权益，干预私权关系之创设、变更、消灭而为必要之预防，以免日后发生危害者。"[2]由此可见纠纷预防功能在非讼程序功能中地位的基础性和重要性。

如前所述，非讼程序是一个集合的概念，实际上其立法结构也基本上是以各种非讼事件为中心的[3]，因此不同的非讼事件程序具有不同功能。非讼程序中发挥纠纷预防功能的主要是无争议性的传统非讼事件程序，为便于理解，下面大致列举这些程序的类型及具体的非讼事件。

第一类是登记程序。登记是典型的非讼事件，是指法院对某种行为或者事实的登记，被登记的行为或事实可获得法律上的推定力和公信力，可以有效避免关于某些事实的存在与否及具体内容的纠纷。目前我国并没有把登记程序列入非讼程序的范畴，不过在德国、日本和我国台湾地区等大陆法系国家和地区都存在登记非讼程序[4]，如夫妻财产契约的登记、限定继承的呈报登记、法人登记程序，等等。

第二类是确认程序。确认是由法院确认某种事实或法律关系是否存在，以使得围绕该事实或法律关系所产生的新法律关系得以顺利展开。比较典型的例子就是我国《民事诉讼法》第15章第3节规定的宣告失踪程序，被宣告失踪人下落不明是一种事实，但只有经过法院确认后才能发生法律上的效果。类似的确认程序还有在我国《民事诉讼法》同一章规定的认定财产无主案件和调解协议司法确认案件。

---

[1] 周枏.罗马法原论（下）[M].北京：商务印书馆，1994：929.

[2] 林洲富.实用非讼事件法[M].台北：五南图书出版股份有限公司，2012：6-7.

[3] 民事诉讼程序的立法结构是以一审、上诉审、再审等程序为中心的，而非讼程序的立法除了总则部分之外，基本上都是针对不同的非讼事项设定不同的程序，因此属于以事件为中心的立法结构。关于这两种立法结构的论述，可参见郝振江.德国非讼事件程序法的新发展[J].河南省政法管理干部学院学报，2011，02：96-104.

[4] 在德国和日本，登记职责已逐渐由行政机关承担，但广义上仍把它纳入非讼程序范畴。我国台湾地区仍然由法院承担部分登记职责，包括法人登记和夫妻财产契约登记。

第三类是监护事件程序。监护即监督和保护之意，其本意是指法律规定的、针对无法自行料理个人事务者或者父母不担当法定监护人的未成年人的全面照顾[1]。在这方面，我国仅简单地规定了认定限制民事行为能力人和无民事行为能力人的非讼程序，而大陆法系国家在这方面的规定除了有常见的关于监护人的选任和监督、更换等非讼程序外，还把监护之含义扩展到法院基于公共利益的目的对于民事主体进行的监督和保护，如对清算人的选任和监督即为其典型例子之一[2]。

除上述列举外，能产生纠纷预防作用的非讼事件程序还有很多，限于文章篇幅以及本书主旨的关系，不再一一赘述。但上述列举已足以说明非讼程序的纠纷预防功能之原理：即国家通过这类非讼程序直接干预某些法律关系的形成，以免日后发生纠纷。如果说诉讼机制是在纠纷发生之后国家才介入以解决民事主体之间的纷争从而维护私法秩序的话，上述非讼程序的基本功能就是国家在法律关系的设立、变更之时即提前介入以形成私法秩序，并进而预防纠纷的发生。这一功能减少了可能进入诉讼程序的潜在纠纷数量，从而间接地实现了诉讼分流的功能。

我国的民事程序立法上向来偏重于纠纷的解决，而忽略纠纷的预防。例如《中华人民共和国婚姻法》第19条规定，夫妻可以约定婚姻关系存续期间所得的财产以及婚前财产归各自所有、共同所有或部分各自所有、部分共同所有。约定应当采用书面形式。夫妻对婚姻关系存续期间所得的财产约定归各自所有的，夫或妻一方对外所负的债务，第三人知道该约定的，以夫或妻一方所有的财产清偿。问题是，法律没有规定夫妻的财产约定通过何种方式证明以获得对第三人的效力，当这类事件最终产生争议时也会转化为诉讼事件，从而运用诉讼程序解决。事实上，如果立法规定夫妻财产约定通过在法院登记的方式即可获得对抗第三人的方式，而第三人在债权债务发生前也可以通过到法院查询的方式得知夫妻之间是否存在财产约定，这些纠纷即可避免。这些事件在大陆

---

[1]　[德]迪特尔·施瓦布.德国家庭法[M].于葆莳译.北京：法律出版社，2010：443.

[2]　郝振江.论非讼程序的功能[J].中外法学，2011，04：808-818.

法系国家本来是属于典型的非讼事件，应由非讼程序处理。由于我国对于非讼程序纠纷预防功能的忽视，致使这些事件不得不通过诉讼程序处理，从而增加了诉讼案件的数量和诉讼程序的负担。虽然这些事件也可以运用诉讼程序予以处理，但这些非讼事件性质上都属于合目的性裁量而非合法性判断，难以通过对抗性程序证明法定要件的方式得到实现，并且采用对抗性程序也不免产生浪费司法资源的后果。因此，从配合我国民商事实体法的完善以及加强非讼程序纠纷预防功能的角度来看，以下事件应纳入非讼程序的范围：夫妻财产约定事件、遗产分割事件、清算事件、子女抚养权变更事件、公司解散事件、收养事件、遗嘱是否有效的确认、监护人选任、合同法上的提存事件、指定遗嘱执行人[1]。在这些事件中，国家权力及时地、恰当地介入非讼关系人之间权利义务关系形成的过程中，加强国家对社会过程的监护作用，从而达到保护公民权利，防止私人权利义务关系发生纠纷的目的。

7.2.3.2　非讼程序的纠纷过滤功能

有些案件当事人在发动非讼程序之时，并不确定对方当事人是否对案件存在实质性争议，或者对方当事人尚未能特定化，在非讼程序进行中，如果不出现对方当事人提出实质性争议的情形，案件将在非讼程序中终结；如果出现对方当事人提出实质性争议的情形，案件就可能会转由通过诉讼程序解决，这样的非讼程序实际上是一种纠纷过滤机制，将"不存在真正争议"的案件从诉讼程序中分流出来。

我国现行《民事诉讼法》规定了以下三种具有纠纷过滤功能的非讼程序：一是实现担保物权案件，在该类案件中法院审查时发现当事人对实现担保物权有实质性争议的，应当裁定驳回申请，并告知申请人向人民法院提起诉讼；二是公示催告程序，在该类案件中如果人民法院收到利害关系人的申报，应当裁定终结公示催告程序，申请人或者申报人可以向人民法院起诉。三是督促程序。下文将以督促程序的运作机理以及我国与德国督促程序适用的差别来说明该程序在运作得当的情况下可能产生的巨大的诉讼分流作用。

---

[1]　郝振江.论非讼程序在我国的重构[J].法学家，2011，04：128-139 +179.

督促程序的运作机理是基于当事人"不存在真正争议"而快速赋予债权人执行名义[1]。对于债权人提出的督促申请，如果债务人对债权本身是否存在以及债务数额没有异议，而只是因为缺乏履债能力或支付意愿而不履行债务时，督促程序能发挥作用，债权人可获得执行名义；如果债务人提出异议，则督促程序终结，可转入诉讼程序。可见，督促程序在这里起了一个过滤阀的作用，把不存在真正争议的案件过滤掉，只有当事人对债权债务本身有争议的案件才会进入诉讼程序。如果没有这一层过滤作用，那些对债权债务关系没有争议的案件可能会仅仅因为债务履行问题而不得不进入诉讼程序来寻求一个执行名义。督促程序的这种过滤机制如果发挥得当，可以产生巨大的分流作用。如前所述，德国每年因督促程序而过滤掉的民事案件是实际进入诉讼程序的一审民事案件的三四倍之多。可想而知如果这些被督促程序过滤掉的案件都涌入诉讼程序的话，会给德国的司法体制带来多么沉重的负担。

我国1991年制定《民事诉讼法》时仿效德国引入了督促程序，但如前所述，督促程序在我国司法实践中并未能像在德国那样发挥巨大的作用，在2007年时用督促程序审结的案件还不到当年审结的一审民事案件数量的2%（2008—2016年的统计数据已没有公布适用督促程序审结的案件数量，因此这几年的督促程序适用情况没有权威的数据支持）。为激活督促程序，2012年《民事诉讼法》修改时改变了督促程序的异议审查制度和规定了督促程序与诉讼程序的转换方式。但此举并未能真正地使督促程序焕发生机，相反，2017年的司法统计数据显示，适用督促程序审结的案件占当年审结的一审民事案件数量的比例进一步降低，仅为0.4%。笔者认为，本次修法异议审查制度的改变增加了法院审查的工作量，但是只要债务人提出针对债权债务关系本身的异议，督促程序

---

[1]　生效法律文书执行力正当性的来源有两种：一是生效法律文书确定的权利经双方当事人确认无争议；二是虽然当事人有争议但已经过正当程序保障其听审请求权才作出裁判确定。因督促程序而发布的执行名义的正当性就是来源于前一种情况。关于执行力正当性来源的分析，可参见庞小菊. 论执行程序中的抵销 [J]. 广东行政学院学报，2013，02：71-76.

必然还是要终结，这个审查制度并不能发挥遏制债务人滥用异议制度的作用。相反，这种审查机制"会从根本上削弱督促程序的存在价值，因为如此一来督促程序将不再是'短而快捷的程序'，而是被拉长为与普通民事程序无异的复杂的审理程序"[1]。笔者认为，要在制度上遏制债务人滥用异议的权利，应该采用费用制裁的措施。即如果债务人在因异议终结督促程序转入诉讼程序后，在诉讼程序中败诉的，不仅应当承担债权人因提起督促程序多支付的诉讼费用和以及由此产生合理的律师费用，还可以由法院额外施以一定的罚款制裁。其实这种费用制裁的思想被很多国家广泛地应用于类似的这种诉讼分流机制中，德国督促程序实行"败诉当事人承担法院诉讼费用和对方律师费用"的原则就是这种费用制裁思想的运用。笔者相信，这种费用制裁的思路对于其他同样具有纠纷过滤功能的非讼机制也能实现相似的制约滥用异议权的作用。

此外，对于类似督促程序、实现担保物权程序等旨在过滤当事人之间"不存在真正争议"的非讼机制而言，德国督促程序还有一个值得借鉴的做法，那就是电子化与自动化。德国的督促程序高度自动化：截至2007年8月，全德约有98%的督促案件由读卡器或者电脑数据交换系统处理，整个督促程序（包括2周的异议期以及送达时间）耗时约22天，并且由于不用进行实质审查，当事人不需提交证据，大大节省了司法资源，如德国的巴登符腾堡州2005年仅用102名司法人员就处理了73万件督促申请，但同期800名法官却仅能审理19万件民事一审案件[2]。我国目前虽然不一定具备在全国范围内开展督促程序电子化的条件，但在经济发达地区也就是案件负担较重的地区、最需要诉讼分流的地区由债权人在网络上提出电子督促程序申请却是具有现实可操作性的。随着银行借贷案件如消费贷款、信用卡欠款、房屋抵押贷款等类型案件数量的增多，督促程序和实现担保物权案件原本都应该能发挥更大的作用。如果能通过

---

[1]　周翠. 电子督促程序：价值取向与制度设计 [J]. 华东政法大学学报，2011，02：67-82.

[2]　周翠. 电子督促程序：价值取向与制度设计 [J]. 华东政法大学学报，2011，02：67-82.

费用制裁遏制被申请人滥用异议权,省却实质审查程序并辅之以电子化运作进一步降低当事人的成本,笔者相信这些非讼程序能更好地发挥纠纷过滤的作用。

7.2.3.3 非讼程序的纠纷解决功能

非讼程序作为纠纷解决机制的分流功能,主要体现在近几十年来大陆法系国家出现的"诉讼案件非讼化"现象中,即对"真正诉讼事件"适用非讼程序加以审理。目前我国法律并没有规定此类非讼程序。

所谓"诉讼案件非讼化",是指对一些原来按照诉讼程序处理的案件改为按非讼程序处理。2008年德国非讼事件法修改时把原本规定于《民事诉讼法》家事审判程序中的家事事件全部纳入非讼事件程序法的调整范围,且法典的名称相应修改为《家事事件及非讼事件程序法》[1]。这种现象被理解为家事事件的全面非讼化[2]。日本家事事件的非讼化比德国早得多,"二战"后日本于1947年制定的《家事审判法》第7、9条将许多原本属于诉讼的案件改为非讼程序的审理范围[3],该法的制定被认为是家事事件非讼化的标志[4]。原本作为人事诉讼由普通法院管辖的关于婚姻费用的分担、离婚的财产分割和子女监护人的指定、遗产的分割等具有一定争讼性的案件,后来改为由家庭裁判所适用非讼程序处理[5]。近年来,仲裁裁决的承认、撤销和执行、公示催告程序中的除权判决及其不服申请等,也从诉讼程序转为适用非讼程序审理[6]。在德日的非讼程序发展出现诉讼非讼化倾向之后,其审理对象就包括了存

---

[1] 郝振江.德国非讼事件程序法的新发展[J].河南省政法管理干部学院学报,2011,02:96-104.

[2] 沈冠伶.家事非讼事件之程序保障:基于纷争类型审理论及程序法理交错适用论之观点[J].台湾大学法学论丛,35(4):112.

[3] 赵蕾.非讼程序论[M].北京:中国政法大学出版社,2013:38-43.

[4] [日]铃木忠一.战後の非讼事件制度[M].ジュリスト.361号,1967:201.转引自郝振江.德国非讼事件程序法的新发展[J].河南省政法管理干部学院学报,2011,02:96-104.

[5] 王亚新.社会变革中的民事诉讼[M].北京:中国法制出版社,2001:237.

[6] [日]新堂幸司.新民事诉讼法[M].林剑锋译.北京:法律出版社,2008:17.

在争议的真正诉讼事件。这些审理对象范围宽泛，类型复杂，主要涉及民事、商事、家事等领域，我国学者郝振江整理德日两国的非讼程序审理对象时指出，适用非讼程序审理的真正诉讼事件包括[1]：

一是民事法律领域的真正诉讼事件，包括有关增益财产补偿的争议、有关补偿退休金的争议、夫妻双方就日常生活事务相互代理的争议、质物拍卖合意不成立时法院的决定等。

二是商事法律领域的真正诉讼事件，包括不执行业务股东对红利分配的争议、公司与年度终结检查人间关于年度结算及营业报告规定解释的争议、出席股东大会股东与董事间关于告知权的争议、关于监事组织的争议、有限责任股东或者隐名合伙人关于特别检查权的争议、公司合并或转化为有限公司的争议、检查人与发起人间的争议、特别检查人对年度结算确定的争议等。

三是家事法上的真正诉讼事件，包括夫妻财产事件、因解除婚约和亲子及见面交涉权而产生的请求事件、扶养事件、同性恋事件、遗产分割，等等。

"诉讼案件非讼化"的原因主要有两个：

一是为了满足纠纷解决的迅速化要求。之所以适用非讼程序比诉讼程序更快捷，是由诉讼与非讼程序的不同特征决定的。由于诉讼程序处理具有争讼性的纠纷，其目的是为了确定私权，故对正确慎重的裁判达成以及程序保障有比较严格的要求；而传统上非讼事件具有不同于诉讼事件的无争讼性、公益性等，故更注重追求简易迅速及合目的性的裁判。总体而言，诉讼制度更能保障当事人权利但却同时具有灵活性不足以及较耗费资源的缺点，非讼制度虽然在正当性保障方面有所不足但却较为简易和有弹性，因而更能满足部分民事纠纷解决的便捷性要求。

二是基于对特定类型案件合目的性裁判的考量。所谓合目的性，就

---

[1] 郝振江. 德日非讼程序审理对象介评 [J]. 国家检察官学院学报，2012，05：154–160.

是指运用非讼程序更有利于保护权利人的利益，实现实体法目的[1]。对于某些公益性较强而又具有争讼性的案件，如涉及亲权、子女监护等与家庭有关的事件，如果依照诉讼法理审理采用辩论主义、限制法官依职权调查等，可能无法达成合目的性的、妥当性的裁判。为此，立法者将这些案件纳入非讼程序的审理范围，使裁判者有更大的自由裁量权依职权调查并发现真相，以达成合目的性之裁判。

不过，有学者认为诉讼案件的非讼化尽管名义上更多的是基于合目的性考量，即考虑这些案件是否需要法官有更大的裁量性，是否需要更多弹性或者展望性考量等，但实质上主要是基于迅速审判的需求，缩小适用诉讼程序审理的案件范围，以促进诉讼经济[2]。不论这种诉讼非讼化倾向的出现更多的是基于哪种原因的考虑，非讼化都在客观上分流了部分诉讼案件。

我国对非讼程序的研究尚不成熟，立法上更是远远落后于德日等国，非但未走到诉讼事件非讼化的程度，甚至由于非讼程序的立法缺失，很多一般非讼事件尚需要通过诉讼程序来处理，也就是一个非讼事件诉讼化的相反过程。非讼程序背后蕴含着深刻的事件类型化法理，诉讼事件非讼化的趋势也应当能解答我们对于运用诉讼法理去处理一些涉及继续性法律关系以及公益性较强的事件时所产生的一些困惑。重视和完善非讼程序，扩大非讼程序的审理范围，充分利用非讼程序快速解决无争议事件或者解决适宜用非讼法理的争讼事件，是审判迅速化的一条正确路径。

7.3 科学的案件管理

在审判迅速化的路径调整中，案件管理能发挥两个方面的作用：一是通过期间制度保障当事人的必要准备时间；二是有效控制审判流程节

---

[1] ［日］佐上善和.古典的非讼事件研究の序说：后见裁判所の职务を中心として（二）[J].民商法雑志.67卷5号：749.转引自郝振江.论非讼程序的功能[J].中外法学，2011，04：808-818.

[2] 姜世明.非讼事件法新论[M].台北：新学林出版股份有限公司，2011：7.

点时间，从而减少审判周期中的等待时间。

7.3.1　案件管理的含义

法学界对"案件管理"一词的理解和使用有狭义和广义之分。狭义的理解与西方国家尤其是英美近几十年所采取的名为"case management"的管理措施内容所指基本一致，其动因是基于对抗制模式下当事人拥有过于广泛的程序控制权可能带来的程序权利滥用，为了抑制由此导致的诉讼迟延和司法不公，立法一方面通过诸如限制证据开示次数或者规定当事人实施诉讼行为的期间限制等措施削弱当事人对诉讼进程的控制权，另一方面加强法官在程序层面上的诉讼指挥权，要求法官对案件从立案登记到案件结束的全过程实施不间断的主持、监控和推动。换而言之，就是诉讼进程控制权从当事人向法官流动，案件管理要求"法官管理案件"，法官是案件管理的主体，而非案件管理的对象。如法学教授、最高人民法院副院长江必新就采取这种狭义含义，明确区分域外的"案件管理"和我国的"审判管理"，我国的审判管理是"人民法院对审判工作进行合理安排，对审判过程进行严格规范，对审判质效进行科学考评，对司法资源进行有效整合，以确保司法公正、廉洁、高效，总体上侧重于对法官及其他审判人员的管理"[1]，换而言之，法官是审判管理的对象，而非主体。但也有学者对案件管理采纳更广义的理解，如蔡彦敏教授就把我国的审判管理视为案件管理的一种形式，她认为"中国民事司法中的案件管理首先是从法院司法行政及组织上的管理而切入的"，"在法院体制内自上而下日趋广泛地建立专门审判管理机构，以及设立案件质量评估指标体系的探索，反映出中国司法体制在加强案件管理上前所未有的决心，亦是对同步进行的世界性的案件管理运动作出的积极回应"[2]。王福华教授也是从广义上理解案件管理的，他认为我国的案件管理内涵上具有广义性，既包括了法院和法官对案件的管理（法院在审判流程方面的控制、法官运用诉讼指挥权引导诉讼进

---

[1]　江必新．域外案件管理改革的借鉴与启示 [J]．比较法研究，2013，04：1-11.

[2]　蔡彦敏．中国民事司法案件管理机制透析 [J]．中国法学，2013，01：131-143.

行），也包括了对法院和法官的管理（主要以审限、结案率等量化指标的考核机制对案件质量和审判效率的管理和控制）[1]。

笔者认为，我国的审判管理与英美国家的案件管理在内涵上确实有很明显的差异，前者主要利用案件质量评估体系的各项指标对法院和法官进行评估考核，在一定程度上是以法官作为管理对象的，而后者则主要通过加强法官对诉讼进程的控制权作为手段，管理的对象是"案件"。不过，从审判迅速化的角度来看，我国审判管理的最终指向也是案件质量，尤其是审限内结案率、结案率、法官结案数等指标目的也是为了促进案件的迅速处理，因此审判管理可以视为一种"通过管理法官实现管理案件目的"的措施。而事实上，我国的审判迅速化在很大程度上就是通过强化对审限的考核来达到的，在考虑对审判迅速化的路径调整时，几乎不可能不涉及审限制度及其考核的问题。因此本部分对案件管理的含义采用广义的理解。

7.3.2 案件管理与期间制度

诉讼程序是诉讼主体的诉讼行为交互作用的过程，由于诉讼行为的作出需要经过一定的时间，因此从时间的层面看，民事诉讼活动的进行就表现为各种诉讼期间的进行、交替和延续。一方面，如果各环节的期间过长，就会不合理地延长审判周期；另一方面，如果不预留必要时间给当事人准备辩论，又容易造成对当事人的突袭。因此通过案件管理来达到审判迅速化之合理化，最重要的方法之一就是加强对诉讼行为期间的控制。期间的设置有两种方式，一是对各种诉讼行为单独设置期限，绝大部分的期间制度都属此类，如法院审查立案的期间、当事人举证的期间、上诉的期间，等等；二是对案件从立案到诉讼终结设置期限，如审理期限。此外，期限规定的刚性程度以及违反效果也有所不同，有的期间规定是硬性的，超过期间规定实施诉讼行为的，会产生一定的不利后果，例如超过上诉期间直接导致上诉权的丧失；有的期间刚性弱一点，违反的后果可能要根据综合因素加以衡量决定，如举证期间；有的

---

[1] 王福华.民事案件管理制度评析[J].法学论坛，2008，02：71-78.

期间只是指导性质或者目标性质，如美国律师协会1984年《关于减少法院迟延的标准》提出的90%的案件在1年内审结的目标；日本《关于裁判迅速化的法律》提出的所有第一审案件应尽可能在2年内审结的目标等，实践中达不到这些目标并不会直接产生不利的后果。

我国民事诉讼中的法定期间基本上都是由《民事诉讼法》规定的，针对当事人诉讼行为的期间主要有：答辩期间、上诉期间、申请再审期间、第三人请求撤销诉讼期间、诉前保全后的起诉期间等；针对法院诉讼行为的期间主要有：审查立案的期间、对回避申请作出决定的期间、向原被告送达起诉状副本或答辩状副本的期间、审理期间、当庭宣判后发送判决书期间、上诉案件移送案卷期间等。在针对当事人的期间中，除了答辩期间形同虚设之外，其他期间都被严格执行；而在针对法院的期间中，除了审理期限被严格执行之外，其他期间都没有被严格遵守[1]。答辩期间形同虚设的原因在于我国答辩制度的规定存在缺陷，尽管《民事诉讼法》第167条规定了被告的答辩期间是15日，但对不遵守期间的规定是："对方当事人不提出答辩状的，不影响人民法院审理。"这一规定并没有对不按时提交答辩状的被告产生任何不利影响。实践中被告在庭审时才提交答辩状，法院也会接受并当庭送达给原告；即使被告庭审时不提交答辩状，也可以通过口头答辩表述自己的意见和理由。对于这一制度的缺陷，早就有诸多学者提出批评并且提出了修改的建议[2]，可惜2012年修法时并没有采纳这些观点。至于针对法院的期间仅

---

[1]　例如法律规定法院立案审查时间是7日，但很多法院对于把握不准的案件往往不愿意接收当事人的资料，即使接收了也不愿意出具书面文件，立案难的当事人往往是投诉无门的。再如法律规定法院应当在收到答辩状之日起5日内将答辩状副本发送原告，但实践中法官不会遵守这个规定，常常是庭审当日才送达给原告。

[2]　相关观点可参见李祖军. 民事诉讼答辩状规则研究 [J]. 法学评论，2002，04：112-118；张世全. 民事被告答辩制度的实证分析 [J]. 现代法学，2005，04：95-101；李伯安，胡充寒. 缺陷与克服：对答辩随时提出制度的反思 [J]. 河北法学，2004，08：53-55；肖良平. 论我国民事诉讼答辩失权制度的构建 [J]. 求索，2006，01：97-100；胡胜，陈莺. 我国民事诉讼中应建立答辩失权制度 [J]. 上海大学学报（社会科学版），2008，06：145-151.

有审限制度被严格执行的原因很简单，因为只有审限制度纳入法院的考评指标，其他期间规定并未纳入因而未能形成对法官的约束机制。

答辩期间及其法律后果规定的缺陷对审判迅速化造成了较大的负面影响，这使得答辩制度未能发挥应有的案件分流功能。作为居中裁判的法院，应当运用审判权对当事人之间的争议作出判断，但如果并无证据表明当事人之间确实存在争议，那么法院的居中裁判权也就没有运用的前提。正是基于这一原理，英美国家设立了不应诉判决制度（default judgment），对于被告未在规定的答辩期间内提出答辩状的，法院可以作出不应诉判决。如英国《民事诉讼规则》第15.2—15.4条规定，如果被告希望对原告的全部或部分诉讼请求提出抗辩的，必须提交答辩状；答辩期间一般为送达诉状明细之日起14日或者如被告提出送达认收书（acknowledgment of service）的为送达诉状明细之日起28日；如果被告不提出答辩状的，只要符合该规则第12章规定条件的，原告可取得不应诉判决。被告不在答辩期间内提出答辩即可通过不应诉判决终结案件的制度为英国郡法院系统分流了大量的民事案件。据英国政府网站公布的数据，自2000年以来在郡法院提起的民事诉讼中，被告提出答辩的比例仅为13%～19%（见表7-1），即有超过8成的案件因被告不答辩而终结，而只有被告答辩的案件才进入案件分配流程，分别适用小额、快捷或者多轨审理制。这种分流作用与德国督促程序对无实质争议案件的过滤机制非常相似，并且被过滤掉的案件都是进入争讼程序的4倍左右。当然，为了保证被告的利益，各国都规定了对不应诉判决的救济机制，被告可以针对不应诉判决提出异议，如果异议成立的，法院会撤销不应诉判决，回到判决作出前的状态[1]。由于我国没有规定以不应诉判决作为未在答辩期间答辩的法律后果，客观上造成两种情形：一是如果被告实质上打算抗辩的，随时提出答辩的做法不仅对原告造成了诉讼突袭，而且由于未能在审前进行争点整理从而影响庭审效率，造成诉讼迟延；二是如果不提交答辩的被告本来就认可原告的诉讼请求的，一般也不会出

---

　[1]　关于英美德法等国不应诉判决救济措施的介绍，可参见张永泉. 缺席判决与不应诉判决制度探讨[J]. 法律适用，2005，01：38-41.

·226·

席庭审，由于我国的缺席判决制度不采用缺席判决主义，实质上是一种对席判决主义[1]，法院会要求到庭的一方当事人就已经取得的诉讼资料以及事实、理由进行辩论，由于担心事实认定错误，司法实践中法官对这种一方缺席的案件中的证据审查会比一般案件更加谨慎[2]，从而造成司法资源的无端浪费。

表 7-1　英格兰和威尔士郡法院民事案件答辩比例（2000—2017年）[3]

年份	收案数量（件）	答辩数量（件）	答辩比例	年份	收案数量（件）	答辩数量（件）	答辩比例
2000	1,943,513	248,167	13%	2009	1,803,221	315,963	18%
2001	1,805,637	252,176	14%	2010	1,550,626	290,889	19%
2002	1,743,339	263,384	15%	2011	1,504,243	275,918	18%
2003	1,718,883	264,379	15%	2012	1,394,230	259,585	19%
2004	1,723,371	258,096	15%	2013	1,445,339	262,872	18%
2005	1,968,894	275,138	14%	2014	1,594,596	264,701	17%
2006	2,115,491	292,115	14%	2015	1,562,065	264,545	17%
2007	1,944,812	338,616	17%	2016	1,802,286	284,315	16%
2008	1,993,828	298,796	15%	2017	2,048,182	296,766	14%

---

[1]　所谓缺席判决主义是指在当事人缺席时，法院可以根据缺席事实对缺席的当事人作出全面不利益判决而终结诉讼之主义。而对席判决主义也称一方辩论主义，是指在当事人缺席时，以法律拟制该缺席当事人已有一定之陈述或自认之诉讼效果，从而拟制双方有对席之辩论基础，由法院为裁判之主义。参见陈荣宗，林庆苗 . 民事诉讼法 [M]. 台北：三民书局，1997：55-57.

[2]　庞小菊 . 民事诉讼被告不应诉案件中的事实认定 [J]. 上海政法学院学报（法治论丛），2012，06：53-59.

[3]　数据来源于英国政府网站公布的 Civil Justice Statistics Quarterly，England and Wales，October to December 2017（provisional）及其附表。See https：//www.gov.uk/government/uploads/system/uploads/attachment_data/file/684410/civil-justice -statistics- quarterly-oct-dec-2017.pdf.

　　由于司法体制和社会环境的差异，即使我国规定了逾期不答辩的不应诉判决制度，其案件分流效果亦可能不会像英国那样显著。而我国的司法统计中，并没有数据显示有多少案件是能够将起诉状有效送达[1]给被告而被告选择不应诉的，因此笔者无法估计不应诉判决制度在我国可能发挥多大的作用。但即使能过滤掉10%的案件，那也是一项非常了不起的成就，值得我们深入研究其可行性。

　　我国的期间制度还存在一个较为严重的缺陷就是规定太少，不够细致，也不能充分保障当事人的必要准备辩论时间，这种立法方式往往使得当事人在诉讼中受到突袭，也使得法院在审限制度的压力下压缩当事人的必要准备时间有了可实现的空间。相较之下，英国关于民事诉讼中的期间规定精密细致得令人叹为观止，这些规定不仅限定了诉讼主体实施诉讼行为的期间，还为当事人据以实施下一个诉讼行为预留了合理的准备时间，从而避免诉讼突袭。如在小额索赔程序中，法院确定最终听审（final hearing）日期的，必须至少在举行听审程序前21天通知当事人，除非当事人愿意接受更短的通知期限；而各方当事人至少在确定为最终听审日之前14日，提交并向其他各方当事人送达在听审程序中拟依据的所有书证（包括专家意见）[2]。而在即决判决（summary

---

　　[1] 即非公告送达。公告送达只是一种推定的送达，实践中人民法院并不能保证受送达人真正地知悉公告文书所刊载的内容，相反，由于人们在生活中一般并不会刻意去关注公告栏的内容，公告送达情形下被告实际得到通知的概率微乎其微。公告送达的情况下对被告未能在答辩期间内提出答辩状的行为，不能合乎情理地推定这是被告对原告诉讼请求的认诺。

　　[2] CPR 27.4 Preparation for the hearing. See http：//www.justice.gov.uk/courts/procedure-rules/civil/rules/part27.

judgment）[1]程序中，法院确定即决判决的听审（hearing）日期的，至少提前14日将举行听审的日期以及申请法院裁决的事项通知当事人。如果即决判决的被申请人希望在听审过程中使用书面证据，必须至少在即决判决听审程序举行前7日提交书面证据并且向其他各方当事人送达证据副本；如果申请人打算提出书面证据予以回复的，至少应在即决判决听审程序举行前3日提交书面证据并且向其他各方当事人送达证据副本[2]。可见在不同的程序中，法院决定听审日期需要提前通知当事人的天数不同，而当事人需要提交书证的最后期限也不同。反观我国的规定，法院开庭前只需要提前3日通知当事人即可，而简易程序中甚至不受这3日的限制[3]；法院对于举证期限的指定更是往往将举证期限届满日确定为与开庭同一日。这就使得当事人往往受到诉讼突袭，没有充分的时间来进行准备。英国的民事诉讼规则还对诉讼程序中不同事项详尽地规定了不同的期限，例如一方当事人向开示书证的当事人提出查阅通知的，开示书证的当事人应当在7日之内允许提出通知的当事人查阅书证[4]；一方当事人提交书面证言的，另一方当事人需要申请该证人出庭作证的，需要

---

[1]　英国的即决判决制度与美国的基本一致，都是法院无须经过庭审（trial）程序即可裁决诉讼请求或者特定争点的程序。按照《英国民事诉讼规则》第24.2条的规定，当法院认为原告的诉讼请求或者某一争点没有胜诉希望的，或者被告对原告诉讼请求或者争点的抗辩没有胜诉希望的，以及没有其他理由应该对案件或争议问题举行庭审程序的，法院可就全部诉讼请求或者某一特定争点对原告或者被告作出即决判决。See CPR 24.1 Scope of this Part、See CPR 24.2 Grounds for summary judgment. http：//www.justice.gov.uk/courts/procedure-rules/civil/rules/part24.

[2]　CPR 24.4 Procedure、CPR 24.5 Evidence for the purposes of a summary judgment hearing. See http：//www.justice.gov. uk/courts/procedure-rules/civil/rules/part24.

[3]　我国《民事诉讼法》第136条规定：人民法院审理民事案件，应当在开庭3日前通知当事人和其他诉讼参与人。第160条规定，简单的民事案件由审判员一人独任审理，并不受本法第136条、第138条、第141条规定的限制。

[4]　CPR 31.15 Inspection and copying of documents. See http：//www.justice.gov.uk/courts/procedure-rules/civil/rules/ part31.

在书面证言送达后14日内提出[1]；一方当事人要求对方当事人对特定的案件事实进行自认的，最迟需在开庭审理（trial）前21日向对方当事人送达要求自认事实的通知书[2]。

我国民事诉讼法对诉讼主体实施诉讼行为的期间规定较少，在职权进行主义的传统下，法官对于程序进展的安排就有了相当大的自主控制权。除了遵守《民事诉讼法解释》的要求在普通程序中指定不少于15天的举证期限外[3]，其余事项的日程安排基本上都是由法院自行决定。在作出决定的考虑过程中，如果存在法官自身利益诉求的影响因素，这种日程安排的决定就可能会倾向于满足法官的利益诉求而侵蚀当事人的程序利益。在立法中规定某个固定的期限内必须结案的审限制度恰恰就成了法官不得不考虑自身利益的制度根源。由于案件在庭审辩论终结后还可能需要审批或者提请审判委员会讨论，而审批或者提请讨论的时间是承办法官无法控制的[4]，为了不超审限同时又能预留足够的时间给辩论终结后的程序，法官一般会尽量压缩审前时间，这就是为什么很多案件在庭审终结后的等待时间占了整个审判周期超过一半时间的重要原因。因此，为了贯彻审判迅速化中的程序主体性原则以及保障当事人的必要准备时间，一方面应该尽可能地细化诉讼主体实施各种诉讼行为的期间规定，另一方面应该减轻法官在审限方面承受的压力。由于法官在审限

---

[1]　CPR 33.4 Power to call witness for cross-examination on hearsay evidence. See http：//www.justice.gov.uk/courts/ procedure-rules/civil/rules/part33

[2]　CPR 32.18 Notice to admit facts. See http：//www.justice.gov.uk/courts/procedure-rules/civil/rules/part32.

[3]　在2015年《民事诉讼法解释》施行前，根据2002年《证据规定》第33条第3款和第81条规定，人民法院指定的举证期限不得少于30日，简易程序不受此限。

[4]　河南省安阳市中级人民法院的审委会秘书李继红的论文《某省S市审委会制度运行实证探究》描绘了这样的场景：由于审委会委员多，又多身兼领导职务，要召集开一次会不容易，要上会讨论的案件临近审限，承办人急得天天催问。参见李继红.某省S市审委会制度运行实证探究：一个审委会秘书的观察与思考[A].最高人民法院.探索社会主义司法规律与完善民商事法律制度研究：全国法院第23届学术讨论会获奖论文集（上）[C].最高人民法院，2011：11.

方面承受的压力主要是由法院内部考评制度引起的，因此关于审限问题在下文考评制度部分再加以分析。

7.3.3　案件管理与诉讼指挥

正如前文所指出的那样，英美德日等国的审判迅速化一个共同的特征就是强化法官对诉讼进程的控制权，这在英美的案件管理运动中体现得尤为明显。但基于我国民事诉讼中在程序进行控制方面的强职权主义传统，审判迅速化中的案件管理面临的问题并不是简单地强化或弱化法官的控制权，而是在考虑当事人程序主体性原则的基础上如何规范法官的诉讼指挥权问题。

法官的诉讼指挥权按其内容可分为程序性诉讼指挥权和实体性诉讼指挥权。程序性诉讼指挥权指法官对程序的选择、程序如何进行与展开、程序所占用时间等方面的管理和控制的权限，又可细分为两类：一是在各种期日（如审前的争点整理、制订审理日程计划、开庭口头辩论等）主持程序进行和维持秩序的权限，如决定程序进行的顺序，允许、要求或者禁止发言，决定证据调查的方式和顺序，等等。二是安排决定程序如何具体展开的权限，例如确定期日，指定、延长或缩短期间，开启、终结口头辩论，对辩论内容采取的限制、分离或合并措施，等等。在日本，前一类是纯粹的职权行为，由法官根据具体情况随机应变采取事实上的行为来加以行使；而后一类则有部分是纯职权行为，一部分是职权进行与当事人进行的交错，往往体现在根据法律规定或针对当事人的申请等以决定或者命令的方式作出裁判的行为之中[1]。实体性的诉讼指挥权则涉及诉讼的实体内容，也可细分为两类：一是指向案件事实，如法官通过发问、探讨的方式对当事人提出的含混、不明确的主张和证据进行恰当的提示，使当事人有机会及时修正主张、补充证据或提出恰当的申请等；行使这种权限的目的主要在于帮助当事人整理与形成审理对象，平衡当事人的诉讼能力与诉讼武器，尽可能地发现案件客观事

---

[1]　王亚新. 对抗与判定：日本民事诉讼的基本结构 [M]. 北京：清华大学出版社，2010.126.

实；二是指向法律适用，要求法官欲适用可能被当事人忽视的法律观点（包括实体法律的解释与适用、作为请求基础的法律构成要件以及证明责任分配与证据评价的运用等问题）作为裁判基础时，应就法律适用问题与当事人进行讨论并赋予当事人表明意见的机会[1]；这类规定的目的主要在于预防裁判的突袭，增加裁判的可接受度和正当性。

程序性诉讼指挥权完善的方向应该是扩大当事人的参与度。尽管基于司法传统、诉讼体制和程序经济等方面的考虑，笔者认为我国在诉讼程序进行方面应坚持职权进行主义[2]，西方各国在程序进行方面导入或强化职权主义也说明了这是大势所趋。但职权进行主义只是要求法院在程序进行上发挥主导作用，而不是由法院独揽大权，排斥当事人的一切参与。当前我国程序性诉讼指挥权的一大问题就是权力行使过于封闭，当事人缺乏手段或机会参与到程序推进的决定中来。例如各种期日或期间的确定不是由法院与当事人共同制订审理计划而是完全由法院自行决定；各种程序措施是否实施如是否组织当事人进行证据交换、是否将被告的证据或答辩状在庭审前送达给原告、是否同意当事人的调查取证申

---

[1] 在德国，法官的这种实质诉讼指挥是具有义务性质的，法官怠于履行该义务的，构成程序瑕疵，可成为当事人上诉或寻求其他救济的理由，因此德国称之为法律观点指出义务。参见熊跃敏.民事诉讼中法院的法律观点指出义务：法理、规则与判例——以德国民事诉讼为中心的考察[J].中国法学，2008，04：119-127.

[2] 职权进行主义并不等于职权主义诉讼模式。从诉讼模式的角度看，当事人主义与职权主义的界定主要有三个要素：一是程序的启动、终结和审理对象的确定，二是事实主张和证据的提供，三是程序的进行。对应这三个要素由当事人主导的分别称为处分权主义、辩论主义和当事人进行主义；而由法院主导的则分别对应职权干预主义、职权探知主义和职权进行主义。参见汪振林.辩论主义研究[J].淮北煤炭师范学院学报（哲学社会科学版），2002，05：67-69+108.随着两大法系的融合以及传统对抗制国家也在程序进行中加入或强化职权主义因素，以程序进行方面由当事人主导还是法院主导越来越不能作为区分当事人主义或职权主义的依据。张卫平教授、白绿铉教授都认为前两个要素也就是诉讼实体方面的法官与当事人的作用配置是区分当事人主义和职权主义的最重要的标准。参见张卫平.诉讼构架与程式：民事诉讼的法理分析[M].北京：清华大学出版社，2000.10-11.白绿铉.论现代民事诉讼的基本法理：对我国民事诉讼制度改革的浅见[J].中外法学，1999，01：40-52.

请、是否组织第二次开庭等全都由法院自行决定，当事人并没有发表意见的机会，也没有对法院的决定提出异议的权利。在法院拥有宽泛且几乎不受控制的程序性诉讼指挥权的情况下，一旦法院或者法官本身对程序推进加入了自身的利益考量，就极有可能侵害到当事人的权益。当前在审限制度的严格考核下所出现的审判权失范行为就是这种危害的明证。因此，在承认法官对于程序推进拥有主导权或最终决定权的同时，也必须适当地强化当事人在程序进行方面的参与性，给予当事人推动程序进行的机会。这种参与性可以体现在三个方面：一是赋予当事人申请实施各种程序的权利；二是法官在选择某种程序时要认真听取和充分尊重当事人的意见；三是在法官采取某些程序措施后，当事人有权对其合法性提出异议或要求改变其效果[1]。

实体性诉讼指挥权的完善方向应该是加强法官与当事人之间的对话性。旨在协助当事人整理与形成审理对象、防止法院裁判在适用法律方面进行突袭的实体性诉讼指挥权必须经由法官与当事人之间的充分沟通与交流才能发挥作用。例如，如果法院能够及时公开其对证据调查和法律适用的临时观点，既可以避免不必要的事实和证据探知，当事人也可以及时修正自己的法律观点或者对此发表意见使法院对可能的误解和不确定性进行查证，从而提高判决的正确性和避免裁判突袭。此外，由于当事人和法院都被促使亮出底牌，可以促使诉讼在一个审级就终结[2]。德国法官行使实质性诉讼指挥与当事人沟通的方式主要有探讨、发问和晓谕三种方式，其中探讨和发问多指向整理与形成审理对象的事实层面，而晓谕则多针对法律观点指出方面[3]。而我国法官与当事人的沟通方式主要是开庭审理中的询问，但这种询问的主要目的并不是为了对当

---

[1] 王亚新. 对抗与判定：日本民事诉讼的基本结构 [M]. 北京：清华大学出版社，2010.127.

[2] [德] 罗尔夫·施蒂尔纳. 当事人主导与法官权限：辩论主义与效率冲突中的诉讼指标与实质阐明 [J]. 周翠译. 清华法学，2011，02：130-140.

[3] 周翠. 现代民事诉讼义务体系的构建：以法官与当事人在事实阐明上的责任承担为中心 [J]. 法学家，2012，03：119-133+179.

事人的主张和证据进行提醒或修正，而是为了查明法官认为有必要了解的事实。此外还有一种告知的方式，实践中表现为法院通过应诉通知书、举证通知书、诉讼权利义务告知书等书面方式告知当事人相关事宜，还有就是法院根据《证据规定》第35条的规定在当事人主张的法律关系的性质或者民事行为的效力与法院认定不一致的情况下告知可以变更诉讼请求。这种信息单向流动的"告知"与强调信息的双向交流的"探讨"固然不同，与德国法官的"晓谕"亦有所区别，基于法定听审请求权的要求，德国法官作出晓谕时还应注意给予当事人回应的机会[1]。因此，我国实体性诉讼指挥权的完善应更注重诉审双方双向交流的对话性价值。由于理论研究的推动，目前对于法官应当在当事人的事实主张或证据手段不恰当时行使释明权已经基本达成共识，最高人民法院也在司法解释中使用了"释明"一词[2]，但是对于法官公开心证并与当事人探讨方面，还存在观念上与制度上的障碍。在观念上，由于受2001年《中华人民共和国法官职业道德基本准则》第11条关于禁止法官在宣判前"通过言语、表情或者行为流露自己对裁判结果的观点或者态度"的影响，即使是在该准则于2010年修订废止上述条款后，很多法官依然认为法官的心证属于审判秘密，在正式宣判前透露对案件的观点是泄露审判秘密的违法行为。此外，法官们还担心与当事人进行讨论会加重法院的负担。再有，案件由庭长、院长审批或者提请审判委员会讨论的制度也在实质上形成了法官公开心证并与当事人探讨和辩论的障碍。与当事人直接接触并产生语言交流的承办法官如果没有裁判的最终决定权，那么公开自己关于证据调查或者法律适用的心证也就成了不可能。由此可见，实体性诉讼指挥权要加强诉审双方的对话性必须克服观念上和法院审判体制上的障碍，所需努力非一夕之功。

---

[1] 周翠. 现代民事诉讼义务体系的构建：以法官与当事人在事实阐明上的责任承担为中心 [J]. 法学家，2012，03：119-133+179.

[2] 2008年最高人民法院《关于审理民事案件适用诉讼时效制度若干问题的规定》第3条对法官主动释明时效抗辩进行了限制，该条规定：当事人未提出诉讼时效抗辩，人民法院不应对诉讼时效问题进行释明及主动适用诉讼时效的规定进行裁判。

7.3.4　案件管理与考评制度

毫无疑问，当下关于审限内结案率、结案率、结案数等指标的考核是促使法官勤勉办案、尽量缩短诉讼周期的最大动力来源。这种行政化的考核是一种"通过管理法官来管理案件"的措施，是"管事先管人"的管理理念之实施。由于这种"数目字管理"与法官的奖惩相关，这些考核指标就在很大程度上成了法官的指挥棒，以至于法官实施各种诉讼行为的目标不一定是最大限度地保障司法公正或者维护当事人利益，而是尽可能地迎合考核指标的要求。这也是为什么在针对法官的期间规定中，只有审限制度被严格执行的原因，因为只有审限内结案率被纳入了考评指标体系，而其他单独针对法官具体诉讼行为的期间规定大多没有被纳入[1]。

民事诉讼法所规定的审限制度以及法院内部对审限制度考核的极度重视，当之无愧地成为审判迅速化中最大的"功臣"，但同时也是诸多问题的根源。对于审限制度未来的走向，学界大体上有三种意见：一是完善审限制度并严格化执行，如蔡虹教授认为应在维持现有审限期间长度的基础上，适当减少审限可延长的次数，严格规定有关审限延长的程序以及限制审限延长的理由，明确规定涉外审限的长度、规定违反审限制度的责任等[2]；韩波博士也持类似的观点，认为应明确将"法定审限

---

[1]　尽管"法定期限内立案率"也是案件质量评估指标体系的指标之一，但由于这个指标的计算法院可以通过暂时不收材料或者不出具回执的技术性手段加以规避，因而并未受到重视。实际上，法院内部案件质量评估体系中关于 33 个指标的重视程度也并非等量观之的，一些未被纳入核心指标范围的指标并不被严格监控，法院的统计也可能是敷衍为之。例如在广东省法院开展的"当好排头兵"活动就建立了包含 14 项指标的综合监控体系，其中效率指标并没有把最高人民法院建立的案件质量评估体系中的全部 10 项 3 级指标全部纳入，而是只包括了审限内结案率、结收案比、结案均衡度和季度末存案工作量 4 项指标。参见林劲标 . 司法公信力这样产生：广东法院开展"当好排头兵出发年"活动印象 [N]. 人民法院报，2012-08-01（004）；广东省湛江市霞山区人民法院"当好排头兵综合监控指标体系"核心指标数据来源一览表，http：//www.xsfy.gov.cn/a/fayuandongtai/sifatongji/20140519/35.html，2018-4-22.

[2]　蔡虹，刘加良 . 论民事审限制度 [J]. 法商研究，2004，04：106-112.

内结案率"作为法院工作报告应有指标、进一步明确不计入审限的期间、推行积极审限激励机制以及创设超审限案件的救济途径等[1]。第二种意见与第一种意见恰好相反，主张应适当放宽结案期限并灵活适用，王亚新教授持这种观点，他认为可根据案件的不同类型适当放宽审限期限，简易程序和二审程序的审限可适当放宽或者加进允许延长的规定，而普通程序的审限也应当一般性地延长[2]。第三种意见是废除说，如王福华教授认为审限作为法院内部管理制度尚有其合理性，但不宜将其上升为程序制度规定在民事诉讼法典中，因此应废除审限制度并以诉讼周期取而代之，并从规定当事人的诉讼促进义务、引入案件管理制度、合理设计审判程序等诉讼机能的调整来缩短诉讼周期[3]；唐力教授则认为统一的审结期限之规定无法满足个案的具体需求，且当事人对法院随意变更审限无权提出异议，容易导致司法信任危机，因此主张取消现行的统一确定的民事审限制度，取而代之之在制度上对法院与当事人课以诉讼促进义务，同时赋予当事人程序管理的参与权和异议权[4]。

由于目前法院内部对审限制度的严格考核已经造成了大量审判行为扭曲的现象，进一步严格化审限的规定无疑会加剧这些失范行为，最终受损的还是当事人的利益，因此笔者反对上述第一种观点。但是在放宽或废除审限行为的观点之间，笔者一度摇摆不定。对于王福华教授和唐力教授所主张的诉讼促进义务、案件管理、合理设计审判程序等观点笔者非常赞同，也在上文阐述过。问题是，审限制度是否应该彻底废除呢？王亚新教授认为在我国民事诉讼制度已处于向当事人主义结构转型过程之中的现在，强调法官对程序的进行或展开直接负责的审限规定与当事人自我负责之间是存在内在矛盾或紧张的，并且他也意识到日益显

[1] 韩波.审限制度："二十周岁"后的挑战[J].当代法学，2011，01：22-27.

[2] 王亚新.我国民事诉讼法上的审限问题及修改之必要[J].人民司法，2005，01：51-54；王亚新.民事诉讼法修改中的程序分化[J].中国法学，2011，04：181-190.

[3] 王福华，融天明.民事诉讼审限制度的存与废[J].法律科学（西北政法学院学报），2007，04：95-103.

[4] 唐力.民事审限制度的异化及其矫正[J].法制与社会发展，2017，23（02）：179-192.

得僵硬的审限规定对民事审判程序中所带来的种种副作用，但考虑到尽量防止诉讼迟延以及提高诉讼效率，王亚新教授还是倾向于保留审限制度[1]。王亚新教授的考虑应该是担心废除审限制度后失去对法官推动诉讼进程的制约和激励，从而对案件的审理周期产生极大的负面影响。这也是笔者一度在保留与废除审限制度之间摇摆不定的重要原因。其实王福华教授可能也有这样的担心，因此尽管他主张废除审限制度，却还指出"审限作为法院内部管理制度尚有其合理性"[2]。于是"审限制度的功能可否被其他制度替代"是我们考虑能否废除审限制度的重要因素。仅依靠王福华教授主张的调整诉讼机能的措施似乎并不能取代审限制度原有的功能，因为这些措施都不能对法官形成尽快推动诉讼进程展开和终结的动力和压力，而如果在考核制度上继续保留审限制度作为一个重要指标的话，实际上与没有废除审限制度无异。

笔者认为，既然笼统地规定某个固定的期限内必须结案的审限制度容易导致法官出于自身利益的需要挤压当事人的诉讼行为时间，同时对施加法官推动诉讼的压力又不可或缺，那么可考虑的方案有两个：一是细化法院实施诉讼行为期间的规定，比如对当事人提出的管辖权异议申请应在多长时间内决定是否组织听证，听证后多长时间内应作出裁定；对当事人提出的调查取证申请应在多长时间内作出决定；审前程序结束后多长时间内应该开庭（或者规定案件的轮候排期规则）；开庭后多长时间内应该作出裁判；等等。但这样的规定还是会面临着两难的局面：如果不列入考核范围还是很有可能会与已有的期间规定一样得不到遵守；如果列入考核又可能会催生一些新形式的审判权失范行为。另外还有一种方案就是保留审限制度但应适当放宽审理期间，并且尽可能减轻法官在审限考核方面的压力。减轻的方式就是不再把审限内结案率作为

---

[1] 王亚新. 我国民事诉讼法上的审限问题及修改之必要 [J]. 人民司法，2005，01：51-54

[2] 王福华，融天明. 民事诉讼审限制度的存与废 [J]. 法律科学（西北政法学院学报），2007，04：95-103. 实质上，审限制度作为审判迅速化最大的"功臣"，倒不是因为民事诉讼法的规定，而是因为法院系统内的考核所致。

法官任职考核或奖惩升迁的依据，但同时为了防止法官慵懒，应保留必要的制约机制。在这方面美国法院的"报告及公开"做法值得我们借鉴和参考，根据美国1990年民事司法改革法的规定，美国各联邦法院的案件管理办公室每半年要提交一份报告，将本法院每位法官所审理的迟延案件——汇报，需要汇报的迟延案件标准是：当事人提出动议（motion）超过6个月未作出裁决的；法官开庭审理（Bench Trial）后超过6个月未作出裁判的；所有历时超过3年的案件等。这些报告要求公开每位法官的名字，而无论该法官审理的案件是否有迟延情况，如果没有就注明"没有本类迟延事项"；如果有迟延则需要——注明案件性质，案件名称（以双方当事人名称表示），以及迟延的原因。并且这些报告公开在美国联邦法院网站上，任何民众均可下载查看[1]。尽管美国对迟延公开的标准未必适合我国，但这种通过公开的方式来形成声誉机制的做法可以对法官克服慵懒形成一种激励作用，这种思路值得我们参考和借鉴。

除了审限内结案率之外，结案数、结案率、简易程序适用率等指标考核同样也存在诸多问题，这些考核对法官行为的影响视法院内部的考核力度大小而定，法院越是强调某一指标的重要性，该指标对法官产生的指挥棒作用就越大。而各级各地法院之间开展的诸如"争当排头兵"之类的排名比赛、政绩竞争进一步加剧了这种"数目字管理"的负面作用，使得本来应当遵循司法规律的审判行为在各种指标的指挥棒作用下发生扭曲和失范。这种将司法统计数据指标等同于法院政绩并与法官考评相结合的做法，不仅导致司法运作中各种"潜规则"滋生，影响司法公正和当事人利益，同时也使得司法统计数据丧失本来应当具备的功能。科学、客观、精细化的司法统计数据本来应当承载司法决策和改进案件管理的功能，如果没有司法统计数据的支持，很多司法决策和司法改革的必要性和科学性都难以令人信服。2013年8月下旬，最高人民法院院长周强在青海召开的全国法院第四次司法统计工作会议会议上提出了

---

[1] Civil Justice Reform Act Reports，See http：//www.uscourts.gov/Statistics/civilJusticeReformActReport.aspx.2018-4-22.

"大数据、大格局、大服务"的司法统计理念[1]，显示了法院高层对司法统计工作的重视和决心，但是如果继续将司法统计数据完全等同于绩效考核的依据和标准却容易因数据失实使司法统计失去应有的功能，勉强使用则会导致错误判断形势，对审判工作产生"瞎指挥"的反效果。最高人民法院副院长江必新也承认目前"美化政绩或业绩是当前司法统计数据造假的主要动机、也是数据造假的利益所在"[2]。因此也许是时候重新斟酌这种将量化的"数目字"作为司法绩效考核指标的科学性，分离二者并还原司法统计的本来面目。

---

[1]　袁春湘，黄彩相.用科学著就大数据时代"司治通鉴"[N].人民法院报，2013-09-19（004）.

[2]　江必新.全面推进人民法院司法统计工作[J].人民司法，2013，21：26-30.

结　语

以审限内结案率为核心指标的行政化考核和扩大适用简易程序等措施为中心的审判迅速化取得了不菲的成效，使我国在民事案件数量持续增长的情况下依然能够成功地避免诉讼迟延或积案局面的出现，但这一效果的取得在一定程度上是以牺牲当事人利益和司法公正为代价的，因此当前面临着如何使审判迅速化合理化的问题。对此本书有如下3个基本观点：

1. 审判迅速化的目的观：满足民众的司法需求

审判迅速化的最终目的是为了最大限度地满足民众的司法需求，而不是为了减轻法院的压力或者案件负担。以法院为主导的审判迅速化难以摆脱部门利益的掣肘，呈现了强烈的权力本位倾向。合理的审判迅速化应当秉持以人为本的理念，遵循当事人程序主体性原则，注意改革决策对民意的吸收，并且从程序选择权和适时审判请求权等方面完善当事人的程序主体权。

2. 审判迅速化的效率观：内含伦理要求的成本与收益之考虑

速度不是衡量效率的唯一标准。效率在本质上是成本与收益的比值关系，诉讼收益的产生依赖于裁判的正确性，不正确的裁判不仅会减损诉讼收益，还会产生错误成本，因此强调诉讼成本与诉讼收益的效率观内含了正义的伦理性要求。既有的"速度＝效率"之错误效率观不仅导致了对审判速度的过度偏爱，还妨碍了对真正效率的追求。合理的审判迅速化应纠正错误的效率观，注重司法资源的优化配置，恰当运用效率的增长机制。

3. 审判迅速化的方法论：审判周期构成的合理化

审判周期由诉讼行为时间和等待时间组成。既有的审判迅速化形成了尽量节约法官审理时间和压缩当事人准备时间的路径依赖，却不注重减少审判周期中的等待时间，造成了审判周期构成的不合理。审判迅速化应当通过对程序分化、诉讼分流和案件管理机制进行调整来合理配置法官的审理时间，以保障审判周期中的必要诉讼行为时间和尽可能减少等待时间，使民事审判在合理的审判周期下实现迅速化。

影响民事审判速度的因素极为广泛，民事诉讼制度中任何一个细微的程序设置变动甚至社会经济发展的成就（如科技的发展和应用）都有可能会左右审判迅速化的进程。本书不可能面面俱到全盘研究，只能从既有审判迅速化的现存问题出发，提出应予遵守的原则以及应当调整的路径。即本书的重心只是从"合理化"的角度去考察迅速化问题，而未过多地关注迅速化的实现问题。限于篇幅和本书的研究范围界定，很多审判迅速化的具体制度构建问题本书中并未展开探讨，如程序分化的各类程序如何具体设置？程序分配的标准具体如何确定？非讼程序应当遵循什么原则？其范围如何界定？审判流程的管理如何具体进行？对法官应构建怎样的考评体系？再有，审判迅速化应当如何对待诉的合并制度？应当如何完善案例指导制度？现代科技信息应当如何应用到民事审判中来？又如何处理科技应用与当事人程序保障的冲突问题？总之，审判迅速化是一个综合性的课题，还有很多问题值得我们进一步探究。

致　谢

　　本文是在我的博士论文的基础上修改而成。感谢我的博士生导师刘荣军教授，本书从选题到结构乃至遣词造句都凝聚了老师的心血，可以说没有老师的悉心指导就不会有本书的最终完成。

　　感谢主持和参加论文开题、预答辩和答辩的刘荣军教授、宋朝武教授、潘剑锋教授、熊跃敏教授、徐胜萍教授、冷罗生教授、柴荣教授、刘璐副教授，各位老师高屋建瓴，针对本书的论点和结构等方面提出了诸多中肯的意见和建议，令我获益匪浅。

　　感谢朱健法官、巫国平法官、秦旺法官、郑英豪法官、张凌炜法官、佟姝法官对本书中数据的收集和调研提供的支持和帮助。

　　感谢同窗好友熊德中、刘澍、朱健、谢光旗、黄旭东、闫春德、张一博等在资料和讨论上给予我的帮助。

　　感谢恩师刘荣军教授和师母唐爱兰女士对我在学业上和生活上的照顾和关爱。刘老师在学术上对学生的严格是出了名的，但在生活中却极为和善，非常关爱学生。师母唐老师温婉尔雅，聪敏睿智，每次交谈总能让人感到和平与宁静。

　　感谢我的硕士导师蔡彦敏教授及其爱人祝聪先生，他们十多年来待我如亲人一般，对我的学业、工作和生活都予以诸多帮助和关心。尽管蔡老师已经永远地离开了我们，但在我的心里，她从未走远。

　　感谢我的家人对我科研工作的理解与支持，感谢父母和公公婆婆分担了家务和照顾孩子的重担，感谢我先生的宽厚和包容，感谢一双儿女为我带来的无限欢乐。他们永远是我前进的动力源泉。

庞小菊

2018年7月